일 본 어 능 력 시 험

JLPT 합격비법노트

허성미 지음 조영남 감수

N2

다락원

일본어능력시험

JLPT 합격비법노트 N2

지은이 허성미
펴낸이 정규도
펴낸곳 (주)다락원

초판 1쇄 발행 2016년 2월 1일
초판 2쇄 발행 2018년 1월 8일

책임편집 송화록, 손명숙
디자인 하태호, 정규옥

다락원 경기도 파주시 문발로 211
내용문의: (02)736-2031 내선 460~465
구입문의: (02)736-2031 내선 250~252
Fax: (02)732-2037
출판등록 1977년 9월 16일 제300-1977-23호

Copyright ⓒ 2016, 허성미

값 16,000원 (MP3 CD 1장 포함)

ISBN   978-89-277-1128-5 18730
       978-89-277-1126-1(세트)

http://www.darakwon.co.kr

- 다락원 홈페이지를 방문하시면 상세한 출판 정보와 함께 동영상강좌, MP3 자료 등
  다양한 어학 정보를 얻으실 수 있습니다.
- 다락원 홈페이지 또는 표지의 QR코드를 스캔하시면 MP3 파일 및 관련자료를 다운
  로드 하실 수 있습니다.

머리말

일본어능력시험(JLPT)이 커뮤니케이션 중심의 문제로 탈바꿈한 뒤 벌써 5년, 횟수로는 12번째 시험을 끝냈습니다. 그러나 시중에 출판되고 있는 일본어능력시험 수험서는 새롭게 달라진 일본어 능력시험 문제 유형에 대비하여 잘 풀 수 있는 비법 등을 제시하는 책이 거의 없습니다. 그래서 조금이라도 학습자 입장에서 필요한 내용들을 엮은 그런 책을 만들고자 생각했습니다.

이 책의 특징은

1. 새로워진 JLPT 문제에 관한 설명 및 문제를 잘 푸는 비법을 구체적으로 실었습니다.
2. 2010년 7월 1회차부터 2015년 12월 2회차까지 실제 시험에 나왔던 기출 어휘를 오답어휘와 함께 정리하였습니다.
3. 다음 시험에 대비하기 위해 공부해야 할 내용들을 [문자·어휘] [문법] [독해] [청해] 파트로 나누어 시험문제의 출제 유형에 따라 정리해서 담았습니다.

일본어능력시험을 가르치는 분이 보기 쉬운 수험서가 아니라 공부하는 학습자가 독학을 해도 충분히 시험에 대비할 수 있도록 최대한 학습자 입장에서 썼습니다. 이 책을 통해서 좀 더 많은 학습자들이 쉽게 시험에 대비하고 쉽게 합격증을 딸 수 있게 되었으면 좋겠습니다.

마지막으로 본 책의 출판에 도움을 주신 (주)다락원의 정규도 사장님과 일본어 출판부의 직원 여러분, 그리고 부족한 책에 조언해주시고 감수해주신 고려대 문과대학 일어일문학과 조영남 교수님, 그 외 가족들과 교우, 친구들, 그리고 정신적인 멘토 이경환 박사님 및 사제모 여러분께 정말 감사드립니다.

저자 허성미

이 교재는 JLPT 합격을 위한 비법서로서, ①문제 유형별 설명 및 비법 TIP ②JLPT 기출 어휘·문법체크
③JLPT 완벽 대비의 3파트로 구성되어 있다.

문제 유형별
설명 및 비법 TIP ✳

문제이해에서는 해당 유형의
문제에서의 개요와 문제수,
특징 등을 서술하고 있다.

기출문제유형에서는 기출문
제를 제시하며 해석과 함께
주의해야 할 사항 등을 해설
하고 있다.

청해파트에서는 메모 예시를
실어 메모하는 방법을 소개하
고, 첨삭을 통해 어떻게 보기를
지워나가는지 자세하게 보여주
고 있다.

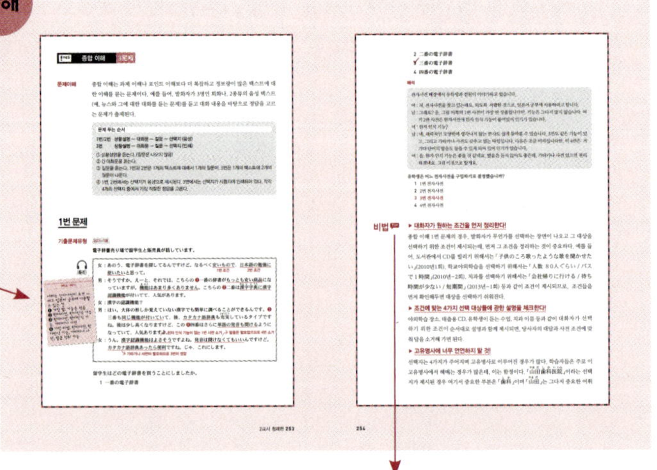

비법 TIP 에서는 해당 문제를 잘 풀기 위한 비법과 공부법 등이 제시되어 있다.
비법 TIP에 쓰인 충고를 염두에 두고 문제를 풀면 쉽게 정답을 찾을 수 있다.

JLPT 기출 어휘·문법 체크

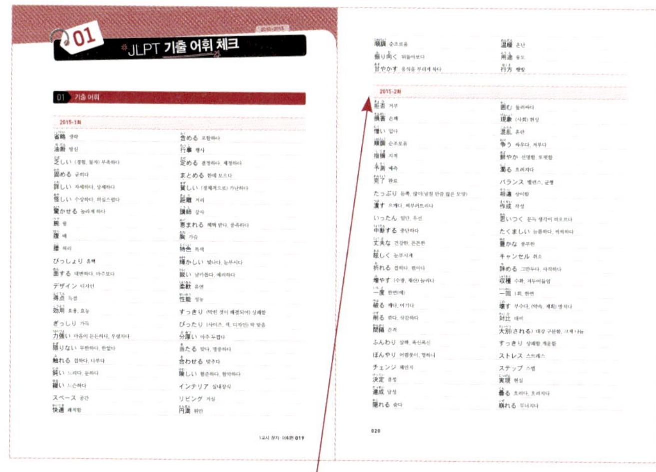

JLPT 기출 어휘·문법 체크에서는 2010년부터 출제된 어휘와 문법을 공개하고, 정답 어휘나 문법뿐만 아니라 보기에서 제시된 것 중 다시 출제될 가능성이 높은 어휘나 문법까지 함께 실어 실전에 대비할 수 있도록 하였다. 특히, 단어 형성에서는 정답으로 출제된 어휘를 별색으로 표시해 두었다.

연도와 횟수별로 기출 어휘를 제시하고 있다.

JLPT 완벽 대비

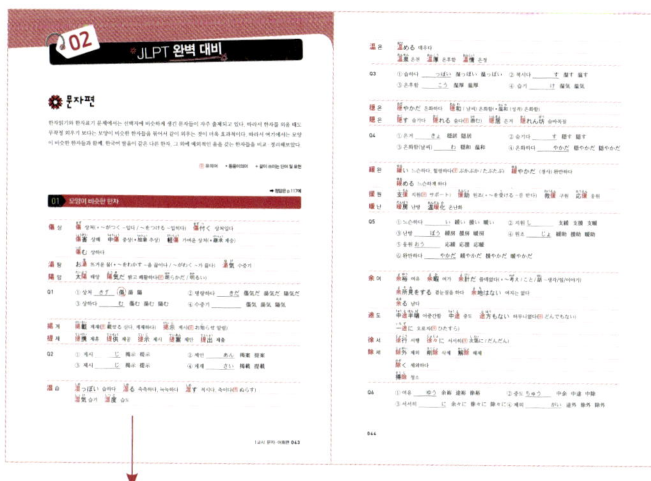

마지막으로 JLPT 완벽 대비에서는 각 문제별로 필요한 단어 및 문법, 문형 등을 실어 시험에서 좀 더 고득점을 받을 수 있도록 하였다. 1. 문자·어휘에서는 주제별로 단어를 묶어 쉽게 외울 수 있게 하였고, 2. 문법에서는 꼭 알아두어야 할 필수 기능어와 경어를 정리해 실었다. 3. 독해와 4. 청해에서는 각 파트에서 자주 출제되는 유형을 정리하였다.

헷갈리기 쉬운 한자, 탁음 및 촉음 구별·장단음 문제에서 자주 나오는 단어,
N2에서 알아두어야 할 동사, 형용사, 부사 등을 알차게 실었다.
해당 한자에는 별색을 두어 구분되도록 하였다.

목차

1교시   문자·어휘편

1. JLPT의 레벨

시험은 N1, N2, N3, N4, N5로 나뉘어져 있고, 수험자가 자신에게 맞는 레벨을 선택합니다. 각 레벨에 따라 N1~N2는 언어지식(문자·어휘·문법)·독해, 청해의 두 섹션으로, N3~N5는 언어지식(문자·어휘), 언어지식(문법)·독해, 청해의 세 섹션으로 나뉘어져 있습니다.

시험과목과 시험시간 및 인정기준은 다음과 같으며, 인정기준을 「읽기」, 「듣기」의 언어 행동으로 나타냅니다. 각 레벨에는 이들 언어행동을 실현하기 위한 언어지식이 필요합니다.

레벨	과목별 시간		인정기준
	유형별	시간	
N1	언어지식 (문자·어휘·문법) 독해	110분	**기존시험 1급보다 다소 높은 레벨까지 측정** 【읽기】 논리적으로 약간 복잡하고 추상도가 높은 문장 등을 읽고, 문장의 구성과 내용을 이해할 수 있으며, 다양한 화제의 글을 읽고 이야기의 흐름이나 상세한 표현의도를 이해할 수 있다.
	청해	60분	【듣기】 자연스러운 속도의 체계적 내용의 회화나 뉴스, 강의를 듣고, 내용의 흐름 및 등장인물의 관계나 내용의 논리구성 등을 상세히 이해하거나 요지를 파악할 수 있다.
	계	170분	
N2	언어지식(문자·어휘·문법) 독해	105분	**기존시험의 2급과 거의 같은 레벨** 【읽기】 신문이나 잡지의 기사나 해설, 평이한 평론 등, 논지가 명쾌한 문장을 읽고 문장의 내용을 이해할 수 있으며, 일반적인 화제에 관한 글을 읽고 이야기의 흐름이나 표현의도를 이해할 수 있다.
	청해	50분	【듣기】 자연스러운 속도의 체계적 내용의 회화나 뉴스를 듣고, 내용의 흐름 및 등장인물의 관계를 이해하거나 요지를 파악할 수 있다.
	계	155분	
N3	언어지식(문자·어휘)	105분	**기존시험의 2급과 3급사이에 해당하는 레벨(신설)** 【읽기】 일상적인 화제에 구체적인 내용을 나타내는 문장을 읽고 이해할 수 있으며, 신문의 기사제목 등에서 정보의 개요를 파악할 수 있다. 일상적인 장면에서 난이도가 약간 높은 문장을 바꿔 제시하며 요지를 이해할 수 있다.
	언어지식(문법)·독해		
	청해	40분	【듣기】 자연스러운 속도의 체계적 내용의 회화를 듣고, 이야기의 구체적인 내용을 등장인물의 관계 등과 함께 거의 이해할 수 있다.
	계	145분	
N4	언어지식(문자·어휘)	95분	**기존시험 3급과 거의 같은 레벨** 【읽기】 기본적인 어휘나 한자로 쓰여진, 일상생활에서 흔하게 일어나는 화제의 문장을 읽고 이해할 수 있다.
	언어지식(문법)·독해		
	청해	35분	【듣기】 일상적인 장면에서 다소 느린 속도의 회화라면 거의 내용을 이해할 수 있다.
	계	130분	
N5	언어지식(문자·어휘)	80분	**기존시험 4급과 거의 같은 레벨** 【읽기】 히라가나나 가타카나, 일상생활에서 사용되는 기본적인 한자로 쓰여진 정형화된 어구나 문장을 읽고 이해할 수 있다.
	언어지식(문법)·독해		
	청해	30분	【듣기】 일상생활에서 자주 접하는 장면에서 느리고 짧은 회화로부터 필요한 정보를 얻어낼 수 있다.
	계	110분	

※N3 – N5 의 경우, 1교시에 언어지식(문자·어휘)과 언어지식(문법)·독해가 연결실시됩니다.

2. 시험결과의 표시

레벨	득점 구분	득점 범위
N1	언어지식(문자 · 어휘 · 문법)	0 ~ 60
	독해	0 ~ 60
	청해	0 ~ 60
	종합득점	0 ~ 180
N2	언어지식(문자 · 어휘 · 문법)	0 ~ 60
	독해	0 ~ 60
	청해	0 ~ 60
	종합득점	0 ~ 180
N3	언어지식(문자 · 어휘 · 문법)	0 ~ 60
	독해	0 ~ 60
	청해	0 ~ 60
	종합득점	0 ~ 180
N4	언어지식(문자 · 어휘 · 문법) · 독해	0 ~ 120
	청해	0 ~ 60
	종합득점	0 ~ 180
N5	언어지식(문자 · 어휘 · 문법) · 독해	0 ~ 120
	청해	0 ~ 60
	종합득점	0 ~ 180

N1, N2, N3의 득점 구분은 '언어지식(문자 · 어휘 · 문법)', '독해', '청해'의 3구분입니다.
N4, N5의 득점 구분은 '언어지식(문자 · 어휘 · 문법) · 독해'와 '청해'의 2구분입니다.

3. 시험결과 통지의 예

다음 예와 같이 ① '득점 구분 별 득점'과 득점 구분 별 득점을 합계한 ② '종합득점', 앞으로의 일본어 학습을 위한 ③ '참고정보'를 통지합니다. ③ '참고정보'는 합격/불합격 판정 대상이 아닙니다.

*예 : N3을 수험한 Y씨의 '합격/불합격 통지서'의 일부 성적 정보 (실제 서식은 변경될 수 있습니다.)

① 득점 구분 별 득점			② 종합득점
언어지식 (문자 · 어휘 · 문법)	독해	청해	
50 / 60	30 / 60	40 / 60	120 / 180

③ 참고 정보	
문자 · 어휘	문법
A	C

A 매우 잘했음 (정답률 67% 이상)
B 잘했음 (정답률 34%이상 67% 미만)
C 그다지 잘하지 못했음 (정답률 34% 미만)

4. 득점등화란?

서로 다른 시기에 실시되는 시험은 출제되는 문제가 다르므로, 아무리 신중하게 출제를 해도 매회 시험의 난이도가 다소 달라지게 됩니다. 따라서 2010년부터 '등화' 방법을 통해 다른 시기에 실시된 시험의 득점을 공통 척도상의 점수로 표시하여 서로 비교할 수 있도록 하였습니다.

예를 들어 Z씨가 어느 해 7월과 12월에 N2를 수험했을 경우 득점구분의 '청해' 결과를 표시해 보겠습니다. 이 두 번의 시험은 7월보다 12월이 어려웠다고 합시다. 두 번의 시험 모두에서 전체 20문제 중 10문제가 정답이었을 경우, 정답 수만을 비교하면 Z씨의 능력에는 변화가 없는 것처럼 보입니다. 그러나 등화에 따라 얻은 척도점수는 7월은 30점, 12월은 35점으로, 어려웠던 12월 시험의 득점이 높습니다. 이와 같이 시험 결과를 척도점수로 표시함으로써, 시험 난이도의 영향을 받지 않고 수험자가 자신의 능력 향상도를 확인할 수 있습니다.

	7월	12월
'청해' 정답 수	20문제 중 10문제	20문제 중 10문제
등화된 '청해' 척도점수	30점	35점

*표 내의 문제 수 및 득점 숫자는 설명을 위한 예로서 실제 척도점수 표시에 의한 것은 아닙니다.

문자·어휘편

- 문제 유형별 설명 및 비법 TIP
1 기출 어휘 체크
2 JLPT 완벽대비

문제 유형별
설명 및 비법 TIP

문제이해　언어지식 문자·어휘 파트의 한자읽기는 한자로 쓰여진 단어의 올바른 일본어 발음을 묻는 문제이다. 2010년 이전에는 한 문장에서 여러 개의 한자음을 묻는 문제가 많았지만, 2010년 이후에는 한 문장에 하나의 어휘만을 묻는 문제 형식으로 바뀌었다.

기출문제유형　これからもいろいろな人との相互理解を深めていこうと思う。 2010-1회

1 しょうご　　　　2 しょうごう　　　　✔ そうご　　　　4 そうごう

해설

「相」는 기본적으로 「そう·あい· しょう」의 음을 갖는데, 「しょう」라고 읽는 단어는 「관직」을 뜻하는 「首相·外相」이외에 없기 때문에, 우선 오답으로 1번과 2번을 삭제할 수 있다. 더불어 한국어 발음으로 「호」라고 읽는 한자들의 일본어 발음은 장음이 없는 「ご」인 경우가 대부분이다. 그리고 한자 「互 호」는 「ごう」가 아니라 「ご」라고 읽어야 하므로 정답은 3번 「そうご」이다.

비법 TIP　JLPT의 한자읽기 문제에 대비하기 위해서는 무작정 한자의 음독과 훈독을 외우는 것이 아니라, 시험에서 묻고자 하는 내용에 맞추어 문자들을 골라서 똑똑하게 외우는 것이 중요하다. 예를 들어 「景色」(2010-1회 기출)라는 단어는 「景」이 「경치 경」이라는 글자로 「けい」라고 읽기 때문에 본래대로라면 「けいしき」라고 읽어야 하지만, 「けしき」라고 예외적으로 읽어야 하는 단어이다. 이와 같이 기존 음에서 벗어나는 예외 발음의 단어들을 정리해두는 것이 좋다. 또는 「継続」(2014-2회 기출)는 「けいぞく」라고 읽어야 함에도 불구하고 한국어 음인 「계속」과 비슷한 「けいそく」로 잘못 읽는 경우가 많은데, 이렇게 한국어 발음과 혼동해서 장음이나 촉음, 탁음 등을 실수하기 쉬운 단어들 역시 따로 정리해서 외워두는 것이 좋다. 그리고 「辛い」(2010-1회 기출)의 음을 고르는 문제에서 선택지로 「からい·くさい·にがい·しぶい」가 출제되는 것처럼, 형용사와 동사는 같은 글자수, 또는 어미가 같은 글자인 것들을 모아서 공부하는 등의 방법이 필요하다.

문제이해　한자표기는 5문제가 출제되며, 히라가나로 쓰여진 단어를 한자로 어떻게 표기하는
지를 묻는 문제이다. 이전 시험과 같은 형식인데, 한 문장에서 한 개 단어의 표기를
물으며, 출제 문항수가 전보다 줄었다. 이전에는 한 개의 문장에서 여러 개의 어휘를
묻는 형식이었기 때문에 명사, 동사, 부사 등 여러 품사에서 문제가 출제되었으나,
최근에는 출제 문항수가 줄은 만큼 비슷한 뜻의 한자어나, 음만으로는 한자가 잘 연
상되지 않는 동사들이 출제되는 경향을 보이고 있다.

기출문제유형　彼はとても<u>れいぎ</u>正しいです。　2010-1회

1 札義　　　　2 札儀　　　　3 礼義　　　　✔ 礼儀

해설
모양이 비슷한 한자들을 잘 구별해서 보는 것이 가장 중요하다. 먼저 「札·礼」「義·儀」 이렇게 한자를
분류해서 오답을 지워가는 것이 가장 중요하다. 「札」의 경우 언뜻 보기에는 「礼」와 비슷하게 보이지만
「木」를 부수로 취하는 「종」이라는 의미의 한자이다. 돈의 가치가 있는 지폐인 경우 「さつ」, 돈의 가치가
없는 번호표나 이름표인 경우 「ふだ」라고 읽는다. 「礼」는 예의를 뜻하는 글자로 「れい」라고 읽는다. 우선
「れい」라는 발음이 나왔으므로 선택지 1번과 2번은 오답이니 지우고 시작을 해야 한다. 「義」는 「옳을 의」
라는 의미로 정의, 정의감, 강의 등과 같이 옳은 것을 뜻하고, 「儀」는 사람이 지켜야 할 예의를 뜻하는 한자
로, 정답은 4번이 된다.

비법 **TIP**　위에서 언급한 바와 같이 한자표기의 문제수가 줄었기 때문에 한자공부도 전략적으
로 할 필요가 있다. 따라서 문제가 어떤 식으로 출제되고 있는지를 먼저 살펴볼 필요
가 있다. 기출 문제들을 살펴보면 「札·礼」와 같이 음은 다르지만 모양이 비슷하게
생긴 한자를 고르는 문제가 출제되고 있으며, 또 「義·儀」와 같이 음은 같지만 모양
은 조금 다른 한자들도 출제되고 있다. 더불어 동사의 경우에는 「遊ぶ·叫ぶ·結
ぶ」등과 같이 어미가 같은 동사들이 선택지로 출제되는 경향을 보이고 있다. 따라서
효율적으로 공부를 하기 위해서는 이러한 출제 유형에 맞춰서 정리하고 외우는 것이
필요하다.

문제이해

단어형성은 단어의 앞, 또는 뒤에 붙어서 새로운 단어를 형성하는 파생어나 복합어에 대한 지식을 묻는 문제로, 단어형성이라는 문제 파트가 있는 것은 N2뿐이다. 예를 들면「부사장」이라는 단어를 일본어로 표기하면「副社長」가 되는데, 이 단어는「사장」을 뜻하는「社長」에「버금가다」라는 뜻인「副」를 접두어로 활용하여 형성된 것이다.

기출문제유형   유형1 **접미어, 접두어**   2010-1회

今日の会議のテーマは、教育の（　　　）問題についてです。

✓ 1 諸　　2 複　　3 数　　4 類

해설

「問題」앞에 붙어서 새로운 뜻을 만들어 내는 글자를 찾아야 한다.「諸」는 명사 앞에 붙어서「いろいろ・様々」의 뜻으로 사용되므로「問題」와 연결하면「諸問題 여러 가지 문제」가 된다.「複」의 경우「겹치다」라는 뜻을 갖고 있기 때문에「複製品 복제품」과 같이「같은 것을 본떠서 만든 제품」이라는 의미로 사용한다.「数」는 숫자를 뜻하기도 하지만 명사 앞에 붙어서「여러」라는 뜻을 나타내기도 한다. 예를 들어「数人 여러 명」등과 같은 단어를 형성한다.「類」는 종류를 규정하는 어휘이다. 따라서 여기서 정답은 1번이라고 볼 수 있다.

유형2 **명사에 접속**   2013-2회

レポートを夏休み（　　　）に出さなければならない。

✓ 1 明け　　2 しめ　　3 込み　　4 止め

해설

명사와 접속해서 새로운 뜻을 나타내는 어휘를 묻는 문제로, 언뜻 문법에서 다룰 것 같지만 단어 형성에서 출제되는 문제이다. 먼저 선택지를 살펴보면 1번「명사 + 明け」는「(기간이) ～끝남」의 뜻으로 사용되고, 2번의「締め」는 금전의 합계를 뜻하는 명사이다. 3번「명사 + 込み」는「～포함」으로「手数料込み 수수료 포함」등으로 자주 사용되며, 4번의「ます형 + 止め」는「～방지」라는 의미로「滑り止め 미끄럼 방지」등과 같은 단어를 형성하는데 많이 사용된다. 이렇게 보았을 때 앞의 단어는 기간을 나타내는「夏休み」가 되는 것이 가장 자연스러우므로 정답은 1번이 된다.

비법 TIP

단어형성 문제를 공략하기 위해서는 기본적으로 한자를 읽을 줄 알아야 한다. 한국어 발음과 비슷하게 읽히는 한자어가 많기 때문에, 단어의 앞 또는 뒤에서 활용되는 접두어, 접미어를 중심적으로 정리하는 것이 좋다. 단어는 어떤 단어가 출제될지 명확하지 않기 때문에 단어보다는 접두어와 접미어의 종류와 뜻 정도를 확인해두고, 기출문제의 유형2와 같이, 명사에 접속해서 활용되는 파생어도 따로 정리해서 외워둘 필요가 있다. 파생어는 주로 문법으로 분류되는 경우가 많기 때문에, 문자·어휘 문제집 보다는 문법 관련 문제집에서 찾아서 정리해 두는 것이 더 효과적이다.

문제이해
문맥규정은 공란에 들어갈 것으로 가장 적절한 어휘를 묻는 문제이다. 빈 칸의 전후 문맥에 따라 어떠한 의미의 어휘가 적당한지 고르면 된다. 명사, 동사, い형용사, な형용사, 부사, 외래어 및 관용표현 등에서 폭넓게 출제된다. 문제 형식은 기존과 같지만 과거 1급 수준의 어휘도 종종 출제되기 때문에, 과거 1급 기출 어휘 역시 두루 봐두면 더욱 도움이 될 것이다.

기출문제유형
田中さんの意見は（　　　　）でわかりにくい。 2010-1회

1 軟弱　　　　2 質素　　　　**3** あいまい　　　　4 ささやか

해설
공란의 앞에「意見 의견」이라는 단어가 있고, 공란 뒤에는「わかりにくい 알기 어렵다」라는 표현이 있다. 전후에 맞추어서 문맥상 맞는 말을 찾아야 한다. 1번「軟弱」의 경우「연약하다」는 뜻으로「의지, 태도가 약하다」의 의미로 사용되므로「의견」과 사용할 수 없다. 2번의「質素」역시「검소하다」의 뜻으로「의견」과 쓰일 수 없어 오답에 속한다.「あいまい 애매하다」와「ささやか 조촐함, 보잘 것 없음」중에서 뒤의「わかりにくい」와 연관지을 수 있는 것은 3번「あいまい 애매하다」이므로 정답은 3번이 된다.

비법 TIP
문맥규정 문제는 앞에서 언급했듯이 명사, 동사, い형용사, な형용사, 부사, 외래어, 그리고 관용표현 등 폭넓은 범위에서 출제되기 때문에 두루 공부를 해두는 것이 중요하다. 명사는 단어를 외울 때, 함께 쓰이는 명사나 동사를 함께 외워두는 것이 좋다. 예를 들면「上昇」라는 단어를 외울 때,「싱승」이렇게 뜻만 외우는 것이 아니라,「(물가, 인기) 상승」이렇게 외워두면 더욱 효과적으로 대처할 수 있다. 관용표현은 주로 신체 관련 숙어들이 많은데, 범위가 넓기 때문에 무작정 외워서는 비효율적이다. 또, 과거에 출제되었던 문제 위주로 보는 것이 좋은데, 특히 과거 1급의 문맥규정 문제도 함께 봐두는 것이 좋다. 최근 기출문제를 살펴보면 부사에 대한 문제가 1문제에서 2문제 정도가 출제되고 있는데, 주로 글자수가 같거나 끝의 음이 같은 부사끼리 출제되는 경향이 있으니 이에 맞추어 정리하는 것이 좋다. 복합동사에 대한 문제는 2013년경부터 눈에 띄게 출제빈도가 높아졌다. 특히 기존 청해 대화문에서 나왔던 복합동사가 문맥규정에서도 출제되고 있으니 체크해 두는 것이 좋다.

문제이해 유의표현은 출제된 단어나 표현과 의미상으로 가까운 것을 찾는 문제이다. 가장 출제 빈도가 높은 것은 부사의 의미를 파악하는 문제이다. 두 번째로 빈도가 높은 것은 비슷한 의미의 동사나 형용사를 찾는 문제, 또는 형용사나 동사가 그 문장 속에서 어떠한 의미로 사용되고 있는지를 파악해서, 그 의미와 가까운 표현을 찾는 형식이다.

기출문제유형 [유형1] かばんの重さはおよそ1キロでした。 2013-1회

1 ぜんぶ　　　2 ばったり　　✔ だいたい　　　4 それぞれ

해설
「およそ」는 「약」이라는 뜻의 부사이다. 제시된 4개의 선택지 중에서 1번은 「전부, 모두」, 2번은 「(우연히) 딱」, 3번은 「대략」, 4번은 「각각」이라는 뜻으로, 「およそ」와 가장 비슷한 표현인 3번 「だいたい」가 정답이 된다.

[유형2] 田中さんの話はいつも大げさだ。 2010-1회

1 イキイキしている　　2 ユーモアがある　　3 うんざりだ　　✔ オーバーだ

해설
「大げさだ」는 「과장되다」라는 뜻으로, 「생생하다」라는 의미의 1번과 「유머가 있다」라는 뜻의 2번, 「지긋지긋하다」라는 뜻의 3번은 정답이 될 수 없다. 과장의 의미를 나타내는 4번인 「オーバーだ」가 정답이 된다.

비법 TIP 유의표현 찾기 문제를 잘 풀기 위한 열쇠는 부사에 있다. 적어도 1문제에서 많게는 3문제까지 부사에 대한 문제가 출제되고 있다. 또 N1 수준의 부사인 「依然として 여전히」(2013-2회 기출)의 유사표현으로 N2 수준의 「相変わらず 변함없이」를 찾는 문제와 같이, N1 수준의 부사와 의미상으로 유사한 N2 부사를 찾는 문제가 출제되기도 한다. 이와 같은 경우는 과거 독해 지문에 나왔던 부사인 경우가 많으므로 독해의 기출 부사를 공부해 두는 것이 중요하다.

문제이해　N2의 문자·어휘편 마지막 파트인 용법은 출제 단어가 문장 속에서 어떻게 사용되는 가를 묻는 문제이다. 단어의 기본적인 지식을 묻는 문제로, 출제된 단어가 어떤 품사 이며, 어떤 단어와 함께 사용할 수 있는지를 알아야 풀 수 있다. N2의 경우 주로 명사 와 동사에서 많이 출제되며, 그 밖에 부사와 형용사에 대한 문제가 출제되었다. 특히 형용사의 경우 い형용사와 な형용사의 구분 없이 출제되는데, 주로 N1 수준의 형용 사가 출제되니 주의해야 한다.

기출문제유형　掲示　`2013-1회`

1 木村氏は有名な文学者で、いくつもの学会に論文を<u>掲示</u>している。

2 テレビでよく<u>掲示</u>されているせっけんが安くなっていたので、試しに買っ てみた。

3 最近はホームページに自分の写真を<u>掲示</u>しているビジネスマンも多い。

✔ 4 研究室の入り口に、奨学金募集のお知らせが<u>掲示</u>されていた。

해설
「掲示 게시」라는 단어가 정확하게 어떠한 의미를 갖고 있는지를 묻고 있다. 「掲示」란 '사람들이 많이 보는 곳에 내걸다'라는 의미이다. 따라서 같이 쓰이는 단어도 사람들이 많이 볼만한 것이 와야 한다. 1번의 「学 会」는 「掲示」보다는 「発表」와 쓰이는 것이 더 적절하다. 2번 「テレビ」의 경우 '보여주다'라는 의미가 와 야하므로 「広告する 광고히디」기 적당히다. 3번의 경우에는 '흠페이지에 사진을 싣다'라고 히는 것이 자 연스러우므로 「載せる」가 더 적당하다. 많은 사람들이 봐야 하는 내용인 「お知らせ」가 쓰인 선택지 4번 이 정답이다.

비법 TIP　용법 문제는 명사, 부사, 형용사, 동사에 대한 문제가 출제되고 있는데, 각 품사마다 공부해야 하는 방식이 조금 다르기 때문에 주의해서 봐둬야 한다. 명사의 경우는 명 사 자체의 정확한 의미를 아는 것은 물론, 같이 쓰는 동사까지 알아두는 것이 중요하 다. 예를 들어 「分野」(2013-1회 기출)라는 단어는 「여러 학문이나 직업, 전문기술 등의 영역」을 뜻하므로, 같이 쓰이는 단어들도 그에 맞는 것을 찾아야 한다. 이때 주 의해야 할 것은 문장을 해석해서 찾는 것이 아니라, 출제된 단어의 앞뒤를 보고, 오 답부터 지워가는 형식으로 풀어야 한다는 것이다. 부사의 경우 지금까지 출제된 어 휘들을 보면, 주로 문형과 함께 쓰이는 형식으로 출제되었다는 것을 알 수 있다. 예 를 들어 「きっかけ」(2010-1회 기출)의 경우 「~을 계기로」라는 의미로, 뒤에는 「(우연한 일)이 계기가 되어 (새롭게 시작한다)」라는 내용이 되므로 「시작하다」라는 뜻이 담긴 문장을 찾아야 한다. 이처럼 부사의 경우에는 먼저, 같이 쓰이는 문형이

있는지를 체크할 필요가 있다. 동사와 형용사의 경우, 한자를 보고 의미를 유추할 수 있기 때문에 일부러 가나로 표기하는 경우가 있다. 또 N1 수준의 동사와 형용사가 출제되는 경우도 많으니, 동사와 형용사의 음과 뜻을 정확하게 체크해 두는 것이 필요하다.

있는지를 체크할 필요가 있다. 동사와 형용사의 경우, 한자를 보고 의미를 유추할 수 있기 때문에 일부러 가나로 표기하는 경우가 있다. 또 N1 수준의 동사와 형용사가 출제되는 경우도 많으니, 동사와 형용사의 음과 뜻을 정확하게 체크해 두는 것이 필요하다.

01 ※ JLPT 기출 어휘 체크

01 기출 어휘

2015-1회

省略(しょうりゃく) 생략	含(ふく)める 포함하다
油断(ゆだん) 방심	行事(ぎょうじ) 행사
乏(とぼ)しい (경험, 물자) 부족하다	定(さだ)める 결정하다, 제정하다
固(かた)める 굳히다	まとめる 한데 모으다
詳(くわ)しい 자세하다, 상세하다	貧(まず)しい (경제적으로) 가난하다
怪(あや)しい 수상하다, 의심스럽다	距離(きょり) 거리
驚(おどろ)かせる 놀라게 하다	講師(こうし) 강사
腕(うで) 팔	恵(めぐ)まれる 혜택 받다, 풍족하다
腹(はら) 배	胸(むね) 가슴
腰(こし) 허리	特色(とくしょく) 특색
びっしょり 흠뻑	輝(かがや)かしい 빛나다, 눈부시다
面(めん)する 대변하다, 마주보다	鋭(するど)い 날카롭다, 예리하다
デザイン 디자인	柔軟(じゅうなん) 유연
得点(とくてん) 득점	性能(せいのう) 성능
効用(こうよう) 효용, 효능	すっきり (막힌 것이 해결되어) 상쾌함
ぎっしり 가득	ぴったり (사이즈, 색, 디자인) 딱 맞음
力強(ちからづよ)い 마음이 든든하다, 우렁차다	分厚(ぶあつ)い 아주 두껍다
限(かぎ)りない 무한하다, 한없다	当(あ)たる 맞다, 명중하다
触(ふ)れる 접하다, 다루다	合(あ)わせる 맞추다
鈍(にぶ)い 느리다, 둔하다	険(けわ)しい 험준하다, 험악하다
緩(ゆる)い 느슨하다	インテリア 실내장식
スペース 공간	リビング 거실
快適(かいてき) 쾌적함	円満(えんまん) 원만

順調 순조로움	温暖 온난
振り向く 뒤돌아보다	用途 용도
甘やかす 응석을 부리게 하다	行方 행방

拒否 거부	囲む 둘러싸다
損害 손해	現象 (사회) 현상
憎い 밉다	混乱 혼란
順調 순조로움	争う 싸우다, 겨루다
指摘 지적	鮮やか 선명함, 또렷함
予測 예측	濁る 흐려지다
完了 완료	バランス 밸런스, 균형
たっぷり 듬뿍, 많이(넘칠 만큼 많은 모양)	相違 상이함
潰す 으깨다, 찌부러뜨리다	作成 작성
いったん 일단, 우선	思いつく 문득 생각이 떠오르다
中断する 중단하다	たくましい 늠름하다, 씩씩하다
丈夫な 건강한, 튼튼한	豊かな 풍부한
眩しく 눈부시게	キャンセル 취소
折れる 접히다, 꺾이다	辞める 그만두다, 사직하다
増やす (수량, 재산) 늘리다	収穫 수확, 거두어들임
一度 한번(에)	一回 1회, 한 번
破る 깨다, 어기다	壊す 부수다, (약속, 계획) 망치다
削る 깎다, 삭감하다	対比 대비
間隔 간격	大別(される) 대강 구분함, 크게 나눔
ふんわり 살짝, 폭신폭신	すっきり 상쾌함, 개운함
ぼんやり 어렴풋이, 멍하니	ストレス 스트레스
チェンジ 체인지	ステップ 스텝
決定 결정	実現 실현
達成 달성	曇る 흐리다, 흐려지다
隠れる 숨다	崩れる 무너지다

予報 예보

予感 예감

予習 예습

照らす 비추어 보다, 대조하다

晴れる (날씨) 맑다

細やか 자그마함, 사소함

競う (실력, 능력) 겨루다

幻想 환상

現像 (사진) 현상

混雑 혼잡

戦う 싸우다

現状 현상, 현재 상황

再開 재개

災害 재해

怖い 무섭다

ひどい (정도) 심하다

狡い 교활하다

包む 감싸다, 포장하다

挟む 사이에 끼우다

つかむ 잡다, 파악하다

恐怖 공포

2014-1회

大幅 큰 폭

悔しい 분하다

幼稚 유치

悲しい 슬프다

恥ずかしい 부끄럽다

恐ろしい 무섭다, 두렵다

圧勝 압승

傷む 상하다

湿っぽい 축축하다

泡 거품

汗 땀

汚い 더럽다

接続 접속

逆らう 거역하다

拒否する 거부하다

争う 다투다

素敵だ 멋지다

所属 소속

批判 비판

劣る 뒤떨어지다

乏しい (경험, 물자) 부족하다

負う 짊어지다

腹を立てる 화를 내다

移行 이행

導入 도입

引用 인용

呼吸 호흡

しつこい 끈질기다, (맛, 냄새) 짙다

図々しい 뻔뻔스럽다

険しい 험악하다, 험준하다

やかましい 시끄럽다

遅くとも 늦어도

予め 사전, 미리

とっくに 훨씬 전에 벌써

先々で 곳곳마다	体格 체격
格好 모습	容姿 얼굴모양과 체격
かかり合う 관계하다	割り込む 끼어들다
引っかかる 걸리다	差し支える 지장이 있다
頑丈 튼튼하고 옹골참	畳む (이불, 옷) 개다
合図 (눈짓, 몸짓, 소리) 신호	こつこつ(と) 꾸준히 노력하는 모양
縮む 줄어들다	

極端 극단	戻す (원래 자리, 상태) 되돌리다
継続 계속	除く 제거하다
貿易 무역	詳しい 자세하다
援助 원조	破れる (봉투) 찢어지다
面倒だ 귀찮다	拾う 줍다
思い切って 과감히, 선뜻	訂正 정정
目指す 목표로 하다	一気に 단숨에
蓄える 저장하다, 비축하다	リラックス 편안함
うとうと 꾸벅꾸벅	会見 회견
支持 지지	妥当 타당
いいわけ 변명	手軽 손쉬운 모양, 간단함
返す (빌렸던 것을) 돌려주다	渡す 건네주다
持続 지속	省く 줄이다
抜く (속에 들어 있는 것을) 뽑아내다, 선발하다	引く (잡아) 빼다
許す 용서하다	討論 토론
評論 평론	補充 보충
被る 뒤집어 쓰다	割れる (유리, 컵) 깨지다
採る 채집하다	捨てる 버리다
知らず知らず 모르는 사이에, 어느새	改訂 개정
変換 변환	とらえる 잡다, 파악하다
見張る 망보다, 지키다	握る (손에) 쥐다

一時的に 일시적으로	一斉に 일제히
一方的に 일방적으로	招く 초대하다
抱える (짐, 고민) 떠안다	結ぶ (매듭) 묶다

2013-1회

歓迎 환영	世の中 세상
勧誘 권유	改めて 다시, 재차
確かめる 확인하다	含める 포함하다, 포함시키다
まとめる (한데) 모으다	拡充 확충
模範 모범	縮む 줄어들다
減る 줄다	削る 깎다, 삭감하다
略す 생략하다 (⑨ 略する)	構造 구조
講義 강의	傾向 경향
傾ける 한쪽으로 기울이다	～頃 ～즈음(시기)
果たす (역할, 임무) 완수하다	到着 도착
招待 초대	任務 임무
呼び止める 불러 세우다	担ぐ 짊어지다
担う 맡나	根気 끈기
紹介 소개	招待 초대
聞き取れる 알아듣다	問い合わせる 문의하다
見分ける 구분하다	解散 해산
重苦しい 답답하다, 울적하다	活気 활기
意図 의도	意欲 의욕
特定 특정	統一 통일
専念 전념	注目 주목
様子 모습	容姿 얼굴 모양과 체격
外見 외견, 겉모습	格好 모양
掲示 게시	快い 상쾌하다, (남에게) 호의적이다
分野 분야, 활동범위	生き生き 생생한 모양, 생기가 넘치는 모양

へだてる 거리를 두다, 멀리하다

清潔(せいけつ) 청결	隠す(かくす) 숨기다
戻す(もどす) (원래 자리, 상태) 되돌리다	渡す(わたす) 전해주다
探す(さがす) 찾다	姿勢(しせい) 자세
情勢(じょうせい) (사회) 정세	運勢(うんせい) 운세
積む(つむ) (짐, 경력을) 쌓다	畳む(たたむ) (이불, 옷을) 개다
結ぶ(むすぶ) (매듭을) 묶다	編む(あむ) (실을) 짜다
逃亡(とうぼう) 도망	逃走(とうそう) 도주
真剣(しんけん) 진지	寄付(きふ) 기부
即座(そくざ) 즉각	志す(こころざす) 뜻을 두다, 목표로 하다
努める(つとめる) 노력하다	勧める(すすめる) 권하다, 추천하다
労わる(いたわる) 돌봐주다, 위로하다	疑う(うたがう) 의심하다
怒り(いかり) 분노	怒る(おこる) 화나다
憎む(にくむ) 미워하다, 원망하다	責める(せめる) 책망하다
中継(ちゅうけい) 중계	接続(せつぞく) 접속
分配(ぶんぱい) 분배	贅沢な(ぜいたくな) 사치스런
豊かだ(ゆたかだ) 풍부하다	豊富な(ほうふな) 풍부한
わずかな 적은, 작은	質素な(しっそな) 검소한
発想(はっそう) 발상	仮定(かてい) 가정
見当(けんとう) 목표, 예측, 짐작	目印(めじるし) 표시
ぎっしり 가득	すっきり 시원함, 상쾌함
ぶらぶら 어슬렁어슬렁	きらきら 반짝반짝
比例(ひれい) 비례	対応(たいおう) 대응
比較(ひかく) 비교	応答(おうとう) 응답
突っ込む(つっこむ) 깊게 파고들다, 추궁하다	つまずく 발이 걸려 넘어지다, 실패하다
くっつく 들러붙다	せっかく 모처럼
うっかり 무심코, 깜빡	あいにく 공교롭게도
わざわざ 일부러	補足(ほそく) 보충
あわただしい 어수선하다, 분주하다	催促(さいそく) 재촉
かすか 희미함, 어렴풋함	ものたりない (무언가) 부족하다

装置 장치	占める (비율, 자리) 차지하다
責める 책망하다	埋める (흙) 묻다
隠す 감추다	削除 삭제
訳す 번역하다	焦点 초점
略する 생략하다 (유 略す)	伴う 따르다
根拠 근거	導く 인도하다
呼吸 호흡	扱う 다루다
責任 책임	積極的 적극적
処理 처리	抵抗 저항
底 바닥	肩 어깨
背中 등	腰 허리
散らかす 어지르다	飛び越える 뛰어넘다
見渡す (멀리) 바라보다	落ち込む 우울하다, 우울해지다
逃避 도피	辞退 사퇴
避難 피난	握る 쥐다
抱える 안다, 떠안다	抱きしめる 끌어안다
改造 개조	転換 전환
変換 변환	好調 아주 좋음
頑固に 완고하게	夢中に 푹 빠져, 열중해서
ゆらゆら 흔들흔들	ごろごろ 빈둥빈둥
ぶらぶら 어슬렁어슬렁	うろうろ 어슬렁거림
乏しい (경험, 물자) 부족하다	矛盾 모순
問い合わせる 문의하다	交代 교대
合同 합동	

抽象的 추상적	返却 반환, 반납
針 바늘	釘 못
撮影 촬영	破片 파편

訪れる 찾아오다, 방문하다	伺う 찾아 뵙다, 여쭙다
参る 오다 (来る의 겸양어), 가다 (行く의 겸양어)	収穫 수확
勢い 기세	組織 조직
先祖 조상	満ちる 차다, 가득 차다
及ぶ 미치다	至る 이르다, 도달하다
省く 줄이다, 생략하다	外れる 빠지다, 제외되다
偏る 치우치다	傾く 기울다
載せる (기사를) 싣다	追加する 추가하다
わくわく 들떠있는 모양	すらすら 술술
いらいら 초조해 하는 모양	すっきり 상쾌한 모양
じっとする 가만히 있다	うっかり 무심코, 깜빡
ぐちをいう 푸념을 하다	汚れる 더러워지다
苦情 불만	乾燥する 건조하다
非難 비난	しびれる 저리다
場面 장면	名所 명소
区切り 단락	要所 요소
展開 전개	成長 성장
壊れる 깨지다, 부서지다	簡略な 간략한
慌てずに 당황하지 말고	簡易施設 간이 시설
対等な 대등한	廃止 폐지
さっさと 빨리빨리	心強い 마음이 든든하다
ふさぐ 틀어 막다, 가리다	冷静 냉정

2011-1회

倒れる 쓰러지다	敗れる 깨지다, 패하다
潰れる 망하다	祝う 축하하다
祈る 빌다, 기원하다	占う 점 치다
要求 요구	願う 바라다
調節 조절	至急 시급
象徴 상징	極めて 매우, 상당히

激しい 격하다, 심하다	答案 답안
険しい 험준하다, 험악하다	招く 초대하다, 부르다
登録 등록	勧める 권하다, 추천하다
誘う 권하다, 권유하다	請求 청구
変更 변경	交換 교환
替える 바꾸다, 교환하다	視察 시찰
検査 검사	分析 분석
採用 채용	点検 점검
ふんわり 가볍고 부드러운 모양, 폭신폭신	ぐらぐら 흔들흔들
うっすら 어렴풋이, 살짝	がらがら 텅 빔
しっとりしている 촉촉하다	ばらばら 뿔뿔이 흩어짐
ぶらぶら 어슬렁어슬렁	ぼんやり 흐릿하게
活発 활발함	活躍 활약
緊張 긴장	詰まる 막히다
快晴だ 맑다	沈む (물에) 가라앉다
回復 회복	埋まる (흙에) 묻히다
方針 방침	範囲 범위
せめて(・~ても) 적어노(~라도)	利益 이익
かなう 이루어지다	

地元 그 고장, 그 지역	密接 밀접
豊富 풍부	補う 보충하다
養う (가족, 부모) 부양하다	救う 구하다
庇う (죄, 잘못) 감싸다	率直 솔직함
贈る 선물하다	与える 주다, 부여하다
管理 관리	官僚 관료
福利 복리	施設 시설
福祉 복지	投資 투자
討論 토론	束ねる 묶다

属する 속하다	解消 해소
削除 삭제	減量 감량
停止 정지	訂正 정정
変換 변환	整備 정비
改善 개선	迫って 다가와서, 닥쳐와서
限って 한해서	寄る 접근하다, (생각이) 미치다
至って ~에 이르러서	たいして 그다지, 별로 (圖 さほど)
どうりで 어쩐지, 과연	わりと 비교적
よけい 쓸데없음	視界 시야
視野 시야	視線 시선
視察 시찰	さらさら 바슬바슬 (습기가 없고 메마른 모양)
きらきら 반짝반짝	さっぱり 전혀
きっぱり 단호히	効用 효용, 효능
才能 재능	機能 기능
効力 효력	世間 세간
違反 위반	質素 검소함
とっくに 훨씬 전에, 벌써	受け入れる 받아들이다

相互 상호	辛い 맵다
備える 대비하다	整える 정돈하다, 가지런히 하다
蓄える 비축하다	臭い 지독하다, 구리다
苦い 쓰다	景色 경치
防災 방재	礼儀 예의
出世 출세	焦る 초조해 하다
暮す 생활하다	上昇 상승
伝達 전달	暴れる 날뛰다
墓 무덤	開幕 개막
競う 경쟁	のろのろ 느릿느릿
のんびり 한가로이	ぐるぐる 빙빙

評判だ 평판이다	評価 평가
診断 진단	枯れる (식물) 말라 죽다, 마르다
衰える 쇠퇴하다	発明 발명
発行 발행	軟弱 연약
利点 이점	権利 권리
有効 유효	取材 취재
きっかけ 계기, 기회	深刻 심각
続出 속출	外見 겉모습

規模 규모	触れる (문화, 주제) 접하다
慣れる 익숙해지다	恵まれる 혜택 받다, 풍족하다
憧れる 동경하다	尊重 존중
治療 치료	隣 옆
裏 뒤	開催 개최
開演 개연, 시작	開講 개강
頼る 의지하다	乱れる 흐트러지다
破れる (가방, 봉투) 찢어지다, 깨지다	荒れる (표면) 거칠다
暴れる 날뛰다	運賃 운임
撮影 촬영	格差 격차
増加 증가	改正 개정
温暖 온난	更新 갱신
変更 변경	復旧 복구
ぐんぐん 쑥쑥	規則 규칙
構わない 상관 없다	法律 법률
含む 포함하다	規制 규제
納める 납입하다, 납부하다	系列 계열
割り込む 끼어들다, 새치기하다	割合 비율
詰め込む 채워 넣다	倍率 배율
地元 그 고장, 그 지역	検査 검사

眺め 전망	順々に 차례로
徐々に 서서히	軽々と 가볍게
外す 떼다, 풀다	普及 보급
注目 주목	ふさわしい 어울리다
保つ 유지하다	

문제3 단어형성에 출제되었던 접두어와 접미어를 정리하였다. 정답 기출 어휘에는 별색으로 표시를 해 두었고, 선택지로 출제된 어휘들도 함께 정리하였다.

2015-1회

副～ 부～	副社長 부사장	副作用 부작용
無～ 무～	無責任 무책임	無免許 무면허
～連れ ～동반	子供連れ 아이 동반	親子連れ 부모자식이 동행
～状 ～장	招待状 초대장	案内状 안내장
真～ 아주～	真新しい 아주 새롭다	真っ暗 아주 깜깜함
準～ 준～	準社員 준사원	準決勝 준결승
～補 ～보(견습, 후보)	次官補 차관보	
不～ 불～	不賛成 불찬성	不景気 불경기
不～	不器用 서투름	不格好 꼴이 흉함, 모양이 나쁨

～이 서투름, ～이 나쁨

放し～	放し飼い 방목	放し馬 방목하는 말

내버려두어 ～함

～放し 내버려둠	手放し 손을 놓음	遣りっ放し 뒤처리하지 않고 내버려둠
	開けっ放し 열어둔 채로 내버려둠	
～込み ～포함	税込み 세금 포함	朝食込み 조식 포함
～付き	条件付き 조건 부	保証付き 보증서 있음

～이/가 붙어 있음

～書 ～서(책, 서류)	参考書 참고서	始末書 시말서
～便 ～ 편(우편, 운송)	速達便 속달편	鉄道便 철도편
	急行便 급행편	
～紙 ～지	包装紙 포장지	日刊紙 일간지
実～ 실～, 실제～	実生活 실생활	実親子 친자식
素～ 맨～	素足 맨발	素手 맨손
	素泊まり 잠만 자는 숙박	

추가 열:

無資格 무자격	
家族連れ 가족 동반	
不必要 불필요	
定期便 정기편	
朝刊紙 조간지	
素通り 들르지 않고 지나감	

| 本～ 본～ | 本会議 본회의 | 本心 본심 | 本場 본고장 |
| 本事件 본사건 | | | |

2015-2회

～団 ～단	応援団 응원단	代表団 대표단	
悪～ 악～	悪循環 악순환	悪影響 악영향	
～率 ～율/률	成功率 성공률	進学率 진학률	
～離れ	現実離れ 현실에서 동떨어짐	都会離れ 도회를 떠남	
～에서 멀어진 상태			
～風 ～풍	西洋風 서양풍	ビジネス風 비즈니스풍	
抜け～ ～빠짐	抜け口 빠져나갈 수 있는 곳, 탈출구		
劣～ 열～	劣等生 열등생		
～倍 ～배	十倍 10배	人一倍 남보다 갑절(이나)	
～集 ～집	傑作集 걸작집		
～族 ～족	暴走族 폭주족		
～割 ～배치	時間割 시간표	席割 좌석배치	
～比 ～비, ～에 비하여	前年比 전년비		
～状 ～장	案内状 안내장	招待状 초대장	
～類 ～류	野菜類 야채류	魚介類 어패류	
～落ち ～누락, ～탈락	予選落ち 예선탈락		
逃げ～	逃げ足 도망치는 일, 달아남	食い逃げ 음식 값을 떼어 먹고 달아남	
～하지 않고 도망침	ひき逃げ 뺑소니		

2014-1회

～集 ～집	作品集 작품집	問題集 문제집	論文集 논문집
～沿い ～가	線路沿い 선로가	道沿い 길가	路線沿い 기찻길 노선 가
	川沿い 강가	海沿い 바닷가	
諸～ 여러～	諸問題 여러 문제	諸外国 여러 외국	諸手続き 여러 가지 수속
～賃 ～요금	運賃 운임	電車賃 전철 요금	家賃 집세

一〜 일〜, 하나의〜	一色 일색, 한가지 경향	一例 하나의 사례	一面 한면, 전면
	一種 일종, 그어떤		
〜料 〜료	手数料 수수료	送料 배송료	
〜部 〜부	総務部 총무부	野球部 야구부	
〜の並び 늘어선〜	花屋の並び 늘어선 꽃집	家の並び 늘어선 집들	
〜財 〜재	文化財 문화재		

2014-2회

〜性 〜성	危険性 위험성	柔軟性 유연성	
〜未 미〜	未経験 미경험	未完成 미완성	
〜切れ 〜끝남	期限切れ 만기가 끝남	時限切れ 시한이 지남	
高〜 고〜	高性能 고성능	高収入 고수입	
〜おき 〜간격으로	一日おきに 하루 간격으로	一週間おきに 일주일 간격으로	
素〜 맨〜	素顔 맨얼굴	素足 맨발	
〜状 〜상태	クリーム状 크림 상태		
小〜 소〜, 적은〜	少人数 적은 인원수	小規模 소규모	
低〜 저〜, 낮은〜	低価格 저가격	低姿勢 저자세	低気圧 저기압
〜越え 〜넘음	山越え 산을 넘음		

2013-1회

準〜 준〜	準決勝 준결승	準会員 준회원	
〜連れ 〜동반	親子連れ 부모자식이 동행함	二人連れ 두 사람 동행	
薄〜 약간〜, 좀〜	薄暗い 좀 어둡다, 침침하다	薄味 연한 맛	薄紙 얇은 종이
〜気味 약한 〜한 기운	風邪気味 약한 감기 기운	焦り気味 다소 초조한 기색	
〜類 〜류	食器類 식기류	貴金属類 귀금속류	
〜寄り (장소)〜근처	駅寄りの店 역 근처의 가게	海岸寄り 해안근처	
〜付き 〜포함	ドリンク付き 음료 포함	朝食付き 조식 포함	
〜向き 〜향	東向き 동향	南向き 남향	
前〜 전〜	前議長 전의장	前世紀 전세기	
副〜 부〜	副知事 부지사	副議員長 부의원장	

再〜 재〜	再提出 재제출	再印刷 재인쇄	
〜発 〜발	東京駅発 도쿄역발	成田発 나리타발	
〜全般 〜전반	音楽全般 음악 전반	小説全般 소설 전반	
最〜 최〜	最有力 가장 유력	最下位 최하위	
〜明け 〜끝난 직후	夏休み明け 여름방학 끝난 직후	週末明け 주말 끝난 직후	
〜止め 〜방지	滑り止め 미끄럼 방지	日焼け止め 자외선 차단	
〜共通 〜공통	全国共通 전국공통	男女共通 남녀공통	
〜次 〜차	第二次 제2차	次年度 차년도, 다음 해	
始〜 시작〜	始終 시종, 처음부터 끝까지	始末 (사전의) 전말, 형편	
〜分け 〜나눔, 〜분배	遺産分け 유산 분배	山分け 절반씩 나눔	

〜風 〜풍	ビジネスマン風 비즈니스맨풍	中華風 중화풍	
仮〜 가〜, 임시〜	仮採用 임시 채용	仮停留所 임시 정류소	
〜色 〜색	国際色 국제색	地方色 지방색	保護色 보호색
諸〜 여러〜	諸外国 여러 외국	諸手続き 여러 수속	諸問題 여러 문제
低〜 저〜	低価格 저가격	低評価 저평가	
多〜 다〜	多方面 다방면	多目的 다목적	
安〜 싸게〜	安売り 싸게 팜	安月給 싼 월급	
短〜 단〜	短期間 단기간	短距離 단거리	
素〜 맨〜	素顔 맨얼굴	素足 맨발	
小〜 소〜, 작은〜	小人 어린이	小規模 소규모	
低〜 저〜, 낮은〜	低価格 저가격	低姿勢 저자세	低気圧 저기압
〜越え 〜넘음	山越え 산을 넘음		

真〜 한〜	真夜中 한밤중	真後ろ 바로 뒤	
〜率 〜율/률	投票率 투표율	就職率 취업률	入学率 입학률
〜順 〜순	アルファベット順 알파벳순	アイウエオ順 아이우에오 순	

半～ 반～	半透明 반투명	半永久 반영구
～流 ～류	日本流 일본류	気流 기류
～弱 ～조금 안 됨	一万円弱 만엔이 조금 안 됨	10 ％ 弱 10퍼센트 조금 안 됨
正～ 정～	正社員 정사원	正反対 정반대
本～ 본～	本採用 본채용	本サイト 본사이트

2011-1회

～界 ～계(사회)	医学界 의학계	映画界 영화계	芸能界 예능계
準～ 준～	準優勝 준우승	準決勝 준결승	
現～ 현～	現段階 현단계	現時点 현시점	
非～ 비～	非公式 비공식	非科学的 비과학적	非正常 비정상
総～ 총～	総売上 총매출	総収入 총수입	総人数 총인원수
直～ 직～	直取引 직거래	直輸入 직수입	
当～ 당～	当ホテル 해당호텔	当本人 해당본인	
～帯 ～대	火山帯 화산대	亜熱帯 아열대	
不～ ～이 아님	不用意 준비가 되어 있지 않음	不都合 무례함, 경우가 아님	
未～ 미～	未経験 미경험	未完成 미완성	
無～ 무~	無責任 무책임	無免許 무면허	無資格 무자격
～集 ～집	作品集 작품집	問題集 문제집	論文集 논문집

2011-2회

～賞 ～상	文学賞 문학상	エコー賞 에코상	
悪～ 악～	悪条件 악조건	悪感情 악감정	悪環境 악환경
～状 ～상태, ～모양	クリーム状 크림 상태	テーブル状 테이블 모양	
～おき ～간격으로	一日おき 하루 간격으로	一週間おき 일주일 간격으로	
来～ 다음～	来シーズン 다음 시즌	来学期 다음 학기	来年度 내년도
～かけ ～하다만	やりかけの宿題 하다만 숙제	食べかけのリンゴ 먹다가 만 사과	
あき～ 빈～	あきびん 빈 병	あきかん 빈 깡통	あき部屋 빈방
～位 ～위	3位 3위	第1位 제1위	

諸~ 여러~	諸問題 여러 문제	諸外国 여러 외국	諸手続き 여러 가지 수속	
~街 ~거리	商店街 상점가	官庁街 관청가		
高~ 고~, 높은~	高収入 고수입	高学歴 고학력		
副~ 부~	副社長 부사장	副作用 부작용		
~力 ~력 (힘)	集中力 집중력	経済力 경제력	理解力 이해력	
複~ 복~	複製品 복제품	複数 복수		
良~ 양~	良好 양호	良心 양심	改良 개량	最良 최량
~気 ~기운	眠気 졸음	寒気 한기	吐き気 토기, 구토	

~対 ~대	1対1 1 대 1	韓国対日本 한국 대 일본	
再~ 재~	再放送 재방송	再発行 재발행	
~制 ~제	予約制 예약제	大家族制 대가족제	
~率 ~율/률	就職率 취업률	入学率 입학률	投票率 투표율
旧~ 구~	旧制度 구제도	旧憲法 옛날 헌법	
~系 ~계	文科系 문과(자연)계	理系 이과계	
更~ ~갱 (바꾸다)	更新 변경	更生 변생	
反~ 반~	反道徳的 반도덕적	反社会的 반사회적	
~元 ~아래, ~근처	身元 신분	足元 발아래, 발밑	

2015-1회

所有する 소유하다	≒	持つ 가지다
おそらく 아마도	≒	たぶん 아마
収納 수납	≒	仕舞う 치우다, 넣다
小柄 몸집이 작음	≒	体が小さい 몸이 작다
無口 말이 없음	≒	あまり話さない 그다지 얘기하지 않는다
探す 찾다	≒	見つける 발견하다
借りる 빌리다	≒	レンタルする 임대하다
当然 당연함	≒	あたりまえ 당연함, 마땅함
やはり 역시	≒	思ったとおり 생각한 대로
ぜったい 절대, 꼭	≒	かならず 반드시
集める 모으다	≒	収集する 수집하다
お金を預ける 돈을 맡다	≒	預金 예금
返す 돌려주다	≒	返却 반환, 반납

2015-2회

やや 약간	≒	少し 조금
テンポ 템포, 박자	≒	速さ 빠르기
妙な 묘한	≒	変な 이상한
ささやくように 속삭이듯이	≒	小声で 작은 소리로
かつて 일찍이, 예전부터	≒	以前 이전
確か 확실함	≒	ちゃんと 제대로 확실히
主に 주로	≒	もっぱら 주로
しばらく 한동안, 당분간	≒	当分 당분간, 잠시 동안
絶対に(+〜ない) 절대, 반드시	≒	決して(+〜ない) 결코
もっと 더욱, 좀 더	≒	さらに / なお 더욱, 좀 더
たぶん 아마도	≒	おそらく 아마도, 필시

サイズをそろえる 사이즈를 맞추다	≒	同じにして 같게 해서
買いしめる (상품, 주식) 사재다	≒	全部買う 전부 사다
無理に買う 무리하게 사다	≒	むりやり買う 무리해서 사다
さっそく買う 즉각 사다	≒	即刻買う 바로 사다
間際に 직전에	≒	直前 직전
直後 직후	≒	のち 후, 다음
当日 당일	≒	本日 오늘, 금일
たちまち 금세	≒	すぐに 금세, 바로
すっかり 완전히	≒	全て 모두, 전부
やっと 겨우, 간신히	≒	何とか 어떻게든
お勘定を済ませる 계산을 치르다, 계산을 마치다	≒	お金を払う 돈을 지급하다

異なる 다르다	≒	違う 다르다
たまたま 우연히	≒	偶然 우연히
明らかに 확실히	≒	はっきり 분명히
用心 조심	≒	注意 주의, 조심
騒々しい 시끄럽다, 뒤숭숭하다	≒	さわがしい 시끄럽다, 떠들썩하다
単純 단순	≒	シンプル 심플
似ている 닮다	≒	類する 비슷하다
複雑 복잡	≒	ごちゃごちゃ 어지러이 뒤섞인 모양
すぐに 곧, 즉시	≒	直ちに 곧, 즉각
何度も 몇번이나	≒	しばしば / 頻繁に 자주
さっき 아까 조금 전	≒	少し前 / さきほど 조금전
さまざまな 갖가지, 별별	≒	いろいろな 별별, 여러
別の 다른	≒	他の 그 밖의
新しい 새롭다	≒	あらただ 새롭다
努力 노력	≒	力を尽くす 힘을 쓰다
我慢 참음, 자제	≒	耐える 견디다

静かに 조용히	≒	こっそり / そっと 살짝, 몰래

2013-1회

済ます 끝내다, 마치다	≒	終える 끝내다
始める 시작하다	≒	取りかかる 착수하다
教える 알려주다	≒	告示する 알리다
あいまい 애매함	≒	はっきりしない 분명하지 않다
ていねいだ 정중하다	≒	念入り 정성 들임, 공들임
思いがけない 의외이다, 뜻밖이다	≒	意外な 의외의
悲しい 슬프다	≒	切ない 애달프다, 괴롭다
不思議な 신기한	≒	奇妙な 기묘한
みずから 스스로	≒	自分で 스스로, 자기가
すぐに 곧장, 즉시	≒	即座に 즉시, 바로
仲間 동지, 동료	≒	同僚 동료
揃う 모이다, 갖추어지다	≒	集まる 모이다

2013-2회

およそ 대략, 약	≒	だいたい 대개, 대강
ぜんぶで 전부	≒	すべて 모두
それぞれ 제각각	≒	おのおの 각자, 각각
プラン 플랜, 계획	≒	計画 계획
理由 이유	≒	わけ 까닭
情報 정보	≒	インフォメーション 인포메이션, 정보
依然として 여전히	≒	相変わらず 여전히, 변함없이
思ったとおり 생각대로	≒	やはり 역시, 과연
これまでより 지금까지 보다	≒	従来より 종래보다
必死だ 필사적이다	≒	一生懸命だ 열심이다
危ない 위험하다	≒	危ういところだ 위험할 뻔하다
山のふもと 산기슭	≒	山の下のほう 산 아래쪽

直_{ただ}ちに 곧장, 즉시	≒	すぐに 바로
奇妙_{きみょう}な 기묘한	≒	変_{へん}な 이상한
仕上_{しあ}げる 일을 끝내다	≒	完成_{かんせい}させる 완성하다, 완성시키다
日中_{にっちゅう} 낮	≒	昼間_{ひるま} 낮 동안
平日_{へいじつ} 평일	≒	ウィークデー 평일
休日_{きゅうじつ} 휴일	≒	ホリデー 휴일
湿_{しめ}っている 젖어 있다	≒	まだ乾_{かわ}いていない 아직 마르지 않았다
くわしい 자세하다	≒	こまかい 자잘하다
きちんと 제대로	≒	ちゃんと 제대로
にぎやかだ 붐비다	≒	人通_{ひとどお}りの多_{おお}い 사람들의 왕래가 잦다
嫌_{いや}な 싫다, 지겹다	≒	よく思_{おも}わない 좋게 생각하지 않는다
直_{なお}す 고쳐서	≒	修理_{しゅうり}する 수리하다 / 修正_{しゅうせい}する 수정하다
出_だす 내놓다	≒	提出_{ていしゅつ}する 제출하다

追加_{ついか}する 추가하다	≒	足_たす 더하다
載_のせる 싣다	≒	掲載_{けいさい}する 게재하다
調_{しら}べる 알아보다	≒	調査_{ちょうさ}する 조사하다
直_{なお}す 고치다	≒	修理_{しゅうり}する 수리하다
治_{なお}す (병) 낫게 하다	≒	治療_{ちりょう}する 치료하다
相当_{そうとう} 상당함	≒	かなり 꽤
どうせ 어차피	≒	どうやら 아무래도
じっとする 꼼짝 않다, 가만히 있다	≒	動_{うご}かない 움직이지 않다
過_{あやま}ちだ 잘못이다	≒	正_{ただ}しくない 옳지 않다
秘密_{ひみつ} 비밀	≒	内緒_{ないしょ} 비밀
かさかさ 까칠까칠, 바스락바스락	≒	乾燥_{かんそう}している 말라 있다

ブーム 붐	≒	流行_{りゅうこう} 유행

効果 효과	≒	効き目 효능, 효과
状態 상태	≒	様子 모양, 상태
緊張する 긴장하다	≒	引き締まる (마음) 긴장되다
慎重に 신중히	≒	十分注意して 충분히 주의해서
急いで 서둘러서	≒	ばたばたと 분주히
静かに 조용히	≒	こっそり 살짝, 몰래
縮む 줄다	≒	小さくなる 작아지다
ほぼ 거의, 대체로	≒	だいたい 대체로
回復する 회복하다	≒	よくなる 좋아지다

くたくた 녹초가 됨	≒	ひどくつかれた 매우 지치다
のどがかわいた 목마르다	≒	からから 바싹 마름, 건조함
お腹がすいた 배가 고프다	≒	ぺこぺこ 배가 고픔
汗をかいた 땀을 흘리다	≒	だらだら 뻘뻘 (땀을 흘림)
わずか 아주 적은	≒	少し 조금
急に 갑자기	≒	にわかに 갑자기, 돌연
ゆっくり 느긋함	≒	余裕 여유
優秀だ 우수하다	≒	頭がいい 머리가 좋다
体が丈夫だ 몸이 튼튼하다	≒	頑丈だ 튼튼하다
人気がある 인기가 있다	≒	モテる (이성) 인기가 있다
うつむく 머리를 숙이다	≒	下を向く 아래를 향하다
いきなり 갑자기	≒	とつぜん 돌연, 별안간
つぎつぎ 잇달아	≒	相次ぐ 연이어
やっと 겨우	≒	ようやく 겨우, 가까스로
いちどに 한 번에	≒	一気に 한숨에, 단숨에

とりあえず 우선	≒	一応 일단, 우선
さっき 아까	≒	間もない 얼마 되지 않다

すぐに 바로	≒	ただちに 즉각
直接 직접	≒	直に 스스로
安くゆずる 싸게 넘기다	≒	安く売る 싸게 팔다
預かる (남의 것을) 맡다	≒	保管する 보관하다
直す 고치다	≒	訂正する 고치다, 정정하다
雑談 잡담	≒	おしゃべり 수다
あいさつ 인사	≒	会釈 고개짓
報告 보고	≒	レポート 리포트, 보고서
かしこい 현명하다	≒	頭がいい 머리가 좋다
珍しい 드물다, 흔치 않다	≒	まれだ 드물다
おとなしい 어른스럽다, 얌전하다	≒	慎ましい 조신하다, 얌전하다
大げさだ 과장되다	≒	オーバーだ 오버다, 과장되다
ささやかだ 사소하다, 하찮다	≒	ちっぽけな 변변찮음, 자그마함

2010-2회

わがまま 제멋대로임, 버릇없음	≒	自分勝手 제멋대로임, 버릇없음
たびたび 여러 번, 자주	≒	何度も 몇 번이나
たまに 가끔	≒	まれに 가끔, 드물게
たいてい 대체로, 대개	≒	ほとんど 대강, 대충
突然 돌연, 갑자기	≒	不意に 갑자기
ぶかぶか 헐렁헐렁	≒	とても大きい 매우 크다
見解 견해	≒	考え方 생각, 사고방식
レンタル 대여, 임대	≒	借りる 빌리다
すいすい 척척, 획획	≒	すらすら 거침없이 술술 말하는 모양
うるさい 시끄럽다	≒	やかましい 시끄럽다, 떠들썩하다
修理する 수리하다	≒	直す 고치다
検査する 검사하다	≒	チェックする 체크하다
買う 사다	≒	購入する 구입하다
決める 결정하다	≒	選択する 선택하다

✷ 문자편

한자읽기와 한자표기 문제에서는 선택지에 비슷하게 생긴 문자들이 자주 출제되고 있다. 따라서 한자를 외울 때도 무작정 외우기 보다는 모양이 비슷한 한자들을 묶어서 같이 외우는 것이 더욱 효과적이다. 따라서 여기에서는 모양이 비슷한 한자들과 함께, 한국어 발음이 같은 다른 한자, 그 외에 예외적인 음을 갖는 한자들을 비교·정리해보았다.

㉴ 유의어　＊동음이의어　＋ 같이 쓰이는 단어 및 표현

➡ 정답은 p.117에

01　모양이 비슷한 한자

傷 상　傷 상처(＋〜がつく ~입다 / 〜をつける ~입히다)　傷付く 상처입다
傷害 상해　中傷 중상(＊抽象 추상)　軽傷 가벼운 상처(＊継承 계승)
傷む 상하다

湯 탕　お湯 뜨거운 물(＋〜をわかす ~을 끓이다 / 〜がわく ~가 끓다)　湯気 수증기

陽 양　太陽 태양　陽気だ 밝고 쾌활하다(㉴ 朗らかだ / 明るい)

Q1
① 상처 ＿＿＿きず　(傷) 湯 陽　　② 명랑하다 ＿＿＿きだ　傷気だ 湯気だ 陽気だ
③ 상하다 ＿＿＿む　傷む 湯む 陽む　　④ 수증기 ＿＿＿＿＿　傷気 湯気 陽気

揭 게　揭載 게재(㉴ 載せる 싣다, 게재하다)　揭示 게시(㉴ お知らせ 알림)

提 제　提携 제휴　提供 제공　提示 제시　提案 제안　提出 제출

Q2
① 게시 ＿＿＿じ　揭示 提示　　② 제안 ＿＿＿あん　揭案 提案
③ 제시 ＿＿＿じ　揭示 提示　　④ 게재 ＿＿＿さい　揭載 提載

湿 습　湿っぽい 습하다　湿る 축축하다, 눅눅하다　湿す 적시다, 축이다(㉴ ぬらす)
湿気 습기　湿度 습도

温 온	**温**める 데우다		
	温泉 온천　**温厚** 온후함　**温情** 온정		

Q3
① 습하다 ＿＿＿＿っぽい　湿っぽい　温っぽい　　② 적시다 ＿＿＿＿す　湿す　温す
③ 온후함 ＿＿＿＿こう　湿厚　温厚　　④ 습기 ＿＿＿＿け　湿気　温気

穏 온	**穏**やかだ 온화하다　**穏和** (날씨) 온화함(*温和 (성격) 온화함)		
隠 은	**隠**す 숨기다　**隠**れる 숨다(㊌潜む)　**隠居** 은거　**隠**れん坊 숨바꼭질		

Q4
① 은거 ＿＿＿＿きょ　穏居　隠居　　② 숨기다 ＿＿＿＿す　穏す　隠す
③ 온화함(날씨) ＿＿＿＿わ　穏和　温和　　④ 온화하다 ＿＿＿＿やかだ　穏やかだ　隠やかだ

緩 완	**緩**い 느슨하다, 헐렁하다(㊌ぶかぶか / たぶたぶ)　**緩**やかだ (경사) 완만하다		
	緩める 느슨하게 하다		
援 원	**支援** 지원(㊌サポート)　**援助** 원조(+〜を受ける 〜를 받다)　**救援** 구원　**応援** 응원		
暖 난	**暖房** 난방　**温暖化** 온난화		

Q5
① 느슨하다 ＿＿＿＿い　緩い　援い　暖い　　② 지원 し＿＿＿＿　支緩　支援　支暖
③ 난방 ＿＿＿＿ぼう　緩房　援房　暖房　　④ 원조 ＿＿＿＿じょ　緩助　援助　暖助
⑤ 응원 おう＿＿＿＿　応緩　応援　応暖
⑥ 완만하다 ＿＿＿＿やかだ　緩やかだ　援やかだ　暖やかだ

余 여	**余裕** 여유　**余暇** 여가　**余計**だ 쓸데없다(+〜考え / こと / 話 〜생각/일/이야기)		
	余所見をする 곁눈질을 하다　**余地**はない 여지는 없다		
	余る 남다		
途 도	**中途半端** 어중간함　**中途** 중도　**途方**もない 터무니없다(㊌どんでもない)		
	一途に 오로지(㊌ひたすら)		
徐 서	**徐行** 서행　**徐々**に 서서히(㊌次第に / だんだん)		
除 제	**除外** 제외　**削除** 삭제　**解除** 해제		
	除く 제외하다		
	掃除 청소		

Q6
① 여유 ＿＿＿＿ゆう　余裕　途裕　徐裕　　② 중도 ちゅう＿＿＿＿　中余　中途　中除
③ 서서히 ＿＿＿＿に　余々に　徐々に　除々に　④ 제외 ＿＿＿＿がい　途外　徐外　除外

⑤ 삭제 さく＿＿＿＿　削余　削徐　削除　　　　⑥ 쓸데없다 ＿＿＿けいだ　余計だ　途計だ　除計だ

額 액	**半額** 반액　**総額** 총액　**価額** 가격(㊡ 価格)　**金額** 금액　**残額** 잔액(㊡ 残高 잔고, 잔액)	
頑 완	**頑固だ** 완고하다(㊡ しぶとい)　**頑丈だ** 튼튼하다	
頭 두	**頭痛** 두통	
	頭 머리	
顧 고	**顧客** 고객　**顧問** 고문	

Q7

① 고객 ＿＿＿＿きゃく　額客　頭客　顧客　　　② 두통 ＿＿＿つう　頑痛　頭痛　顧痛

③ 완고하다 ＿＿＿＿＿こだ　頑固だ　頭固だ　顧固だ

④ 잔액 ざん＿＿＿＿　残頑　残高　残額　　　　⑤ 총액 そう＿＿＿　総額　総頭　総顧

⑥ 가격 か＿＿＿　価額　価頑　価顧

項 항	**項目** 항목　**事項** 사항　**別項** 별항	
頂 정	**頂点** 정점　**山頂** 산의 정상	
	頂く 받다	

Q8

① 항목 ＿＿＿＿もく　項目　頂目　貯目　　　② 정점 ＿＿＿＿てん　項点　頂点

③ 별항 べっ＿＿＿＿　別項　別頂

賃 임	**運賃** 운임　**電車賃** 전철 요금　**バス賃** 버스 요금　**家賃** 방세　**賃貸** 임대　**賃金** 임금	
貸 대	**貸す** 빌려주다　**貸し出し** 대출	

Q9

① 운임 うん＿＿＿＿　運賃　運貸　　　② 대출 ＿＿＿＿だし　賃し出し　貸し出し

貿 무	**貿易** 무역　**片貿易** 편도 무역	
賀 하	**年賀状** 연하장　**祝賀** 축하	
貨 화	**通貨** 통화　**外貨** 외화　**貨幣** 화폐	
資 자	**投資** 투자　**出資** 출자　**資格** 자격증(+ ～を取る ～을 따다)　**資源** 자원　**資金** 자금	

Q10

① 무역 ＿＿＿＿えき　貿易　賀易　貨易　資易　　② 투자 ＿＿＿＿し　投貿　投賀　投貨　投資

③ 출자 しゅっ＿＿＿　出貿　出賀　出貨　出資　　④ 통화 つう＿＿＿　通貿　通賀　通貨　通資

⑤ 화폐 ＿＿＿へい　貿幣　賀幣　貨幣　資幣

⑥ 연하장 ねん＿＿＿＿じょう　年賀状　年賀状　年貨状

設 설	設備 설비　設計 설계　施設 시설　設置 설치
	設ける 개설하다
役 역	役所 관공서　役人 공무원　役割 / 役目 역할　役立つ 도움되다(유) 役立てる 유용하게 쓰다
	現役 현역
投 투	投資 투자　投手 투수
	投げる 던지다　ぶん投げる 냅다 던지다　放り投げる 멀리 던지다, 중도에서 집어치우다
没 몰	没頭 몰두　沈没 침몰　没収 몰수

Q11
① 설치 ＿＿＿＿ち　設置 役置 投置 没置　　② 몰두 ＿＿＿＿とう　設頭 役頭 没頭 投頭
③ 침몰 ＿＿＿＿ぼつ　沈役 沈投 沈没 沈設　　④ 투자 ＿＿＿＿し　設資 役資 投資 没資
⑤ 현역 げん＿＿＿＿　現設 現役 現投 現没　　⑥ 시설 し＿＿＿＿　施設 施役 施投 施没

核 핵	核心 핵심(＊確信 확신)
刻 각	深刻だ 심각하다　時刻 시각　彫刻 조각
	刻む (돌, 마음등) 새기다, (재료) 잘게 다지다

Q12
① 핵심 ＿＿＿＿しん　核心 刻心　　② 심각하다 しん＿＿＿＿だ　深核だ 深刻だ
③ 새기다 ＿＿＿＿む　核む 刻む

絡 락	連絡 연락　短絡 단락　脈絡 맥락
	絡む 얽히다(유) 絡みつく)
格 격	規格 규격　人格 인격　資格 자격　格差 격차　性格 성격
	格好 모습, 모양 (+ 〜いい 멋있다 / 〜わるい 꼴사납다)　格別だ 각별하다

Q13
① 성격 せい＿＿＿＿　性絡 性格　　② 얽히다 ＿＿＿＿む　絡む 格む
③ 모습 かっ＿＿＿＿　絡好 格好　　④ 단락 たん＿＿＿＿　短絡 短格

走 주	走行 주행　脱走 탈주　逃走 도주
	走る 달리다
徒 도	生徒 생도(중고등학생)　徒歩 도보　徒競走 달음박질
赴 부	赴任 부임
	赴く 향하다, 진행되다
趣 취	趣味 취미　趣旨 취지

Q14 ① 도주 <u>とう</u>　　　 逃走 逃徒 逃赴 逃趣　② 도보 _____ ほ　走歩 徒歩 赴歩 趣歩

③ 취지 _____ し　走旨 徒旨 赴旨 趣旨　④ 부임 _____ にん　走任 徒任 赴任 趣任

隔 격　**隔**週 격주　**隔**離 격리　間**隔** 간격

　　　隔たる 사이가 떨어지다, 사이에 두다, 차이가 생기다

融 융　**融**資 융자　金**融** 금융　**融**通 융통성

Q15 ① 금융 きん _____ 　金隔 金融　② 격주 _____ しゅう　隔週 融週

③ 융통성 _____ ずう　隔通 融通　④ 간격 かん _____ 　間隔 間融

予 예　**予**告 예고　**予**防 예방　**予**測 예측　**予**断 예측

序 서　順**序** 순서　秩**序** 질서

矛 모　**矛**盾 모순

Q16 ① 순서 じゅん _____ 　順予 順序 順矛　② 예측 _____ そく　予測 序測 矛測

③ 모순 _____ じゅん　予盾 序盾 矛盾　④ 예방 _____ ぼう　予防 序防 矛防

札 찰　**札** 지폐　偽**札** 위조지폐　**札**束 돈다발

　　　番号**札** 번호표　名**札** 이름표

礼 예　お**礼** 감사인사, 감사선물　**礼**儀 예의(+ ~正しい ~바르다 / ~作法 예의범절)

祝 축　**祝**う 축하하다　お**祝**い 축하인사, 축하선물

祈 기　**祈**る 빌다, 기원하다　お**祈**り 기도

Q17 ① 빌다, 기원하다 _____ る　礼る 祝る 祈る　② 예의범절 _____ ぎ　札儀 礼儀 祝儀

③ 위조지폐 にせ _____ 　偽札 偽礼 偽祝　④ 번호표 ばんごう _____ 　番号札 番号礼

徴 징　象**徴** 상징　特**徴** 특징　**徴**収 징수

微 미　**微**熱 미열　**微**妙 미묘　**微**量 미량

　　　微かだ 희미하다, 어렴풋하다(⊕ ぼんやりしている / ぼっとしている / 淡い (형태, 빛) 희미하다)

Q18 ① 상징 しょう _____ 　象微 象徴　② 특징 とく _____ 　特微 特徴

③ 미열 _____ ねつ　微熱 徴熱　④ 징수 _____ しゅう　微収 徴収

⑤ 미묘 _____ みょう　微妙 徴妙　⑥ 희미하다 _____ かだ　徴かだ 微かだ

抑 억	抑制 억제
	抑える 자제하다
迎 영	歓迎 환영　送迎 보내고 맞이함(윤 送り迎え)
	迎える 맞이하다

Q19　① 억제 ______ せい　抑制　迎制　仰制　　　② 맞이하다 ______ える　抑える　迎える　仰える

織 직	組織 조직 (+ ～を組む ~을 짜다)
	織る (옷감, 자리) 짜다
識 식	知識 지식　意識 의식(↔ 無意識 무의식)　常識 상식　認識 인식
職 직	転職 이직　就職 취직　職業 취업　退職 퇴직

Q20
① 이직 てん______　転織　転識　転職　　② 상식 じょう______　常織　常識　常職
③ (옷감) 짜다 ______る　織る　識る　職る　　④ 조직 そ______　組織　組識　組職
⑤ 퇴직 たい______　退織　退識　退職　　⑥ 인식 にん______　認織　認識　認職

結 결	直結 직결　結局 결국　連結する 연결하다(윤 結びつける)　結実 결실　結ぶ (매듭) 묶다
統 통	伝統 전통　統一 통일　統計 통계
続 속	連続 연속　継続 계속　続出 속출
	続く 계속되다
読 독	読書 독서　購読 구독

Q21
① 결실 __________　結実　統実　続実　読実　② 통일 __________　結一　統一　続一　読一
③ 연속 __________　連結　連統　連続　連読　④ 독서 __________　結書　統書　続書　読書

責 책	責任 책임　叱責 질책
	責める 책망하다
績 적	功績 공적　実績 실적　成績 성적　業績 업적
積 적	面積 면적　積極的 적극적
	積む (경력, 경험, 짐) 쌓다　積もる (눈, 비) 쌓이다
	積み立てる 적립하다　積み重ねる 높게 겹쳐 쌓다
債 부	負債 부채(윤 借金 빚)

Q22 ① 책망하다 ＿＿＿＿＿める　責める　績める　積める　債める

② 부채 ＿＿＿＿＿＿＿　負責　負績　負積　負債

③ 적극적 ＿＿＿＿＿＿＿＿てき　責極的　績極的　積極的　債極的

④ 적립하다 ＿＿＿＿＿みたてる　責み立てる　積み立てる　績み立てる　債み立てる

勧 권	**勧**告 권고	**勧**誘 권유	**勧**奨 권장	
	勧める / **薦**める 추천하다, 권하다　　お**勧**め 추천, 권함			
観 관	**観**覧 관람	**観**光 관광	**観**察 관찰	
歓 환	**歓**迎 환영	**歓**呼 환호	**歓**声 환성(+～をあげる ～을 지르다)	
権 권	**権**力 권력	**権**利 권리	**権**威主義 권위주의	政**権** 정권

Q23 ① 권리 ＿＿＿＿＿り　勧利　観利　歓利　権利　　② 추천 お＿＿＿＿＿め　お勧め　お歓め　お権め

③ 관광 ＿＿＿＿＿こう　勧光　観光　歓光　権光　　④ 환영 ＿＿＿＿＿＿　勧迎　観迎　歓迎　権迎

⑤ 권장 ＿＿＿＿＿しょう　勧奨　観奨　歓奨　権奨　⑥ 정권 せい＿＿＿＿＿　政勧　政観　政歓　政権

➡ 정답은 p.118에

版 판   改正**版** ^{かいせいばん} 개정판   出**版** ^{しゅっぱん} 출판   初**版** ^{しょはん} 초판

板 판   掲示**板** ^{けいじばん} 게시판   看**板** ^{かんばん} 간판

     板前さん ^{いたまえ} 일본 전통 요리사   まな**板** ^{いた} 도마

販 판   **販**売 ^{はんばい} 판매   通**販** ^{つうはん} 통판, 통신판매(通信販売) ^{つうしんはんばい}

Q1   ① 출판 しゅっ______   出版   出板   出販   ② 통판 つう______   通版   通板   通販

     ③ 게시판 けいじ______   掲示版   掲示板   掲示販

構 구   **構**造 ^{こうぞう} 구조   **構**内 ^{こうない} 구내   結**構**だ ^{けっこう} 괜찮다

     構わない ^{かま} 상관없다

購 구   **購**買 ^{こうばい} 구매   **購**入 ^{こうにゅう} 구입

溝 구   排水**溝** ^{はいすいこう} 배수구

Q2   ① 구매 ______ばい   構買   購買   溝買   ② 구조 こう______   構造   購造   溝造

     ③ 배수구 はいすい______   排水構   排水購   排水溝

義 의   正**義**感 ^{せいぎかん} 정의감(+ ～が強い ~이 강하다)   定**義** ^{ていぎ} 정의   講**義** ^{こうぎ} 강의

     義務 ^{ぎむ} 의무   意**義** ^{いぎ} 의의   個人主**義** ^{こじんしゅぎ} 개인주의

議 의   会**議** ^{かいぎ} 회의   **議**論 ^{ぎろん} 의논, 논의   抗**議** ^{こうぎ} 항의(＊講義 강의) ^{こうぎ}   不思**議**だ ^{ふしぎ} 신기하다

儀 의   礼**儀**正しい ^{れいぎただ} 예의 바르다   行**儀**良い ^{ぎょうぎよ} 행실이 바르다

Q3   ① 정의 てい______   定義   定議   定儀   定犠   ② 의무 ______む   義務   議務   儀務   犠務

     ③ 항의 こう______   抗義   抗議   抗儀   抗犠   ④ 신기하다 ふし______だ   不思義だ   不思議だ

緑 녹 / 록   **緑**茶 ^{りょくちゃ} 녹차   新**緑** ^{しんりょく} 신록

     緑 ^{みどり} 녹색

録 녹 / 록   **録**音 ^{ろくおん} 녹음   **録**画 ^{ろくが} 녹화   記**録** ^{きろく} 기록   登**録** ^{とうろく} 등록   付**録** ^{ふろく} 부록

Q4   ① 신록 しん______   新緑   新録   ② 등록 とう______   登緑   登録

     ③ 녹음 ______おん   緑音   録音

寮 요/료	寮 기숙사	退寮 퇴실	寮費 기숙사비		
僚 료	同僚 동료(≒仲間)	閣僚 각료	官僚 관료		
療 료	診療 진료	治療 치료	医療 의료		
瞭 요/료	明瞭 명료	一目瞭然 일목요연			

Q5
① 진료 しん____ 　診寮　診僚　診療　診瞭
② 명료 めい____ 　明寮　明僚　明療　明瞭
③ 동료 どう____ 　同寮　同僚　同療　同瞭
④ 치료 ち____ 　治寮　治僚　治療　治瞭
⑤ 관료 かん____ 　官寮　官僚　官療　官瞭
⑥ 기숙사 ______ 　寮　僚　療　瞭

包 포	包帯 붕대　包容力 포용력　包装 (선물) 포장　包丁 부엌칼
包む 싸다
包む 둘둘 휘감다

抱 포	抱負 포부(*豊富 풍부)
抱く (서로)안다　抱き付く 매달리다, 달라붙다　抱き締める 꽉 껴안다
抱く 마음에 품다
抱える 떠안다, 껴안다
辛抱強い 참을성이 많다

飽 포	飽和 포화　飽満 포만
飽きる 질리다　飽きっぽい 금방 질리다

Q6
① 포장 (선물) ____そう　包装　抱装　飽装
② 질리다 ____きる　包きる　抱きる　飽きる
③ 둘둘 휘감다 ____む　包む　抱む　飽む
④ 포부 ____ふ　包負　抱負　飽負
⑤ 참을성 많다 しん____づよい　辛包強い　辛抱強い　辛飽強い

検 검	検査 검사　検索 검색　検討 검토　点検 점검　検察官 검찰관
倹 검	倹約 검약, 절약
剣 검	剣道 검도　真剣に 진지하게(≒本気に)

Q7
① 점검 てん____ 　点検　点倹　点剣
② 검색 ____さく　検索　倹索　剣索
③ 진지하게 しん____に　真検に　真倹に　真剣に

険 험	危険 위험　冒険 모험　探険 탐험
険しい 가파르다, 험난하다, (인상이) 험상궂다

| 験 험 | 実験 실험　体験 체험　経験 경험 |

Q8
① 모험 ＿＿＿けん　冒倹　冒検　冒険　冒験　　② 실험 じっ＿＿＿　実剣　実検　実険　実験
③ 탐험 たん＿＿＿　探検　探険　探験

| 偏 편 | 偏見 편견　偏食 편식　偏重 편중 |

偏る 기울다, 불공평하다

| 編 편 | 編集 편집　編成 편성　編入 편입 |

編む 짜다, 엮다

| 遍 편 | 普遍 보편　遍歴 편력, 여러 가지를 경험함 |

一遍に 한 번에, 단번에, 한꺼번에(㊡一気に / 一度に)

| 騙 편 | 騙す 속이다 |

Q9
① 보편 ふ＿＿＿　普偏　普編　普遍　普騙　　② 속이다 ＿＿＿す　偏す　編す　遍す　騙す
③ 편입 ＿＿＿にゅう　偏入　編入　遍入　騙入　④ 편식 ＿＿＿しょく　偏食　編食　遍食　騙食
⑤ 기울이다 ＿＿＿る　偏る　編る　遍る　騙る

| 募 모 | 募金 모금　募集 모집　公募 공모 |

募る 모으다

| 暮 모 | 暮らす 살다, 생활하다　暮れる (해)지다, 저물다 |

| 模 모 | 模範 모범　模索 모색　模様 모양　模擬試験 모의시험　模型 모형　規模 규모 |

Q10
① 모금 ＿＿＿きん　募金　暮金　模金　　② (해)저물다 ＿＿＿れる　募れる　暮れる　模れる
③ 모색 ＿＿＿さく　募索　暮索　模索　　④ 규모 き＿＿＿　規募　規暮　規模

| 莫 막 | 莫大だ 막대하다 |

| 幕 막 | 開幕 개막　閉幕 폐막 |

| 漠 막 | 砂漠 사막　漠然と 막연하게(㊡はっきりしていない 분명하지 않다) |

Q11
① 개막 かい＿＿＿　開莫　開幕　開漠　開墓
② 막연하게 ＿＿＿ぜんと　莫然と　幕然と　漠然と　墓然と
③ 막대하다 ＿＿＿だいだ　莫大だ　幕大だ　漠大だ　墓大だ

偶 우	偶然 우연　配偶者 배우자　対偶 (좌우대칭) 대우
	偶々 가끔, 마침, 우연히
遇 우	待遇 대우, 예의를 다함　境遇 (처해진) 환경　遭遇 조우, 우연히 만남
隅 우	隅 구석, 모퉁이　隅っこ 구석　隅々 구석구석

Q12
① 구석______っこ　偶っこ　遇っこ　隅っこ
② 대우 たい______　待偶　待遇　待隅
③ 우연______ぜん　偶然　遇然　隅然
④ 배우자 はい___しゃ　配偶者　配遇者
⑤ 조우 そう______　遭偶　遭遇　遭隅

共 공	共感 공감　共同 공동　公共 공공　共有 공유　共通 공통
	共存 공존(きょうぞん으로도 읽음)
供 공	提供 제공　供述 공술, 진술　供給 공급(↔ 需要 수요)
	供える 신불에게 바치다
	子供 어린이, 아이

Q13
① 제공 てい______　提共　提供　提洪
② 공동______どう　共同　供同　洪同
③ 공술, 진술______じゅつ　共述　供述　洪述
④ 공공 こう______　公共　公供　公洪

相 상	相互 상호(윤 お互い)　相続 상속　相反 상반(윤 相反する 상반되다)
	相性 궁합　相席 합석　相手 상대, 상대방　相変わらず 여전히(윤 依然として)
	首相 수상　外相 외상, 외무장관
想 상	想像 상상　理想 이상　予想 예상　発想 발상　感想 감상 (＊乾燥 건조)
象 상	対象 (연구 등의) 대상　象徴 상징　現象 (사회) 현상　気象庁 기상청
	好印象 좋은 인상(+ ～を受ける ～을 받다 / ～を与える ～을 주다)　抽象 추상 (＊中傷 중상)
像 상	現像 (필름의) 현상　想像 상상　肖像 초상(화)　画像 화상　映像 영상
賞 상	大賞 대상　賞品 (경품 등의) 상품　賞状 상장, 상패
償 상	賠償 배상　弁償 변상　補償 보상

Q14
① 상상 そう______　相像　想像
② 예상 よ______　予相　予想
③ 상호______ご　相互　想互
④ 궁합 あい______　相性　想性
⑤ (연구 등의) 대상 たい______　対象　対像
⑥ 상징______ちょう　象徴　像徴
⑦ (필름) 현상 げん______　現象　現像
⑧ (사회) 현상 げん______　現象　現像
⑨ 배상 ばい______　賠賞　賠償
⑩ 대상(상의 종류) たい______　大賞　大償

⑪ 상장 ＿＿＿＿ じょう　賞状　償状　　　　⑫ 변상 べん＿＿＿＿　弁賞　弁償

⑬ 보상 ほ＿＿＿＿　補賞　補償　　　　⑭ 상품 ＿＿＿＿ひん　賞品　償品

複 복	複雑 복잡	複製 복제	複合 복합	複数 복수

| 福 복 | 福利 복리 | 幸福 행복(圖 幸せだ 행복하다) | 福祉 복지 |

| 服 복 | 征服 정복 | 不服 불복 | 服従 복종 | 降服(圖 降伏) 항복 | 服用 복용 | 服装 복장 |
| | 制服 제복 | 衣服 의복 | 服務 복무 |

腹 복	腹筋 복근	腹痛 복통
	腹一杯 배 가득히	腹が減る 배고프다
	お腹がすいた 배고프다

Q15

① 복잡 ＿＿＿＿ ざつ　複雑　復雑　服雑　腹雑　　　② 복리 ＿＿＿＿ り　福利　服利　副利　複利

③ 복수 ＿＿＿＿ すう　複数　復数　服数　腹数　　　④ 복지 ＿＿＿＿ し　福祉　服祉　副祉　複祉

⑤ 정복 せい＿＿＿＿　征復　征複　征腹　征服　　　⑥ 복통 ＿＿＿＿ つう　腹痛　服痛　復痛　複痛

⑦ 복근 ＿＿＿＿ きん　腹筋　服筋　復筋　複筋　　　⑧ 복용 ＿＿＿＿ よう　腹用　服用　復用　複用

⑨ 의복 い＿＿＿＿　衣腹　衣服　衣復　衣複　　　⑩ 복무 ＿＿＿＿ む　腹務　服務　復務　複務

復 복/부	復習 복습	復旧 복구	復元 복원	復帰 복귀	回復 회복	往復 왕복	復興 부흥
	復活 부활

| 副 부/복 | 副詞 부사 | 副社長 부사장 | 副作用 부작용 | 副業 부업 |

Q16

① 부흥 ＿＿＿＿ こう　複興　復興　服興　腹興　　　② 회복 かい＿＿＿＿　回複　回復　回服　回腹

③ 부업 ＿＿＿＿ ぎょう　福業　服業　副業　複業

④ 부작용 ＿＿＿＿ さよう　福作用　服作用　副作用　複作用

기존 한자가 갖고 있는 음이 아닌 다른 음으로 읽는 예외적인 단어들이 있다. 이러한 단어들은 그 수가 많지 않기 때문에 외워두는 것이 더 편리하다.

遺	い	遺産 유산　遺跡 유적
	ゆい	遺言 유언
易	い	安易 안이함(＋〜な考え方 ~사고방식)　容易 용이함, 손쉬움　簡易 간이(＋〜施設 ~시설)
	えき	貿易 무역　交易 교역
下	か	却下 기각　下流 하류
	げ	下車 하차　下品 품위가 없음
化	か	変化 변화　悪化 악화
	け	化粧 화장
画	が	映画 영화　画面 화면　絵画 회화
	かく	画期的 획기적　区画 구획　企画 기획
油	ゆ	石油 석유　油断 방심
	あぶら	油絵 유화
解	かい	解除 해제　解散 해산　解雇 해고　和解 화해
	げ	解熱 해열　解脱 해탈
外	がい	外貨 외화　外観 외관　除外 제외
	げ	外科 외과
間	かん	空間 공간　間隔 간격　間隙 간극, 틈, 틈새
	けん	世間 세간　人間 인간
気	き	気象 기상　気候 기후　気管 기관
	け	気配 인기척　寒気 한기　湿気 습기　何気ない 아무렇지 않다
拠	きょ	根拠 근거　拠点 거점
	こ	証拠 증거
強	きょう	強行 강행　強調 강조　強圧 강압
	ごう	強引 강제적임　強盗 강도
競	きょう	競技 경기　競走 경주　競争 경쟁
	けい	競馬 경마

極	きょく	極端 극단　積極的 적극적　究極的 궁극적　極限 극한
	ごく	極楽 극락　極秘 극비
金	きん	基金 기금　貯金 저금　賃金 임금
	ごん	黄金 황금
形	けい	形成 형성　円形 원형
	ぎょう	人形 인형
恵	けい	恩恵 은혜　恵沢 혜택
	え	知恵 지혜
献	けん	貢献 공헌　文献 문헌
	こん	献立 식단
懸	けん	一生懸命 열심히　懸賞 현상　懸案 현안
	け	懸念 걱정, 불안(윤 心配 / 気がかり)
言	げん	言語 언어　言動 언동　宣言 선언
	ごん	伝言 전언(남기는 말)　遺言 유언
後	ご	背後 배후　今後 향후
	こう	後悔 후회　後者 후자　後退 후퇴　後半 후반
口	こう	口述 구술(+ ~試験 ~시험)　口頭 구두
	く	口調 어조, 말투　口説く 설득하다, 투덜대다
行	こう	流行 유행 (윤 はやり)　行為 행위　続行 속행
	ぎょう	行儀 행위　行事 행사　行政 행정　行列 행렬　修行 수행
興	こう	興奮 흥분　興行 흥행
	きょう	興じる 흥겨워하다　興味 흥미　余興 여흥
合	ごう	合意 합의　合同 합동
	がっ	合唱 합창　合致 합치　合併 합병
作	さく	作戦 작전　作文 작문　作曲 작곡
	さ	作業 작업　作法 예의범절　作用 작용　操作 조작　動作 동작
示	じ	暗示 암시　提示 제시
	し	示唆 시사
児	じ	幼児 유아　男児 남아
	に	小児科 소아과

治	ち	治安 치안　治療 치료　統治 통치
	じ	退治 퇴치　政治 정치
守	しゅ	守備 수비　厳守 엄수
	す	留守 부재　居留守 있으면서 없는 척함
除	じょ	除外 제외　除去 제거　免除 면제
	じ	掃除 청소
図	ず	図面 도면　図鑑 도감　図々しい 뻔뻔하다
	と	図書館 도서관　意図 의도　企図 기도, 꾀함
世	せ	世間 세간　お世辞 겉치레 인사　世代 세대　世話 신세　出世 출세
	せい	世紀 세기　後世 후세　世論 세론, 여론 (せろん / よろん 이라고도 읽음)
性	しょう	相性 궁합, 성격이 잘맞음 (+ 〜がいい 〜이 좋다)　根性 근성(+ 〜が強い 〜이 강하다)
	せい	異性 이성　女性 여성　男性 남성
切	せつ	切実 아주 절실함　切断 절단
	さい	一切 일절~(부정)
然	ぜん	当然 당연히　端然 단연　漠然 막연함
	ねん	天然 천연
素	そ	素材 소재　質素だ 검소하다
	す	素直だ 솔직하다　素早い 재빠르다　素晴らしい 훌륭하다　素敵だ 멋있다, 훌륭하다
早	そう	早急 조급하다 (さっきゅう 라고도 읽음)　早退 조퇴
	さっ	早速 즉시
装	そう	服装 복장　装置 장치　包装 포장
	しょう	衣装 의상
率	そつ	軽率 경솔　率先 솔선　率直 솔직
	りつ	確率 확률　効率 효율　能率 능률
代	だい	代用 대용　代金 대금
	たい	交代 교대　代謝 대사
団	だん	団結 단결　団体 단체
	とん	布団 이불

地	ち	地形 지형　地図 지도
	じ	地震 지진　地盤 지반　地味 수수함　地面 지면　地元 그 고장　意地 고집
		意地悪 심술쟁이
定	てい	定義 정의 (+ ～づける 정의하다)　定期 정기　定着 정착　改定 개정
	じょう	案の定 아니나다를까　勘定 (식당) 계산
土	ど	土台 토대　土器 토기　粘土 점토
	と	土地 토지
度	ど	密度 밀도　粘度 점도
	たく	支度 (식사, 외출) 준비
	たび	この度 이번
日	じつ	祭日 국경일　終日 종일, 하루 종일　祝日 축일, 공휴일　先日 요전, 지난번　当日 당일
		平日 평일　翌日 익일, 다음날　連日 연일
	にち	日夜 하루종일
納	のう	納入 납입 (윤 納める 납입하다)　納期 납기일　納品 납품　納税 납세
	なっ	納得 납득
発	はつ	発達 발달　発育 발육　発散 발산
	ほっ	発作 발작 (+ ～が起こる ～이 일어나다)　発端 발단　発足 발족
判	はん	判決 판결　判読 판독　判定 판정
	ばん	裁判 재판　評判 평판
平	へい	平常 평상　平面 평면　平然 태연함
	びょう	平等 평등
模	も	模倣 모방　模範 모범　模索 모색
	ぼ	規模 규모
目	もく	目録 목록　目前 목전　目次 목차
	ぼく	面目 면목, 체면 (+ ～が立つ ～이 서다 / ～を保つ ～을 지키다)
由	ゆう	自由 자유　不自由 불편함　理由 이유
	ゆ	由来 유래　経由 경유
男	だん	男女 남녀　男子 남자
	なん	長男 장남

일본어에서 쓰이는 한자어 중에는 한국어 발음과 비슷해서 자주 실수하는 단어들이 있다. 예를 들어 「접촉」이라는 의미의 「接触」의 경우 「せっしょく」로 읽어야 하지만, 한국어 발음과 비슷한 「せっちょく」로 잘못 외우거나, 알면서도 시험장에서 오류를 범하는 경우가 발생한다. 그밖에도 촉음이나 장음 때문에 학습자들이 자주 틀리는 단어들이 있다. 여기서는 문자 부분에서 주의해서 봐 두어야 하는 단어들을 정리해 보았다.

탁음 및 촉음 구별에 자주 나오는 단어

圧縮(あっしゅく) 압축	圧勝(あっしょう) 압승	価格(かかく) 가격
架空(かくう) 가공	下降(かこう) 하강	海岸(かいがん) 해안
解散(かいさん) 해산	解釈(かいしゃく) 해석	絵画(かいが) 회화
外部(がいぶ) 외부	概論(がいろん) 개론	被害(ひがい) 피해
両替(りょうがえ) 환전	拡充(かくじゅう) 확충	拡張(かくちょう) 확장
感心(かんしん) 감탄함	志願(しがん) 지원	記憶(きおく) 기억
規準(きじゅん) 기준	議会(ぎかい) 의회	講義(こうぎ) 강의
礼儀(れいぎ) 예의	共感(きょうかん) 공감	共同(きょうどう) 공동
曲線(きょくせん) 곡선	緊張(きんちょう) 긴장	区域(くいき) 구역
苦痛(くつう) 고통	偶然(ぐうぜん) 우연	契機(けいき) 계기
恩恵(おんけい) 은혜	歓迎(かんげい) 환영	欠陥(けっかん) 결함
刺激(しげき) 자극	清潔(せいけつ) 청결	不潔(ふけつ) 불결
月給(げっきゅう) 월급	見解(けんかい) 견해	現状(げんじょう) 현상
機嫌(きげん) 기분	無限(むげん) 무한	講演(こうえん) 강연
誤解(ごかい) 오해	覚悟(かくご) 각오	合計(ごうけい) 합계
克服(こくふく) 극복	骨折(こっせつ) 골절	深刻(しんこく) 심각
存在(そんざい) 존재	雑音(ざつおん) 잡음	持参(じさん) 지참
児童(じどう) 아동	育児(いくじ) 육아	炊事(すいじ) 취사
幼児(ようじ) 유아	湿気(しっけ/しっき) 습기	実施(じっし) 실시
口実(こうじつ) 구실, 핑계	支出(ししゅつ) 지출	削除(さくじょ) 삭제
日常(にちじょう) 일상	知人(ちじん) 지인	図鑑(ずかん) 도감
快晴(かいせい) 쾌청	税関(ぜいかん) 세관	税金(ぜいきん) 세금
接近(せっきん) 접근	演説(えんぜつ) 연설	騒音(そうおん) 소음

先祖(せん**ぞ**) 선조, 조상 ／ 継続(けい**ぞく**) 계속 ／ 接続(せつ**ぞく**) 접속

付属(ふ**ぞく**) 부속 ／ 連続(れん**ぞく**) 연속 ／ 率直(そっ**ちょく**) 솔직함

多量(た**りょう**) 다량 ／ 滞在(た**いざい**) 체재, 체류 ／ 大使(た**いし**) 대사

大戦(た**いせん**) 대전 ／ 大陸(た**いりく**) 대륙 ／ 妥当(だ**とう**) 타당함

代表(だ**いひょう**) 대표 ／ 巨大(きょ**だい**) 거대 ／ 脱線(だっ**せん**) 탈선

単純(たん**じゅん**) 단순함 ／ 断水(だん**すい**) 단수 ／ 団体(だん**たい**) 단체

団地(だん**ち**) 단지 ／ 断定(だん**てい**) 단정 ／ 判断(はん**だん**) 판단

徹夜(て**つや**) 철야 ／ 徹底(てっ**てい**) 철저 ／ 伝染(でん**せん**) 전염

伝統(でん**とう**) 전통 ／ 宣伝(せん**でん**) 선전 ／ 用途(よう**と**) 용도

中途(ちゅう**と**) 중도 ／ 統一(とう**いつ**) 통일 ／ 透明(とう**めい**) 투명

盗難(とう**なん**) 도난 ／ 程度(てい**ど**) 정도 ／ 適度(てき**ど**) 적당, 적절함

濃度(のう**ど**) 농도 ／ 同格(どう**かく**) 동격 ／ 動作(どう**さ**) 동작

同僚(どう**りょう**) 동료 ／ 指導(し**どう**) 지도 ／ 特殊(とく**しゅ**) 특수

破片(は**へん**) 파편 ／ 発揮(はっ**き**) 발휘 ／ 範囲(はん**い**) 범위

販売(はん**ばい**) 판매 ／ 評判(ひょう**ばん**) 평판 ／ 電波(でん**ぱ**) 전파

必死(ひっ**し**) 필사 ／ 微妙(び**みょう**) 미묘 ／ 平等(びょう**どう**) 평등

普及(ふ**きゅう**) 보급 ／ 付近(ふ**きん**) 부근, 근처 ／ 文献(ぶん**けん**) 문헌

分布(ぶん**ぷ**) 분포 ／ 短編(たん**ぺん**) 단편 ／ 横断歩道(おうだん**ほどう**) 횡단보도

冒険(ぼう**けん**) 모험 ／ 貿易(ぼう**えき**) 무역 ／ 防止(ぼう**し**) 방지

膨大(ぼう**だい**) 방대 ／ 膨張(ぼう**ちょう**) 팽창 ／ 乱暴(らん**ぼう**) 난폭함

進歩(しん**ぽ**) 진보 ／ 憲法(けん**ぽう**) 헌법 ／ 面積(めん**せき**) 면적

宇宙(**う**ちゅう) 우주 ／ 応援(**おう**えん) 응원 ／ 応接(**おう**せつ) 응접

支給(し**きゅう**) 지급 ／ 至急(し**きゅう**) 급히 ／ 請求(せい**きゅう**) 청구

許可(**きょ**か) 허가 ／ 距離(**きょ**り) 거리 ／ 住居(じゅう**きょ**) 주거

免許(めん**きょ**) 면허 ／ 卑怯(ひ**きょう**) 비겁 ／ 敬意(**けい**い) 경의

契機(**けい**き) 계기 ／ 傾向(**けい**こう) 경향 ／ 系統(**けい**とう) 계통

風景(ふう**けい**) 풍경, 정경 ／ 故郷(**こきょう**) 고향 圏 ふるさと ／ 呼吸(**こ**きゅう) 호흡

個人(こじん) 개인	公共(こうきょう) 공공	攻撃(こうげき) 공격
貢献(こうけん) 공헌	肯定(こうてい) 긍정	候補(こうほ) 후보
項目(こうもく) 항목	休講(きゅうこう) 휴강	孝行(こうこう) 효행
専攻(せんこう) 전공	児童(じどう) 아동	手段(しゅだん) 수단
種類(しゅるい) 종류	特殊(とくしゅ) 특수	拍手(はくしゅ) 박수
収穫(しゅうかく) 수확	就職(しゅうしょく) 취직	就任(しゅうにん) 취임
終了(しゅうりょう) 종료	公衆(こうしゅう) 공중	復習(ふくしゅう) 복습
需要(じゅよう) 수요	始終(しじゅう) 시종, 늘	年中(ねんじゅう) 연중
循環(じゅんかん) 순환	順番(じゅんばん) 순번, 차례	標準(ひょうじゅん) 표준
投書(とうしょ) 투서	名所(めいしょ) 명소	障害(しょうがい) 장애, 장해
焦点(しょうてん) 초점	衝突(しょうとつ) 충돌	承認(しょうにん) 승인
勝負(しょうぶ) 승부	省略(しょうりゃく) 생략	現象(げんしょう) 현상
縮小(しゅくしょう) 축소	順序(じゅんじょ) 순서	上京(じょうきょう) 상경
常識(じょうしき) 상식	日常(にちじょう) 일상	表情(ひょうじょう) 표정
世間(せけん) 세간, 세상	製作(せいさく) 제작	制作(せいさく) 제작
免税(めんぜい) 면세	組織(そしき) 조직	素質(そしつ) 소질
騒音(そうおん) 소음	装置(そうち) 장치	相当(そうとう) 상당, 상응, 해당
服装(ふくそう) 복장	対照(たいしょう) 대조	対象(たいしょう) 대상
中止(ちゅうし) 중지	駐車(ちゅうしゃ) 주차	抽象(ちゅうしょう) 추상
注目(ちゅうもく) 주목	貯金(ちょきん) 저금	著者(ちょしゃ) 저자
超過(ちょうか) 초과	頂上(ちょうじょう) 정상	調整(ちょうせい) 조정
調節(ちょうせつ) 조절	頂点(ちょうてん) 정점, 꼭대기	順調(じゅんちょう) 순조
特徴(とくちょう) 특징	提案(ていあん) 제안	抵抗(ていこう) 저항
停止(ていし) 정지	程度(ていど) 정도	適切(てきせつ) 적절
答案(とうあん) 답안	統一(とういつ) 통일	統計(とうけい) 통계
検討(けんとう) 검토	先頭(せんとう) 선두	同格(どうかく) 동격
道具(どうぐ) 도구	侵入(しんにゅう) 침입	農村(のうそん) 농촌
知能(ちのう) 지능	配達(はいたつ) 배달	標識(ひょうしき) 표식, 표지
目標(もくひょう) 목표	不潔(ふけつ) 불결	豊富(ほうふ) 풍부
名物(めいぶつ) 명물	方針(ほうしん) 방침	包装(ほうそう) 포장

法則(ほうそく) 법칙	法律(ほうりつ) 법률	防止(ぼうし) 방지
膨大(ぼうだい) 방대	膨張(ぼうちょう) 팽창	明確(めいかく) 명확
模様(もよう) 무늬, 모양, 기미	消耗(しょうもう) 소모	愉快(ゆかい) 유쾌
輸送(ゆそう) 수송	唯一(ゆいいつ) 유일	夕刊(ゆうかん) 석간
勇気(ゆうき) 용기	友好(ゆうこう) 우호	金融(きんゆう) 금융
余分(よぶん) 여분, 나머지	余裕(よゆう) 여유	容易(ようい) 용이함, 손쉬움
要旨(ようし) 요지	幼児(ようじ) 유아	要素(ようそ) 요소
幼稚(ようち) 유치, 어림, 미숙함	休養(きゅうよう) 휴양	適用(てきよう) 적용
考慮(こうりょ) 고려	完了(かんりょう) 완료	要領(ようりょう) 요령
命令(めいれい) 명령	通路(つうろ) 통로	

그 밖에 발음에 주의해야 할 어휘

有無 (うむ) 유무	過失 (かしつ) 과실	国籍 (こくせき) 국적
索引 (さくいん) 색인	差別 (さべつ) 차별	敷地 (しきち) 부지, 대지
指示 (しじ) 지시	姿勢 (しせい) 자세	白髪 (しらが) 백발
深刻 (しんこく) 심각	診察 (しんさつ) 진찰	推定 (すいてい) 추정
頭痛(ずつう) 두통	節約 (せつやく) 절약	台詞 (せりふ/だいし) 대사
損害 (そんがい) 손해	存在 (そんざい) 존재	体系 (たいけい) 체계
滞在 (たいざい) 체재, 체류	大使 (たいし) 대사	体積 (たいせき) 체적
逮捕 (たいほ) 체포	知恵 (ちえ) 지혜	遅刻(ちこく) 지각
追加 (ついか) 추가	破産 (はさん) 파산	反抗 (はんこう) 반항
反省 (はんせい) 반성	判断 (はんだん) 판단	販売 (はんばい) 판매
被害 (ひがい) 피해	比較(ひかく) 비교	必需品 (ひつじゅひん) 필수품
否定 (ひてい) 부정	批判 (ひはん) 비판	批評 (ひひょう) 비평
秘密 (ひみつ) 비밀	標本 (ひょうほん) 표본	変更 (へんこう) 변경
平行 (へいこう) 평행	平均 (へいきん) 평균	編集 (へんしゅう) 편집, 편찬
待合室 (まちあいしつ) 대합실	見本(みほん) 견본	未来 (みらい) 미래
魅力 (みりょく) 매력	矛盾 (むじゅん) 모순	目次 (もくじ) 목차, 차례
役割 (やくわり) 역할, 임무	火傷 (やけど) 화상	夜行 (やこう) 야행
家主 (やぬし) 집주인, 가장	屋根 (やね) 지붕	利益 (りえき) 이익

臨時 (りんじ) 임시	冷静 (れいせい) 냉정	連想 (れんそう) 연상
連合 (れんごう) 연합	録音(ろくおん) 녹음	論争 (ろんそう) 논쟁
割引 (わりびき) 할인		

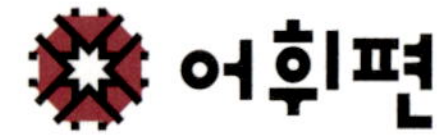 어휘편

기출 문제를 살펴보면, 예를 들어 「けずる」의 한자 표기를 묻는 문제에서 선택지로 「増える / 減る / 略する / 削る」처럼 어미가 같은 문자로 끝나는 동사들이 출제되는 것을 확인할 수 있다. 그래서 비법노트에서는 어미가 같은 문자로 끝나는 동사들끼리 정리해 두었다. 비슷한 종류의 동사들끼리 묶어 외움으로써 시험에 대비하도록 하자.

～う

扱^{あつか}う 다루다, 취급하다	争^{あらそ}う 다투다, 경쟁하다
祝^{いわ}う 축하하다	失^{うしな}う 잃다
疑^{うたが}う 의심스럽다	敬^{うやま}う 존경하다
占^{うらな}う 점치다	潤^{うるお}う 촉촉하다(图 湿^{しめ}る 축축하다, 눅눅하다)
追^おう (뒤)쫓다	補^{おぎな}う 보충하다
行^{おこな}う (행사) 행하다	襲^{おそ}う 습격하다
叶^{かな}う 실현되다	敵^{かな}う 당해내다, 필적하다
からかう 조롱하다, 놀리다	競^{きそ}う (실력) 겨루다
逆^{さか}らう 거스르다, 반항하다	誘^{さそ}う (함께하도록) 권하다
従^{したが}う 따르다	しまう 제자리에 정리하다
吸^すう (담배, 숨) 피다, 쉬다	救^{すく}う 구하다
損^{そこ}なう 손해를 보다	戦^{たたか}う 싸우다, 전쟁하다
漂^{ただよ}う (향기, 분위기) 감돌다	ためらう 주저하다, 망설이다
整^{ととの}う 정리 정돈하다	伴^{ともな}う 동반하다
担^{にな}う 담당하다(图 担当^{たんとう}する 담당하다)	願^{ねが}う 바라다, 원하다
狙^{ねら}う 노리다, 엿보다	払^{はら}う (돈, 값) 치르다, (마음) 기울이다
拾^{ひろ}う 줍다	迷^{まよ}う 망설이다, (길을) 헤매다
養^{やしな}う (부모, 가족) 부양하다, 기르다(图 育^{そだ}てる 기르다)	雇^{やと}う 고용하다

～く / ぐ

浮^うく 뜨다	描^{えが}く (이상, 마음) 그리다
置^おく 두다	驚^{おどろ}く (깜짝) 놀라다

赴く	향해 가다, 따르다	泳ぐ	헤엄치다
輝く	(눈부시게) 빛나다	描く	(그림) 그리다
傾く	기울다	乾く	(물기) 마르다
効く	듣다, 효과가 있다	築く	(기반, 지위, 관계) 쌓아 올리다, 구축하다
傷付く	상처를 입다, 흠지다	砕く	때려 부수다
咲く	(꽃) 피다	騒ぐ	시끄럽게 하다, 소란을 피우다
注ぐ	(노력, 눈물, 기름) 쏟다	背く	등지다, 멀리하다
炊く	(밥) 짓다	叩く	두드리다, 때리다
付く	붙다	就く	(직위에) 종사하다
注ぐ	붓다, 따르다	つなぐ	잇다, 연결하다, 손을 잡다
説く	설득하다, 설명하다(유 説得する 설득하다)	届く	도착하다, 닿다
抜く	(속에 있는 것을) 뽑다, 빼내다	除く	제거하다
吐く	토하다, (내)뱉다	掃く	(빗자루로) 쓸다, 청소하다
響く	울려 퍼지다	拭く	(천 등으로) 닦다, 훔치다
防ぐ	막다, 방어하다	ほどく	얽힌 것을 풀다
招く	부르다, 초대하다	磨く	(실력, 금속) 닦다
導く	인도하다, 지도하다(유 指導する 지도하다)	剥く	껍질을 벗기다
焼く	태우다	湧く	(기운, 기분, 샘물) 솟아나다

～む

編む	(실) 엮다, 짜다	歩む	(목표를 향해) 걸어가다
傷む	상하다, 썩다(유 腐る 썩다)	営む	영위하다, 경영하다
挑む	도전하다(유 試す 시도하다)	生む	(아이, 새끼, 알) 낳다
惜しむ	아끼다	囲む	(탁자, 성) 둘러싸다
噛む	꽉 깨물다, 씹다	絡む	얽히다
刻む	(재료) 잘게 다지다, (돌·마음에) 새기다	組む	(조) 짜다, 짝이 되다
沈む	가라앉다	親しむ	친하게 지내다
進む	(앞으로) 나아가다	済む	(일) 끝나다
畳む	(이불, 옷) 개키다	頼む	부탁하다
慎む	조심하다, 삼가다(유 気を付ける 조심하다)	包む	싸다, 포장하다

積む 쌓다	悩む 괴로워하다, 고민하다(⊕ わずらう 고민하다)
憎む 미워하다, 증오하다	盗む 훔치다
臨む (중요한 장면) 임하다	励む 힘쓰다, 노력하다(⊕ 努力する 노력하다)
挟む 사이에 끼우다	弾む (탄력 있는 것이) 튀다, 신바람이 나다
止む (비, 눈) 그치다, 멈추다(⊕ あがる (비) 그치다)	

～す

明かす (결백, 비밀) 밝히다(⊕ 明らかにする 밝게 하다)	あまやかす 응석을 받아주다
荒らす 어지럽게 하다, 휩쓸다	生かす 이용하다, 살리다
促す 독촉하다, 촉진하다(⊕ 催促する 재촉하다)	犯す (법률, 규칙, 도덕) 어기다, 범하다
遅らす 늦추다	押す (뒤에서) 밀다
隠す 감추다, 숨기다	暮らす 살아가다, 지내다
消す 지우다, 끄다	けとばす 걷어차다
志す 뜻을 세우다, 뜻을 두다	ごまかす 얼버무리다, 대충 넘어가려 하다
壊す 부수다	指す (사물, 방향) 가리키다
探す 찾다(⊕ 見つける 찾아내다)	示す 나타내다, 가리키다
記す 기록하다(⊕ 記録する 기록하다)	過ごす 지내다, (시간) 보내다
済ます 끝내다, 마치다, 완료하다(⊕ 終える 끝내다)	倒す 쓰러트리다
費やす 소비하다, 낭비하다	尽くす 다하다
流す 흘려보내다, 잊어버리다	悩ます 괴롭히다
はがす (붙은 것을) 벗기다, 떼다	励ます 격려하다, 힘을 돋우다
外す (몸에 걸친 것을) 빼다, 벗기다, 피하다	果たす (의무, 역할) 완수하다, 다하다
放す 풀어주다	離す 놓다, 떼다, 풀어 주다
増やす (수량) 늘리다	干す 말리다
施す 베풀다, 시행하다	負かす (상대를) 지게 하다, 이기다(⊕ 勝つ 이기다)
増す (양적, 질적) 늘리다, 높이다	水に流す 지나간 일은 없었던 것으로 하고 잊다
満たす (가득) 채우다, 충족시키다	見なす 간주하다, 가정하다
もてなす 대접하다	漏らす 흘러나오게 하다, 누설하다
指差す (손가락으로) 가리키다	許す 허락하다, 용서하다
汚す 더럽히다	渡す 건네주다

～ぶ

浮かぶ 떠오르다	選ぶ 선택하다
転ぶ 넘어지다	叫ぶ (고함) 외치다
飛ぶ 날다	並ぶ 늘어서다, 줄을 서다
運ぶ 운반하다	学ぶ (학문, 기술) 익히다
結ぶ 묶다	呼ぶ 부르다
喜ぶ 기뻐하다	

～つ

打つ 치다, 두드리다	勝つ 이기다
育つ 자라다	経つ (시간, 때) 경과하다, 지나다(유 過ぎる (시간)지나다)
断つ 끊다, 그만두다(유 止める 그만두다)	

～る (2음절)

折る 접다, 꺾다	凝る (근육) 뻐근하다, 뭉치다, 결리다
去る 떠나다	散る (꽃잎) 떨어지다
撮る (사진) 찍다	取る 잡다, 취하다
似る 닮다	練る 반죽하다, (정신, 기술) 다듬다, 연마하다
掘る (구멍) 파다	降る (비, 눈) 내리다
経る (시간, 기간) 흐르다, 지나다	漏る 새다
盛る 높이 쌓아 올리다, (그릇에) 담다	寄る 접근하다
割る 깨다, 나누다	

～る (3음절)

焦る 서두르다	当たる 맞다, 명중하다
当てる 맞히다, 충당하다	余る 남다
祈る 진심을 빌다, 희망하다	いばる 잘난척하다, 으스대다
受かる (시험에) 합격하다	移る 이동하다
埋める 묻다, 파묻다, 메우다	怒る 화내다
おごる 한턱 내다	踊る 춤추다

飾<ruby>かざ</ruby>る 장식하다	課<ruby>か</ruby>する (세금, 일) 부과하다
語<ruby>かた</ruby>る 이야기하다	配<ruby>くば</ruby>る 나누어주다
曇<ruby>くも</ruby>る (날씨) 흐리다, (마음) 우울해지다	焦<ruby>こ</ruby>げる 타다, 그을리다
断<ruby>ことわ</ruby>る 거절하다	困<ruby>こま</ruby>る 곤란하다
込<ruby>こ</ruby>める 채우다	探<ruby>さぐ</ruby>る 뒤지다, 정탐하다
触<ruby>さわ</ruby>る 만지다	障<ruby>さわ</ruby>る 지장을 초래하다, 방해되다
強<ruby>し</ruby>いる 억지로 시키다, 강요하다	叱<ruby>しか</ruby>る 꾸짖다, 야단치다
縛<ruby>しば</ruby>る (칭칭 동여) 묶다	染<ruby>し</ruby>みる (색, 냄새) 배다, 스미다
湿<ruby>しめ</ruby>る 축축해지다, 습기가 차다	捨<ruby>す</ruby>てる 버리다
攻<ruby>せ</ruby>める 공격하다	責<ruby>せ</ruby>める 책망하다
染<ruby>そ</ruby>まる 물들다, 염색되다	頼<ruby>たよ</ruby>る 의지하다
募<ruby>つの</ruby>る 심해지다, 모집하다 (윤 募集<ruby>ぼしゅう</ruby>する 모집하다)	尖<ruby>とが</ruby>る 뾰족하다
遂<ruby>と</ruby>げる 이루다, 달성하다, 성취하다	怒鳴<ruby>どな</ruby>る 노발대발하다
殴<ruby>なぐ</ruby>る 세게 때리다	鈍<ruby>にぶ</ruby>る 무뎌지다, 둔해지다, 세력이 약해지다
ねだる 구걸하다	眠<ruby>ねむ</ruby>る 자다
登<ruby>のぼ</ruby>る (산을) 오르다	昇<ruby>のぼ</ruby>る (지위) 오르다
図<ruby>はか</ruby>る 도모하다	計<ruby>はか</ruby>る 측량하다, 계측하다
流行<ruby>はや</ruby>る (한창) 인기가 있다, 유행하다	光<ruby>ひか</ruby>る 빛나다
ひねる 비틀다	誇<ruby>ほこ</ruby>る 자랑하다, 뽐내다, 자만하다
参<ruby>まい</ruby>る 가다, 오다 (겸양표현)	混<ruby>ま</ruby>ざる 섞이다
守<ruby>まも</ruby>る 보호하다, 지키다	満<ruby>み</ruby>ちる 넘치다, 꽉 차다
実<ruby>みの</ruby>る (결실, 열매) 맺다	破<ruby>やぶ</ruby>る 깨다, 어기다
譲<ruby>ゆず</ruby>る 양보하다, 양도하다	渡<ruby>わた</ruby>る 건너다

～れる

呆<ruby>あき</ruby>れる 기가 차다	憧<ruby>あこが</ruby>れる 동경하다
暴<ruby>あば</ruby>れる 난폭하게 날뛰다	溢<ruby>あふ</ruby>れる (가득 차서) 넘치다
現<ruby>あらわ</ruby>れる 나타나다, 드러나다	荒<ruby>あ</ruby>れる (날씨, 바다, 분위기) 거칠어 지다
恐<ruby>おそ</ruby>れる 두려워하다, 우려하다	溺<ruby>おぼ</ruby>れる (물에) 빠지다
折<ruby>お</ruby>れる 꺾어지다, 부러지다	囲<ruby>かこ</ruby>まれる 둘러싸이다

枯れる (식물) 시들다	崩れる 무너지다
暮れる (날, 해) 저물다	壊れる 부서지다, (계획, 약속) 틀어지다
優れる 뛰어나다	倒れる 쓰러지다
疲れる 지치다(㊠ くたびれる 지치다)	連れる 동반하다
流れる 흐르다	慣れる 익숙해지다
外れる 빠지다, 빗나가다, 어긋나다	離れる 사이가 멀어지다
放れる (붙잡고 있던 것이) 풀리다	晴れる (날씨) 개다, (의심, 혐의) 풀리다
触れる 건드리다, 닿다, 접하다	乱れる 흐트러지다, 혼란해지다
恵まれる 혜택 받다, 풍족하다	揺れる 흔들리다
汚れる 더러워지다	忘れる 잊다
割れる 깨지다, 나뉘다, 분열되다	

～ける

預ける 맡기다	受ける (영향, 인상) 받다, (시험) 치다
欠ける (일부가) 빠지다, 모자라다	傾ける 기울이다
助ける 구조하다, 살리다, 돕다	続ける 계속하다
溶ける (액체) 녹다	解ける (문제, 오해) 풀리다
届ける 배달하다, (관공서에) 신고하다	抜ける 빠지다
負ける 패하다, 지다(㊠ 敗れる 지다)	向ける (방향) 돌리다
ふざける 장난치다, 갖고 놀다	くっつける 딱 붙이다, 밀착시키다

～える

与える (영향, 인상, 기회) 주다, 부여하다	甘える 응석 부리다, 어리광 피우다
植える (식물) 심다	得る 얻다
終える (일) 끝내다	衰える 쇠퇴하다
抱える (짐) 껴안다, (일, 부채) 떠안다	数える (수를) 세다
消える 꺼지다, 사라지다	加える 보태다, 더하다
超える (기준) 넘다	凍える (추위로) 얼다, 곱다
支える 떠받치다	添える 첨부하다, 곁들이다
備える 대비하다, 갖추다	耐える 견디다

蓄^{たくわ}える 축적하다, 비축하다	捕^{つか}まえる 붙잡다
伝^{つた}える 전하다, 알리다	整^{ととの}える 정돈하다, 조정하다
生^はえる (잡초, 털) 나다, 돋다	冷^ひえる 차가워지다, 식다
増^ふえる 늘다, 늘어나다	震^{ふる}える (두려움, 추위, 긴장) 떨리다
燃^もえる 타다, 불타다	

그 외 동사

当^あてはめる 꼭 들어 맞추다	改^{あらた}める 고치다, 개선하다
承^{うけたまわ}る 삼가 듣다, 받잡다	薄^{うす}める (빛, 맛) 엷게 하다
納^{おさ}める 내다, 납입하다	異^{こと}なる 서로 다르다
転^{ころ}がる 구르다, 자빠지다	妨^{さまた}げる 방해하다
接^{せっ}する 접하다	確^{たし}かめる 확인하다
携^{たずさ}わる 종사하다, 관여하다	訪^{たず}ねる 방문하다
散^ちらかる 어지럽히다	留^{とど}まる (한곳에) 머무르다
なぐさめる 위로하다, 달래다	はめる 끼우다, 걸려들게 하다
まとめる 한데 모으다	認^{みと}める 인정하다
命^{めい}じる 명하다, 명령하다	報^{むく}いる 보답하다, 보상하다
用^{もち}いる 이용하다(윤 使^{つか}う 사용하다)	求^{もと}める 요구하다

取り～

取り扱う 다루다, 취급하다

取り替える 바꾸다, 갈다, 교환하다

取り消す 취소하다

取り調べる 조사하다, 취조하다, 신문하다

取り出す 꺼내다, 골라내다

取り付ける 설치하다(윤 設置する 설치하다)

取り混ぜる 여러 가지를 한데 섞다

取り寄せる 주문해서 배달시키다

取り入れる 거둬들이다, 수확하다

取り組む 맞붙다, 몰두하다

取り締まる 단속하다, 관리하다, 감독하다

取り立てる 특별히 내세우다, (강제로) 거두다

取り除く 제거하다

取り巻く 둘러싸다

取り戻す 되찾다, 회복하다(윤 取り返す 되찾다)

～込む

打ち込む 처넣다, 집어넣다

落ち込む 침울하다, 낙담하다(윤 がっかりする 실망하다)

乗り込む 탈것에 올라타다

放り込む 던져 넣다

押し込む 억지로 밀어 넣다

組み込む 짜 넣다, 편입시키다

踏み込む 발을 내딛다, 발을 들여놓다

割り込む 새치기하다, 끼어들다

受け～

受け入れる 받아들이다, 승낙하다

受け付ける (서류 등을) 접수하다

受け取る 수취하다, 납득하다, 이해하다

受け継ぐ 계승하다, 이어받다

受け止める 받아들이다

受け持つ 담당하다, 담임하다(윤 担当する 담당하다)

～出す

言い出す 말을 꺼내다

追い出す 쫓아내다, 몰아내다

抜け出す 빠져나가다, 살짝 도망치다

売り出す 팔기 시작하다

逃げ出す 도망가다

引き～

引き上げる 끌어올리다, (값을) 인상하다

引き受ける (일, 역할) 책임지고 떠맡다

引き返す 되돌아가다　　引き下げる 끌어내리다, 낮추다

引き出す 꺼내다, 끌어내다　　引き止める 말리다, 붙잡다

引き取る 물러나다, (그 자리에서) 떠나다

見～

見送る 배웅하다　　見落とす 못 보고 놓치다, 빠뜨리고 보다

見下ろす 내려다보다, 굽어보다　　見かける 눈에 띄다, (언뜻) 보다(유 見受ける 눈에 띄다)

見つかる 발견되다　　見つける 발견하다, 찾다(유 見出す／見いだす 발견하다)

見詰める 응시하다, 주시하다, 열심히 바라보다　　見直す 재점검하다, 달리 보다

見習う 보고 배우다, 본받다　　見慣れる 늘 보아 오다, 낯익다

見逃す 못 보고 넘기다, 빠뜨리고 보다　　見舞う 병문안하다

見渡す 멀리까지 바라보다, 조망하다

当てはまる　딱 들어 맞다

受け取る　(우편물) 수취하다

打ち消す　부정하다

片付ける　정리 정돈하다 (유 整理する 정리하다)

着替える　(옷을) 갈아입다

繰り返す　반복하다

仕上がる　완성되다(유 出来上がる / 完成する 완성되다)

締め切る　마감하다

辿り着く　겨우 도착하다

出迎える　마중하다

通り過ぎる　(모르고) 지나치다

長引く　오래 끌다, 지연되다(유 時間が延びる 늦어지다)

払い戻す　환불하다

振り向く　(뒤를) 돌아보다

目立つ　눈에 띄다

役立つ　도움이 되다

言い付ける　명령하다, 고자질하다

打ち合わせる　미리 논의하다

落ち着く　안정되다

片寄る　(마음이) 한쪽으로 치우치다

組み立てる　조립하다

心得る　(어느 정도) 이해하다

支払う　(돈을) 내다, 지불하다

擦れ違う　엇갈리다

出会う　마주치다

通りかかる　(우연히 그 곳을) 지나가다

通り抜ける　(한쪽에서 다른 쪽으로) 빠져나가다

乗り換える　갈아타다

ひっくり返す　뒤집다

待ち望む　기다리고 기다리다

物語る　이야기를 하다

受け持つ 맡다	≒	担当する 담당하다
敬う 공경하다	≒	尊敬する 존경하다
打ち消す 부정하다	≒	否定する 부정하다
追いかける 쫓다	≒	追跡する 추적하다
応じる 응하다	≒	応対する 응대하다
終える 끝내다, 마치다	≒	済ます 끝내다, 마치다
補う 보충하다, 메우다	≒	補足する 보충하다
稼ぐ (돈, 시간 등을) 벌다	≒	儲ける 벌다, 마련하다
気を付ける 신경 쓰다, 조심하다	≒	注意する 주의하다
くたびれる 기진맥진하다, 피로해지다	≒	疲れる 지치다, 피로해지다
悔やむ 분하게 여기다, 후회하다	≒	後悔する 후회하다
暮らす 지내다	≒	生活する 생활하다
腰かける 걸터앉다	≒	座る 앉다
こしらえる 만들어내다, 제조하다	≒	作る 만들다, 마련하다
堪える 참다, 견디다	≒	我慢する 참다, 견디다
しゃぶる 빨다, 핥다	≒	なめる 핥다, 맛보다
しんとする 조용해지다	≒	静まる 조용해지다
迫る 좁혀지다, 다가오다	≒	近づく 가까이 오다, 접근하다
ダブる 중복되다, 이중이다	≒	重なる 겹치다, 이중이다
出来上がる 완성하다, 완성되다	≒	仕上がる 완성하다, 완성되다
取り消す 취소하다	≒	キャンセルする 취소하다
省く 줄이다	≒	省略する 생략하다
施す 행하다	≒	施行する 시행하다
防ぐ 막다	≒	防止する 방지하다
放る 던지다, 내던지다	≒	投げる 던지다, 내던지다
学ぶ 배우다, 익히다	≒	勉強する 공부하다
用いる 쓰다, 이용하다	≒	使う 쓰다, 사용하다

최근 형용사 기출 유형을 보면, い형용사의 경우는 동사와 마찬가지로 어미가 같은 것들끼리 묶여서 출제되고 있다.
따라서 동사와 마찬가지로 い형용사를 어미가 같은 것끼리 묶어 정리하였다.

～い

^{あおじろ}青白い 창백하다	^{あさ}浅い (깊이) 얕다, (생각) 부족하다
^{あつ}厚い (정이) 두텁다, (병이) 깊다, 위독하다	^{あや}危うい 위태롭다
^{あら}荒い 거칠다	^{あら}粗い (알갱이) 거칠다, 성기다
^{うすぐら}薄暗い 침침하다	^{うま}旨い 좋다, 잘하다, 그럴싸하다
うるさい 시끄럽다	^{えら}偉い 엄청나다, 대단하다
^{おそ}遅い 느리다(⑪ のろい 느리다)	^{おもしろ}面白い 재미있다
^{かしこ}賢い 현명하다, 똑똑하다(⑪ ^{けんめい}賢明だ 현명하다)	^{かた}硬い (문장, 태도) 딱딱하다
^{かた}堅い (물체) 딱딱하다, 건실하다	^{かゆ}痒い 가렵다, 간지럽다
きつい (정도가) 심하다, (옷, 구두) 꽉 끼다	^{きよ}清い 맑다, (성품) 깨끗하다
^{くさ}臭い 고약한 냄새가 나다, 구리다	くどい 장황하다, 끈덕지다(⑪ しつこい 끈질기다)
^こ濃い 짙다, 진하다, 사이가 좋다, 정답다	^{しおから}塩辛い 짜다
しつこい 끈질기다	^{ずる}狡い 교활하다, 능글맞다
^{するど}鋭い 날카롭다, 예민하다	^{せま}狭い 좁다
^{ちからづよ}力強い 마음 든든하다	^{つら}辛い (몸과 마음이) 괴롭다
(⑪ ^{たの}頼もしい 믿음직스럽다)	(⑪ ^{くる}苦しい 괴롭다 / ^{なや}悩ましい 괴롭다, 고민스럽다)
^{にく}憎い 밉다, 얄밉다	^{にぶ}鈍い 둔하다
^{ほそ}細い 가늘다, 좁다	^む蒸し^{あつ}暑い 무덥다
^{めんどう}面倒くさい 아주 귀찮다	^{ものすご}物凄い 굉장하다, 무섭다
^{ゆる}緩い 느슨하다, 헐렁하다	^{わか}若い 젊다

～しい

^{あつ}厚かましい 뻔뻔하다, 염치없다(⑪ ^{ずうずう}図々しい 뻔뻔하다)	^{あや}怪しい 의심스럽다
^{あわただ}慌しい (마음) 조급하고 바쁘다, (분위기) 어수선하다 (⑪ ^{あわ}慌てる 허둥대다)	^{いさ}勇ましい 용감하다, 우렁차다
^{いちじる}著しい 현저하다, 두드러지다	^{いや}嫌らしい 역겹다, 추잡하다

惜しい 아깝다 (유 もったいない (남아서) 아깝다)	恐ろしい 무섭다, 대단하다
大人しい 얌전하다, 점잖다	厳しい 독하다, 엄하다
悔しい 분하다	詳しい 자세하다, 상세하다 (유 詳細 상세)
険しい 험하다, (분위기) 험악하다	恋しい 그립다, 사랑스럽다
好ましい (사람) 호감이 가다, (상태) 바람직하다	騒がしい 왁자지껄하다, 뒤숭숭하다
親しい 친하다, 친근하다	図々しい 뻔뻔하다, 염치없다 (유 厚かましい 뻔뻔하다)
すがすがしい 상쾌하다, 시원하다	素晴らしい 훌륭하다, 굉장하다 (유 見事だ 훌륭하다)
騒々しい 떠들썩하다, 뒤숭숭하다	そそっかしい 덜렁거리다, 경솔하고 조심성이 없다
たくましい 강인하다, 다부지다	頼もしい 믿음직스럽다, 촉망되다 (유 頼る 의지하다)
乏しい 부족하다, 궁색하다 (유 足りない 부족하다, 모자라다)	懐かしい (과거의 시간, 사람) 그립다 (유 恋しい(사람, 물건 등) 그립다)
悩ましい 괴롭다 (유 苦しい 괴롭다)	憎らしい 얄밉다, 밉살스럽다
望ましい 바람직하다, 소망하다	激しい 격심하다, 격렬하다
甚だしい 엄청나다, 막대하다 (유 ひどい 심하다)	華々しい 눈부시다, 화려하다
等しい 같다, 마찬가지다	ふさわしい 어울리다, 걸맞다 (유 似合う 어울리다)
貧しい 가난하다, 빈약하다	眩しい 눈부시다 (유 輝かしい 빛나다, 훌륭하다)
珍しい 드물다, 희귀하다 (유 不思議だ 불가사의하다)	喧しい 시끄럽다 (유 うるさい), 까다롭다

～ない

危ない 위험하다, 위태롭다	幼い 어리다, 유치하다
思いがけない 의외다, 생각 외다 (유 予想外 예상 외 / 意外 의외)	くだらない 하찮다, 가치가 없다 (유 つまらない 하찮다)
仕方がない 어쩔 수 없다	済まない 미안하다
たまらない 참을 수 없다	だらしない 칠칠치 못하다
違いない 틀림 없다	つまらない 하찮다, 재미가 없다 (유 くだらない 하찮다)
とんでもない 터무니없다, 당치 않다	みっともない 보기 흉하다
申し訳ない 변명할 여지가 없다	やむをえない 어쩔 수 없다, 부득이하다

暖かい (날씨) 따뜻하다

おめでたい 경사스럽다

細かい 자잘하다, 세심하다

柔らかい 부드럽다

有難い 감사하다, 고맙다

重たい 무겁다, 묵직하다

めでたい 경사스럽다, 축하할만하다

な형용사의 경우, 뜻을 정확하게 알고 있는지를 묻는 문제가 출제되고 있다. 예를 들어 2010년도 2회차 시험에 출제된 「質素」라는 단어를 한자 그대로 읽으면 「질소」이지만, 화학품의 질소가 아닌 「검소하다」 라는 뜻의 な형용사로 쓰인다. 따라서 な형용사는 한자와 발음만 외우는 것이 아니라 그 단어의 정확한 뜻을 알아두는 것이 중요하다.

뜻으로 외워야 하는 형용사

偉大だ 위대하다	大ざっぱだ 엉성하다(유 大まかだ 대략적이다)
穏やかだ 온화하다	快適だ 쾌적하다
気の毒だ 딱하다, 가엾다	器用だ 손재주가 있다
巨大だ 거대하다	けちだ 인색하다
下品だ 천하다, 품위가 없다	厳重だ 엄중하다
豪華だ 호화롭다	爽やかだ 상쾌하다
地味だ 수수하다	邪魔だ 방해되다
重大だ 중대하다	主要だ 주요하다
正直だ 정직하다	上品だ 고상하다, 품위가 있다
真剣だ 진지하다	新鮮だ 신선하다
贅沢だ 사치스럽다	そっくりだ 꼭 빼닮다
率直だ 솔직하다	粗末だ 변변치 않다
妥当だ 타당하다	強気だ 강경하다
的確だ 딱 들어맞다	手頃だ (가격, 크기) 적당하다
出鱈目だ 엉터리다	透明だ 투명하다
なだらかだ 완만하다	生意気だ 건방지고 주제넘다
のんきだ 태평하다	派手だ 화려하다
卑怯だ 비겁하다	微妙だ 미묘하다
物騒だ 뒤숭숭하다(유 ものさわがしい 어수선하다)	不利だ 불리하다
豊富だ 풍부하다	見事だ 훌륭하다
惨めだ 비참하다	明確だ 명확하다(유 確かだ 확실하다)
厄介だ 귀찮고 번거롭다(유 面倒だ / やかましい 귀찮다)	愉快だ 유쾌하다
陽気だ 화려하고 쾌활하다(유 にぎやかだ 붐비다)	欲張りだ 욕심쟁이다

新^{あら}たに	새롭게	過^か剰^{じょう}に	필요 이상으로
気^き楽^{らく}に	마음 편하게	謙^{けん}虚^{きょ}に	겸허하게
強^{ごう}引^{いん}に	강제로	公^{こう}平^{へい}に	공평하게
深^{しん}刻^{こく}に	심각하게	慎^{しん}重^{ちょう}に	신중하게
俄^{にわ}かに	갑자기(유 いきなり / 突然^{とつぜん} 갑자기, 돌연)	莫^{ばく}大^{だい}な	막대한
冷^{れい}静^{せい}に	냉정하게	わずかな	아주 적은

문제를 풀다 보면 분명 아는 어휘인데, 막상 답을 고르려고 보면 선택지에 자신이 알고 있던 음이 없는 경우가 있다. 이는 하나의 한자가 여러 음으로 읽히는 경우에 발생하는 것으로, 여러 개의 동사와 형용사를 갖는 한자로 어떤 것들이 있는지 살펴보고 외워두어 실전에 대비하도록 하자.

汚	동	汚れる 더러워지다　汚す 더럽히다　汚す 더럽히다, 모독하다
	형	汚い 더럽다　汚らわしい 더럽다, 추잡스럽다
悔	동	悔やむ 후회하다　悔いる 후회하다, 뉘우치다
	형	悔しい 분하다
外	동	外れる 빠지다, 제외되다　外す 빼다, 벗기다
覚	동	覚える 기억하다　覚める 눈이 뜨이다　覚ます (잠을)깨우다
	형	目覚ましい 눈부시다, 놀랍다
滑	동	滑る 미끄러지다
	형	滑らかだ 미끄럽다(유 つるつるしている 미끌미끌하다), 순조롭다(유 スムーズだ 순조롭다)
危	동	危ぶむ 위험스럽게 여기다　危める 위해를 가하다
	형	危ない 위험하다, 위태롭다　危うい 위태롭다
強	동	強いる 강요하다　強める 강하게 하다, 강화하다　強まる 강해지다, 세지다
	형	強い 강하다　心強い 마음 든든하다　手強い 힘겹다, 벅차다
苦	동	苦しむ 괴로워하다　苦しめる 괴롭히다, 피곤하게 하다
	형	苦しい 괴롭다　苦い 씁쓸하다　苦手だ 서투르다
空	동	空く (공간) 비다　空く 한산하다
	형	空っぽだ 텅 비다　空恐ろしい 어쩐지 무섭다, 왠지 두렵다
細	형	細い 가늘다, (폭) 좁다　細かい 자잘하다　細やかだ 작다, 사소하다
指	동	指す (사물, 방향) 가리키다, 지적하다　目指す 목표로 하다　指さす 손가락질하다
試	동	試みる 시험하다, 시도하다　試す 시험하다
次	동	次ぐ (뒤를) 잇다　相次ぐ 잇달다, 연달다
重	동	重んじる / 重んずる 중요시하다, 존중하다　重なる 겹치다, 거듭되다 重ねる 포개다, 쌓아 올리다
	형	重い 무겁다　重苦しい 답답하다　重々しい 엄숙하고 무게가 있다
小	형	小さい 작다　小柄だ 몸집이 작다

焦	동	焦げる (검게) 타다　焦がす (검게) 태우다, (애를) 태우다
		焦る 안달하다, 초초하게 굴다(윤 いらだつ / じりじりする 안절부절하다)
傷	동	傷つく (몸) 상처 입다, (물건) 깨지다　傷める 고통을 주다, 타격을 주다　傷む 고통받다, 괴롭다
新	형	新しい 새롭다　新ただ 새롭다
親	동	親しむ 친하게 지내다, 익숙하다
	형	親しい 친하다
生	동	生きる 살다　生かす (생명) 살리다　生まれる 태어나다　生える (수염, 털, 초목) 자라다
		生やす (수염, 털, 초목) 기르다　生じる (사물, 일) 발생하다, 생기다
	형	生意気だ 건방지다, 주제넘다　生ぬるい 미적지근하다
省	동	省みる 회고하다, 되돌아 보다　省く 줄이다, 생략하다
盛	동	盛る 높이 쌓아올리다, 담다　目盛る 눈금을 긋다　燃え盛る 활활 타다
	형	盛んだ 기세가 좋다, 번창하다
占	동	占める (장소, 공간) 차지하다　占う 점치다
染	동	染まる 물들다　染める 물들이다, 염색하다　染みる 스며들다, 번지다
増	동	増す (양적, 질적) 커지다, 많아지다　増える (수량) 늘어나다　増やす (수량) 늘리다
足	동	足りる 충분하다　足す 더하다, 보태다　足る 만족하다(윤 満足する 만족하다)
速	동	速める (움직임, 속도) 빨리하다
	형	速い (동작, 속도) 빠르다　速やかだ 신속하다, 조속하다
怠	동	怠る 게으름피우다, 소홀히하다　怠ける 게으름 피우다(윤 さぼる 해야 할 일을 하지 않다)
担	동	担ぐ 짊어지다　担う 맡다, 담당하다 (윤 受け持つ / 担当する 담당하다)
探	동	探る 탐색하다　探す 찾다
端	형	半端だ 어중간하다　極端だ 극단적이다
断	동	断つ 끊다, 차단하다　断る 거절하다
値	동	値引きする (가격을) 인하하다　値する 값어치를 하다
遅	동	遅れる (예정보다) 늦다　遅らす 늦추다
	형	遅い 느리다, 더디다 (윤 のろい 느리다)
怒	동	怒る 화나다　怒る 화내다, 거칠어지다
逃	동	逃げる 도망치다, 회피하다　逃がす 놓아주다, 놓치다　逃れる 달아나다, 도망치다
		逃す 놓치다

| 負 | 동 | 負ける 지다, 패하다(유 敗れる 패배하다)　　負かす 지게 하다(유 勝つ 이기다) |
| | | 負う 짊어지다, 업다　　背負う 등에 지다, (귀찮은 일) 떠맡다 |

| 歩 | 동 | 歩く 걷다　　歩む (목표를 향해) 걸어가다 |

| 抱 | 동 | 抱く (서로) 껴안다　　抱く (꿈, 포부, 희망) 품다, 안다　　抱える (고민, 불안, 짐) 떠안다 |

| 訪 | 동 | 訪れる (장소, 기회, 계절) 찾아오다　　訪ねる (장소 등) 방문하다 |

明	동	明ける (날) 밝아지다, (기간) 끝나다　　打ち明ける (비밀, 고민) 숨김없이 털어놓다
		明かす (비밀) 밝히다, (결백) 증명하다
	형	明るい 밝다, 명랑하다　　明らかだ 분명하다, 뚜렷하다

| 優 | 동 | 優れる (실력) 뛰어나다 |
| | 형 | 優しい 상냥하다 |

| 頼 | 동 | 頼む 부탁하다　　頼る 의지를 하다 |
| | 형 | 頼もしい 믿음직스럽다 |

冷	동	冷える 차가워지다, 식다　　冷やす 차게 하다, 식히다　　冷める 차가워지다, 식다
		冷ます 차게 하다, 식히다
	형	冷たい 차갑다

| 和 | 동 | 和らげる (아픔) 완화시키다 |
| | 형 | 和やかだ 부드럽다, 온화하다 |

접두어

접두어	예
亜~ 아~	亜熱帯 아열대　亜寒帯 아한대
過~ 과~	過飽和 과포화　過保護 과보호
該~ 해당~	該事件 해당 사건　該人物 해당 인물
各~ 각~	各委員会 각 위원회　各部署 각 부서
片~ 한쪽~	片思い 짝사랑　片言 서투른 말　片手 한쪽 손
再~ 재~	再発見 재발견　再提出 재제출　再突入 재돌입　再放送 재방송
純~ 순~	純国産 순국산　純日本風 순수 일본풍
素~ 맨~	素足 맨발　素顔 민낯　素手 맨손, 맨주먹
前~ 전~, 이전~	前社長 이전 사장　前首相 전 수상
全~ 전~, 모든~	全国民 전국민　全世界 전세계　全問題 모든 문제　全役員 임원 전체
総~ 총~	総くずれ 전부 붕괴됨　総辞職 전부 사직함　総動員 총동원　総人口 총인구
超~ 초~	超特大 초특대　超特急 초특급　超満員 초만원
当~ 당~	当案件 당 조건　当議会 당 의회　当劇場 당 극장　当問題 당 문제
反~ 반~	反作用 반작용　反主流 반주류　反体制 반체제
非~ 비~	非科学的 비과학적　非公式 비공식　非常識 비상식
不~ 불~	不必要 불필요　不満足 불만족
不~ 좋지 못함	不気味 나쁜 기운　不器用 손재주가 없음
無~ 부족함	無愛想 붙임성이 없음　無遠慮 사양하지 않음
真~ 아주~, 새~	真新しい 아주 새롭다　真上 바로 위　真下 바로 아래　真顔 진지한 얼굴, 정색
真っ~ 아주~, 새~	真っ黒 새까망　真っ赤 새빨강　真っ青 새파랑　真っすぐ 곧음, 똑바름
真ん~ 아주~, 정~	真ん中 정가운데　真ん丸 아주 동그람
未~ 미~	未解決 미해결　未完成 미완성　未公認 미공인　未登録 미등록　未発表 미발표
無~ 무~	無感動 무감동　無資格 무자격　無責任 무책임　無免許 무면허
名~ 명~	名演技 명연기　名解説 명해설　名セリフ 명대사　名場面 명장면

~置き ~걸러, ~간격으로
一日置き 하루걸러　三軒置き (건물) 3채 걸러　二時間置き 2시간 걸러
四人置き 4명 걸러

~下 ~하, ~아래
管理下 관리 아래　支配下 지배하　占領下 점령하

~化 ~화
一般化 일반화　機械化 기계화　工業化 공업화　国際化 국제화　情報化 정보화

~外 ~외
区域外 구역외　問題外 문제외　予想外 예상외　論外 논외, 의논할 가치가 없음

~掛け (~을) 걸고
命掛け 목숨 걸고

~加減 ~정도
湯加減 물의 따뜻한 정도　ゆで加減 삶는 정도

~がる ~해 하다
うれしがる 기뻐하다　興がる 흥겨워하다　さびしがる 외로워하다
強がる 강한 체하다　得意がる 자신 있어 하다

~間 ~간
会社間 회사간　学校間 학교간　業者間 업자간

~感 ~감
安心感 안도감　幸福感 행복감　充実感 충실감　不足感 부족감, 부족함

~観 ~관
国家観 국가관　宗教観 종교관　人生観 인생관　世界観 세계관

~気味 약간 ~한 기운
風邪気味 약간의 감기 기운　疲れ気味 약간 피곤한 기운

~ぐるみ ~전체
家族ぐるみ 가족 전체　学校ぐるみ 학교 전체　町ぐるみ 마을 전체

~後 ~후
使用後 사용 후　退社後 퇴사 후

~毎 ~마다
日毎 매일, 날마다　夜毎 밤마다　家毎 집집마다

~込み ~포함
手数料込み 수수료 포함　送料込み 배송료 포함

~性 ~성
安全性 안전성　経済性 경제성　人間性 인간성

~前 ~전
使用前 사용 전　第一次大戦前 제1차 세계대전 전

~付き ~달려 있음
朝食付き 조식이 세트로 달려 있음　ドリンク付き 음료가 세트로 달려 있음

~連れ ~동반
子供連れ 자녀동반　家族連れ 가족동반

~的 ~적
印象的 인상적　事務的 사무적　積極的 적극적　定期的 정기적　独断的 독단적

~放題 마음껏 ~함
勝手放題 제멋대로 함　食べ放題 먹고 싶은대로 먹음

~み ~함, ~임
赤み 붉은 기　甘み 단맛　重み 무게　強み 세기, 강점　深み 깊은 곳, 깊이

동사, い형용사와 마찬가지로 문자·어휘에서 출제되는 부사 또한 비슷한 문자로 끝나는 어휘들이 선택지로 같이 출제되는 경향이 크다. 따라서 그의 맞는 공식으로 외워두면 오답을 골라내기가 쉬워진다.

～り

いきなり 갑자기(윤 突然 / 急に 돌연, 갑자기)	うっかり 무심코, 깜빡(+～忘れる ~잊어버리다)
思い切り 선뜻, 맘껏(윤 おもいぞんぶん 실컷)	がっかり(する) 실망(하다), 낙담(하다)(윤 失望する)
かなり 꽤(윤 相当 상당히)	ぎっしり 가득(+～詰める 채우다)
ぐっすり 푹(+～寝る ~자다)	こっそり 몰래(윤 そっと 살짝 / 密かに 몰래)
さっぱり 전혀(+부정 표현)	しっかり 제대로임, 확실함, (물건) 튼튼함 (윤 丈夫だ)
すっきり 상쾌함	ずらり 쭉(+～並ぶ ~늘어놓다)
そっくり 꼭 빼닮음	たっぷり 듬뿍
にっこり 빙그레(+～笑う ~웃다)	のんびり(する) 한가로이
ばったり (우연히) 딱(+～会う ~만나다)	びっくり 깜짝 놀라다(윤 驚く)
ぼんやり 희미하게, 흐릿하게	めっきり 현저히, 부쩍
(+～見える ~보이다)	(+～寒くなる ~추워 지다/ ～やせる ~야위다)
ゆっくり 천천히, 느긋하게	

～っと

ざっと (비, 바람) 쏵, 대충, 대강	じっと(する) 가만히 (있다)
すっと 후련함, 개운함	ずっと 훨씬, 쭉
そっと 살짝, 몰래(윤 こっそり 살짝)	たった 단, 다만 (윤 わずか 조금, 약간)
どっと (사람, 물건) 한곳에 밀어 닥치는 모양	もっと 좀 더, 한층(윤 さらに 게다가/ なお 더욱, 한층)
やっと 겨우, 간신히(윤 ようやく / かろうじて 겨우)	

～に

一斉に 일제히	一度に 한번에
今に 머지않아, 언젠가(윤 いつか)	大いに 대단히, 크게
お互いに 서로 , 상호(윤 相互)	主に 주로

現に 실제로, 지금 (유 今)	更に 더욱더, 거듭
直に 직접 (유 直接)	頻りに 빈번히 (유 たびたび 자주 / しょっちゅう 늘)
次第に 점차 (유 徐々に 서서히)	実に 실로
既に 이미, 벌써 (유 もう)	確かに 확실히
直ちに 곧장 (유 すぐに)	単に 단순히 (+ 〜にすぎない 〜에 지나지 않는다 〜でしかない 〜일 뿐이다)
ついに 결국에, 마침내	常に 항상 (유 いつも)
とっくに 훨씬 전에, 벌써	共に 함께, 동시에 (유 いっしょに 함께, 같이)
どんなに 아무리	にわかに 갑자기
必死に 필사적으로 (유 命がけ 목숨을 걺)	非常に 매우, 상당히 (유 とても)
独りでに 저절로 (유 自然に / おのずから 자연히)	別に 그다지, 별로
真っ先に 제일 먼저	正に 틀림없이, 확실히
めったに 거의, 좀처럼 (+ 부정 표현)	やたらに 마구잡이로
要するに 이를테면	割に 비교적, 생각한 것보다는

あちこち 여기저기, 이쪽저쪽	あやふや 애매함, 모호함 (유 あいまい 애매함)
生き生き 생생한 모습, 생생함	いちいち 하나하나, 빠짐없이
いよいよ 드디어, 결국 (유 とうとう / ついに)	いらいら 안달복달함
うろうろ (장소) 어슬렁어슬렁	おどおど 공포·긴장 등으로 침착하지 못한 모양, 벌벌
各々 각각, 각자	こなごな 산산조각
少々 약간, 다소	徐々に 서서히 (유 次第に / だんだん)
精々 기껏 (+ 〜というところだ 기껏 해 봤자 〜인 정도)	続々 잇달아, 연달아 (유 どんどん / 相次ぐ / 次々 이어서)
たびたび 자주 (유 頻繁に 빈번히 / しばしば 자주)	だぶだぶ 옷이 헐렁한 모양, 헐렁헐렁
たまたま 우연히 (유 偶然)	近々 머잖아, 조만간 (유 そのうち)
着々 척척	つくづく 곰곰(이), 골똘히 (유 よくよく)
凹凸 울퉁불퉁	転々 (と) 여기저기 (전전함)
等々 등등	時々 때때로 (유 たまに 가끔)
ところどころ 곳곳마다	どんどん 점점, 잇달아, 연달아
なかなか 좀처럼 (+ 부정 표현), 꽤 (+ 긍정 표현)	なんだかんだ 이것저것, 여러 가지로

にこにこ 싱글벙글(㊂ にっこり)	のろのろ (행동) 느릿느릿
はきはき 시원시원	はらはら 조마조마
ぴかぴか 빤짝빤짝	ひろびろ 넓디넓은
ぶかぶか (옷 등이) 몸에 커서 헐렁한 모양	ぶつぶつ 투덜투덜(+ ～ぐちを言う ~푸념을 말하다)
ふらふら (걸음걸이) 비틀비틀	ぶらぶら 대롱대롱, 어슬렁어슬렁
ふわふわ 둥실둥실, 푹신푹신	ぺこぺこ 배가 몹시 고픔(+ お腹が～だ 배가 몹시 고프다)
別々 따로따로	まあまあ 그럭저럭
まごまご 우물쭈물	益々 더욱더
めちゃくちゃ 엉망임, 형편없음	もともと 원래, 처음부터
ゆうゆう 느긋한 모양	わざわざ 일부러, 고의로, 짐짓

그 밖의 부사

あいにく 공교롭게도	あくまで 어디까지나
あらゆる 모든(㊂ 全部 전부)	いわば (비유) 말하자면
うんと 썩, 많이, 몹시	きちんと 제대로(㊂ ちゃんと)
結構 그런대로, 제법	このごろ 요즘, 요새(㊂ 最近 최근)
さっさと 빨리빨리	さすが 뭐라고 해도 역시
早速 즉시	しいんと 쥐 죽은 듯 고요함
せっせと 열심히, 부지런히	大して 그다지, 별로(+ 부정 표현)
大体 대체로(㊂ おおよそ 대개)	たしか 확실히
たちまち 금세	ちっとも 조금도(+부정 표현)
ともかく 여하튼(㊂ とにかく 아무튼)	なんとか 어떻게든
なんとなく 어쩐지	なんとも 정말(+ ～見事なこと ~훌륭한 일)
	뭐라고(+ ～なんとも言えない ~말할 수 없다)
ひとまず 일단, 우선	ふだん 평소(㊂ 日常 일상)
ほとんど 대부분	ほんの 그 정도 밖에 못 되는
まさか 설마(+ ～ないだろう ~ 아니겠지)	まったく 완전히, 아주
間もなく 머지않아, 이윽고(㊂ もうすぐ / やがて)	むしろ 차라리, 오히려
やがて 이윽고, 머지않아(㊂ 間もなく)	よけい (정도가 지나쳐) 쓸데없음
わざと 고의로, 일부러	わりと 비교적

현재를 나타내는 문형

必(かなら)ず 꼭

絶対(ぜったい)(に) 절대

もちろん 물론

確(たし)かに 확실히

+ ～だ / ～する ~이다, ~하다

부정을 나타내는 문형

決(けっ)して 결코

全(まった)く 전혀

さっぱり 전혀

まるで 완전히, 전혀

ちっとも / 少(すこ)しも 조금도

あまり 그다지, 별로

たいして 대단히

それほど 그 정도

なかなか 좀처럼

+ ～ない ~아니다

とても 아무래도

到底(とうてい) 도저히

+ ～(ら)れない ~할 수 없다

추량을 나타내는 문형

たぶん / おそらく 아마도

そのうち 머잖아

やがて 이윽고

きっと 분명, 꼭

+ ～だろう ~겠지

～はずだ ~일 것이다

～と思(おも)う ~라고 생각한다

ひょっとすると 어쩌면, 만약
ひょっとしたら
もしかしたら
もしかして

\+

～かもしれない ～일지도 모른다

まさか 설마

\+

～ないと思うが ～아니라고 생각하지만

～ないだろう / まい ～아니겠지

감탄을 나타내는 문형

なんと 어쩌면, 참으로
なんて 어쩌면
どんなに 얼마나
どれほど 얼마나

\+

～のだろう ～인가

～ことだろう ～인 걸까(감탄)

완료를 나타내는 문형

さっき 조금 전
たった今 지금 막

～たばかりだ ～한지 얼마 안됐다
～たところだ 막 ～한 참이다

もう / とっくに 이미, 빌써
確か / てっきり 확실히, 틀림없이

\+

～した ～했다

～ だったと思う / と思っていた
～라고 생각했다

희망, 의뢰를 나타내는 문형

どうしても 아무래도
なんとしても 어떻게든
できれば / できたら 가능하다면

～たい ～하고 싶다

\+

できるだけ 할 수 있는 한
どうか 아무쪼록

～てください ～해주세요

せめて ～ても 적어도 ～라도

～たい / ～てほしい ～하고 싶다, ～하길 바란다

今^{いま}にも　지금이라도	〜そうだ ~ 할 것 같다
いかにも　정말이지	
どうやら / どうも　아무래도	〜ようだ ~인 것 같다
まるで / あたかも　마치	〜ような〜 ~인 것 같은~

가정을 나타내는 문형

もし / 仮^{かり}に / 万一^{まんいち}　만약, 만일	
一旦^{いったん}　일단, 한번	〜たら / 〜ば / 〜なら ~한다면, ~라면
例^{たと}えば　예를 들어	
たとえ　비록, 설령	〜ても ~일지라도
仮^{かり}に　만약	〜ても ~이라도
いくら / いかに / いくら / どんなに　아무리	〜ても ~라도〜ても ~라도
一旦^{いったん}　일단	〜からには / 〜以上^{いじょう} ~(인/한) 이상

1 순서

- 後<ruby>あと</ruby>で 나중에
- 終<ruby>お</ruby>わりに 끝으로
- 最後<ruby>さいご</ruby>に 마지막으로, 끝으로
- 最初<ruby>さいしょ</ruby>に 처음에, 처음으로
- 先<ruby>さき</ruby>に 먼저
- 次<ruby>つぎ</ruby>に 다음으로
- はじめに 먼저, 처음으로
- 先<ruby>ま</ruby>ず 우선, 먼저

2 정도

① 높음

- 非常<ruby>ひじょう</ruby>に 매우, 아주
- すごく 매우, 아주, 상당히
- とても 매우, 아주, 정말
- 実<ruby>じつ</ruby>に 정말로, 아주
- 大変<ruby>たいへん</ruby> 내난히, 성말
- 本当<ruby>ほんとう</ruby>に 정말로
- ずいぶん 꽤, 상당히, 몹시
- よく 자주

② 중간

- なかなか 꽤, 좀처럼
- かなり 꽤, 제법
- 相当<ruby>そうとう</ruby> 상당히

③ 낮음

- まあまあ 그럭저럭, 그런대로
- どうにか / なんとか 어떻게든, 그럭저럭
- たいして～ない 대단히 ~한 정도는 아니다
- それほど～ない 그 정도로 ~하지는 않다
- あまり～ない 그다지 ~하지 않다

- □ ろくに〜ない 제대로 ~하지 못하다
- □ 全然{ぜんぜん}〜ない 전혀 ~하지 않다

3 비교

- □ ずっと 훨씬
- □ むしろ 오히려, 차라리
- □ まして 하물며, 더구나
- □ もっと 더, 훨씬
- □ 更{さら}に 더욱, 한층
- □ 一層{いっそう} 한층
- □ なお / なおさら 더욱, 한층
- □ よけいに 더욱, 한층 더

4 행위

① 무의식적인 행위

- □ ひとりでに 저절로
- □ 自{おの}ずと 저절로
- □ いつのまにか 어느 샌가
- □ なんとなく 왠지, 어쩐지
- □ 思{おも}わず 무심코, 엉겁결에
- □ つい 무심코, 그만

② 즉시 하는 행위

- □ 早急{さっきゅう}に 시급히, 서둘러
- □ さっさと 빨리, 서둘러
- □ 早速{さっそく} 곧, 즉시
- □ 至急{しきゅう} 시급히
- □ すぐに 곧, 바로
- □ ただちに 바로, 즉시

5 발생

① 급격한 발생

- □ いきなり 갑자기

□ 急^{きゅう}に 갑자기, 급히

□ とっさに 순식간에, 갑자기

□ 突然^{とつぜん} 돌연, 갑자기

□ 不意^{ふい}に 문득, 뜻밖에

② 가까운 미래에 발생

□ 今^{いま}にも 지금이라도

□ もうすぐ 곧, 머지않아

□ まもなく 곧, 머지않아

□ そろそろ 슬슬

□ そのうち 가까운 시일 안에, 조만간

□ やがて 머지않아, 이윽고, 결국

□ いずれ 어차피, 결국, 조만간

□ 遅^{おそ}かれ早^{はや}かれ 머지않아, 조만간(에)

6 변화

① 점차 변화

□ 少^{すこ}しずつ 조금씩

□ 次第^{しだい}に 차차, 점차

□ 徐々^{じょじょ}に 서서히, 점차

□ だんだん 점점, 차츰

② 급격한 변화

□ にわかに 갑자기, 돌연

□ たちまち 금방, 순식간에

□ あっという間^まに 눈 깜짝할 사이에

7 결과

□ いずれにせよ 어쨌든, 어찌 되든 간에

□ 結局^{けっきょく} 결국

□ さては 끝내는, 게다가

□ どうせ 어차피, 결국

- 相変わらず 여전히
- さすが(に) 역시, 과연
- やはり 역시
- なるほど 과연 그러함

気

気が多い 변덕스럽다

気が利く 눈치가 빠르다, 재치 있다

気が散る 마음이 흐트러지다

気が付く 깨닫다, 알아차리다

気が短い 성미가 급하다

気が緩む 긴장이 풀리다

気に入る 마음에 들다 (윤 好きだ)

気に掛かる 마음에 걸리다

気に触る 감정이 상하다, 신경에 거슬리다

気にする 마음에 두다, 걱정하다

気を失う 정신을 잃다, 실신하다

気を配る 배려하다, 주의하다

気を使う 신경 쓰다, 배려하다

気をつける 조심하다, 주의하다(윤 注意する)

気を取り直す 기분을 새로이 하다

気を引く 마음을 끌다, 주의를 끌다

目

大目に見る 너그러이 봐주다

ひどい目に遭う 혼이 나다, 큰일을 당하다

目が離せない 눈을 뗄 수 없다

目につく 눈에 띄다, 돋보이다

目に触れる 눈에 띄다, 눈에 보이다

目に見える 결과가 눈에 뻔히 보이다

目の色が変わる 화나거나 놀라서 눈빛이 변하다

目を疑う 제 눈을 의심하다

目をそらす 시선을 돌리다, 관심을 끄다

目を通す 대충 보다

目を盗む 남의 눈을 피하다

目を離す 한눈 팔다

目を向ける 시선을 두다, 관심을 두다

耳

耳が早い 소식이 빠르다

耳にする 듣다

耳を疑う 귀를 의심하다

耳を傾ける 귀를 기울이다

耳をすます 주의를 기울여 듣다

耳を挟む 언뜻 듣다, 얼핏 듣다

耳をふさぐ 귀를 막다, 듣지 않으려고 하다

口

口が重い 입이 무겁다, 과묵하다

口が堅い 입이 무겁다

口が軽い 입이 가볍다

口がわるい 입이 거칠다

口に合う 입에 맞다, 입맛에 맞다　　口を滑らす 까닥 입을 잘못 놀리다

口を出す 말참견을 하다

鼻

鼻が高い 콧대가 높다, 잘난체하다　　鼻にかける 자랑하다, 내세우다

鼻につく 싫증이 나다

頭

頭が上がらない 떳떳하지 못하다, 머리를 들 수 없다　　頭が下がる 머리가 숙여지다, 감복하다

頭に来る 화가 나다 (囧 腹が立つ / むかつく)　　頭を抱える 머리를 감싸 쥐다, 고민하다

頭を冷やす 냉정을 되찾다

顔

顔が利く 얼굴이 알려져 있다, 신용이 있다　　顔が広い 발이 넓다, 아는 사람이 많다

顔から火が出る 부끄러워서 얼굴이 화끈 달아오르다　　顔を出す (모임 등에) 나타나다, 참석하다

手

手がかかる 시간이나 노력이 많이 들다, 손이 많이 가다　　手が離せない 몹시 바쁘다

手が回らない 바빠서 손이 미치지 못하다　　手に入れる 손에 넣다, 자기 것으로 만들다

手に負えない 힘에 부치다, 당해낼 수가 없다　　手に乗る 남의 꾀에 속다

手のひらを返すように 손바닥 뒤집듯이, 손쉽게　　手を打つ 타결하다, 매듭 짓다, (미리) 손을 쓰다

手を貸す 거들다, 도와주다　　手を切る 관계를 끊다

手をつなぐ 손을 잡다, 협력하다　　手を抜く (일을) 건성으로 하다, 빼먹다

手を放す 손을 놓다, 포기하다　　手を焼く 애먹다, 대처하기 어렵다

のどから手が出る 몹시 갖고 싶어 하다

腕

腕が上がる 실력이 늘다　　腕がいい 솜씨가 좋다

腕が鳴る 자기 솜씨를 보이고 싶어서 좀이 쑤시다　　腕を振るう 솜씨를 발휘하다

足

足が出る 적자가 나다	足を洗う 나쁜 일에서 발을 빼다, 빠져나오다
足を運ぶ 발걸음을 옮기다, 찾아가다	足を引っ張る 발목 잡다, 남의 진보나 성공을 방해하다

首

首にする 해고하다	首になる 해고당하다
首を長くする 애타게 기다리다	

胸

胸がいっぱいだ (슬픔·기쁨으로) 가슴이 벅차다	胸が騒ぐ (근심, 불안으로) 가슴이 두근거리다
胸を打つ 깊은 감동을 주다	胸をなでおろす 가슴을 쓸어내리다, 안도하다

腹

腹黒い 속이 검다, 엉큼하다	腹を割る 본심을 털어놓다
腹が減る 배가 고프다 (유 お腹がペコペコ)	自腹を切る 지불하지 않아도 될 경비를 부담하다

肩

肩を並べる 어깨를 나란히 하다, 대등한 위치에 서다	肩を持つ 편들다, 두둔하다

腰

腰が低い (남에게) 겸손하다, 저자세이다	腰を抜かす 기절하듯 놀라다

그 밖의 관용표현

相槌を打つ 맞장구를 치다	油を売る 게으름을 피우다
後を引く 여운이 남다	上の空 건성임
おくれをとる 남에게 뒤처지다	合点が行く 이해가 가다
愚痴をこぼす 푸념을 하다	けちをつける 트집을 잡다, 험담을 하다
見当がつく 짐작이 가다	声をかける 말을 걸다
世話になる 신세를 지다	世話をする 돌보다, 시중들다
台無しにする (거의 성사되어 가는 것을)다 망치다	手間がかかる 수고가 들다

波にのる 때의 흐름을 잘 타다　　熱を上げる 흥분하다, 열중하다

念を押す 잘못이 없도록 주의시키다, 확인하다　　拍車をかける 박차를 가하다

ピッチをあげる 속도를 올리다, 능률을 높이다　　本音を吐く 실토하다

真に受ける (농담을) 곧이곧대로 듣다　　水に流す 지나간 일을 없었던 것으로 하다

水の泡 물거품　　水をさす 방해하다, 친밀한 사이를 갈라놓다

道草を食う 도중에 딴 짓으로 시간을 보내다　　面倒を見る 돌보다, 보살펴 주다

夢を見る 꿈을 꾸다　　弱みを握られる 약점이 잡히다

弱音を吐く 약한 소리를 하다, 앓는 소리를 하다

アクセスする 접속하다(유 接続<ruby>せつぞく</ruby>する 접속하다)	アプローチ 어프로치, (연구, 학습 대상의) 접근, 방법
オーバーする 과장되다(유 大<ruby>おお</ruby>げさだ 과장되다)	カテゴリ 범주
カムバック 컴백, 돌아옴	キャッチ 캐치(+～をする 캐치하다, 파악하다)
ギャップ 차이(+～を埋<ruby>う</ruby>める ～를 메우다)	キャプテン 주장
キャリア 경력(+～を積<ruby>つ</ruby>む ～을 쌓다)	クラッシュする 부딪치다(유 衝突<ruby>しょうとつ</ruby>する 충돌하다)
ケース 경우(유 場合<ruby>ばあい</ruby> 경우)	コスト 원가, 비용(+～が掛<ruby>か</ruby>かる ～이/가 들다)
コメント 코멘트, 논평, 설명, 견해	コレクション 컬렉션, 수집품(유 収集品<ruby>しゅうしゅうひん</ruby> 수집품)
コントラスト 대조, 대비(유 対比<ruby>たいひ</ruby> 대비)	コントロール 컨트롤, 조절(유 調節<ruby>ちょうせつ</ruby> 조절 / 管理<ruby>かんり</ruby> 관리)
シック 멋짐, 세련된 모양	シグナル 신호(유 信号<ruby>しんごう</ruby>)(+～を送<ruby>おく</ruby>る ～를 보내다)
システム 시스템(+～を取<ruby>と</ruby>り入<ruby>い</ruby>れる ～을 도입하다)	シェア 공유, 나눔, 시장점유율
スケール 스케일, 규모(유 規模<ruby>きぼ</ruby> 규모)	ステップアップする 향상되다(유 進歩<ruby>しんぽ</ruby>する 진보하다)
セクション 섹션, 구획 (+～を分<ruby>わ</ruby>ける ～을 나누다)	ダイヤ / ダイヤグラム 도표, 철도의 운행표
ダブる 중복되다, 겹치다(유 重複<ruby>ちょうふく</ruby>する 중복되다)	ダメージ 손해, 타격(+～を受<ruby>う</ruby>ける ～을/를 입다)
データ 데이터, 자료(+～を分析<ruby>ぶんせき</ruby>する ～을/를 분석하다)	テンポ 템포, 속도(+～が速<ruby>はや</ruby>い / 遅<ruby>おそ</ruby>い ～가 빠르다 / 느리다)
ハードル 기준(유 基準<ruby>きじゅん</ruby>)(+～が高<ruby>たか</ruby>い ～이 높다)	バランス 밸런스, 균형(+～を取<ruby>と</ruby>る ～을 잡다)
ハンドル 핸들(+～を切<ruby>き</ruby>る 방향을 바꾸다)	プロセス 과정(+～を経<ruby>へ</ruby>る ～을/를 겪다)
フロント 앞, 정면(유 正面<ruby>しょうめん</ruby> 정면)	フォロー 지원(+～する 지원하다)
ベース 베이스, 바탕(유 土台<ruby>どだい</ruby> 토대, 바탕)	ポジション 포지션, 위치
マーク 마크, 표시(+～をつける 표시하다)	モダン 모던함, 현대적임(유 現代的<ruby>げんだいてき</ruby> 현대적)
モチベーション 동기 부여(유 動機付<ruby>どうきづ</ruby>け 동기 부여)	ユニーク 유니크함, 독특함(유 独特<ruby>どくとく</ruby> 독특)
リアリティー 현실성(유 現実感<ruby>げんじつかん</ruby> 현실감)	リスク 위험(유 危険<ruby>きけん</ruby> 위험)
リードする 이끌다(유 導<ruby>みちび</ruby>く 인도하다, 이끌다)	ルーズ (품행이) 칠칠치 못함, 느슨함
レジュメ 대략, 요약, 개요, 배부자료(유 概要<ruby>がいよう</ruby> 개요)	

あ

相手 상대	預ける 맡기다
汗 땀	与える 주다, 부여하다
暑い 덥다	余る 남다
安定 안정	改める 고치다
胃 위	危険性 위험성
位置 위치	移動 이동
違反 위반	一般 일반
一方 한편	印刷 인쇄
飲酒 음주	受ける 받다
失う 잃다, 잃어버리다	疑う 의심하다
宇宙 우주	映る 비치다
腕 팔	雨量 강우량, 강수량
永遠 영원	延期 연기
追う 쫓다, 뒤따르다	横断 횡단
お菓子 과자	汚染 오염
恐れる 두려워하다	折る 접다, 접다, 꺾다, 굽히다
温暖化 온난화	

か

改札口 개찰구	快適だ 쾌적하다
開封 개봉	回復 회복
抱える (불안, 고민) 안다, 떠안다	係員 관계자
楽器 악기	限り 제한
各国 각 나라	囲まれる 둘러싸이다
重ねる 거듭하다, 반복하다	肩 어깨
家庭 가정	軽い 가볍다
乾く 마르다	観察 관찰

乾燥	건조	観測	관측
簡単	간단	缶詰	통조림
管理	관리	消える	사라지다
記憶	기억	気候	기후
記事	기사	技術	기술
帰宅	귀가	貴重品	귀중품
機能	기능	切符	표
希望	희망	記録	기록
逆	역, 반대	救助	구조
強力	강력	曲線	곡선
禁煙	금연	禁止	금지
急速	급속	草	풀
具体化	구체화	工夫	궁리, 고안
暮らし	생활, 생계, 살림	比べる	비교하다
警告	경고	経済	경제
警察	경찰	計算	계산
警備	경비	結婚	결혼
欠点	결점, 단점	原因	원인
検査	검사	現象	현상
建築家	건축가	限定	한정
憲法	헌법	権利	권리
幸運	행운	公園	공원
効果	효과	高学歴	고학력
交換	교환	航空	항공
鉱山	광산	交通	교통
肯定的に	긍정적으로	呼吸	호흡
断る	거절하다	細かい	자잘하다, 사소하다
小麦	밀	混乱	혼란

際	~때	最大	최대
最低	최저	昨日	어제
作物	작물	雑誌	잡지
刺す	찌르다	左右	좌우
参加	참여	賛成	찬성
式	식	実験	실험
自信	자신	地震	지진
静かに	조용히	沈む	가라앉다
次第に	점차, 차차	実現	실현
湿度	습도	死亡	사망
集会	집회	習慣	습관
周辺	주변	住民	주민
重量	중량, 무게	手術	수술
首相	수상	出席	참석
手段	수단	順調	순조
順番	순서	状況	상황
蒸発	증발	商品	상품
植物	식물	情報	정보
正面	정면	将来	미래
職場	직장	調べる	조사하다
深刻な	심각한	進出	진출
診断	진단	心配	걱정
進歩	진보	森林	숲, 삼림
人類	인류	進む	나아가다
鋭い	예리하다, 날카롭다	世紀	세기
請求	청구	成功	성공
政治	정치	製造	제조
晴天	맑은 하늘	政府	정부
性別	성별	設計	설계

接触 접촉	接する 접하다
絶対 절대	全額 전액
全国的 전국적	選手 선수
洗濯 세탁	全部 전부, 전체
増加 증가	操作 조작
掃除 청소	創造 창조
相談 상담	装置 장치
備える 대비하다	存在 존재

た

代表 대표	太陽 태양
大陸 대륙	倒れる 넘어지다, 쓰러지다
耕し 경작	確かだ 확실하다
達する 도달하다	種 씨앗
束 다발, 묶음	担当 담당
地域 지역	遅刻 지각
地帯 지대	着目 착안
超過 초과	調査 조사
貯金 저금	著者 저자
追加 추가	疲れる 피곤하다
都合 사정, 형편	続く 계속되다
努める 노력하다	停車 정차
同時 동시	盗難 도난
解く (문제, 오해) 풀다, 해결하다	閉じる (눈, 책) 감다, 덮다
途中 도중	独立 독립
突然 갑자기	泊まる 묵다, 숙박하다
取りあげる 다루다	

な

流す 흐르다	並ぶ 줄 서다

悩む 고민하다		日常 일상	
荷物 짐		抜く 빼다	
値段 가격, 값		農産物 농산물	
農業 농업		昇る (지위) 오르다, (해) 떠오르다	

は

生える 자라다, 돋다		発刊 발간	
箱 상자		発展 발전	
発売 발매		省き 생략, 줄임	
破片 파편		被害 피해	
光 빛		引き出す 꺼내다	
筆跡 필적		皮膚 피부	
拾う 줍다		冷す 차게 하다, 식히다	
平等 평등		封筒 봉투	
増える 늘다, 늘어나다		深い 깊다	
不規則 불규칙		普及 보급	
付近 부근		吹く (바람) 불다	
複雑だ 복잡하다		服装 복장	
物質 물질		部品 부품	
分野 분야		変化 변화	
放送局 방송국		防犯 방범	
募集 모집		細い 얇다, 가늘다	
保存 보존, 저장			

ま

窓 창문		守る 보호하다, 지키다	
迷う 망설이다		巻く 말다, 감다	
認める 인정하다		実り 열매, 결실, 성과	
虫 벌레		命じる 명령하다	
召し上がる 드시다		珍しい 드물다, 희귀하다	

免許 면허

燃える 불타다

用いる 이용하다

戻す 되돌리다

求める 요구하다

や

役割 역할

優しい 상냥하다

破る 찢다, 깨지다

有効 유효

優勝 우승

郵便局 우체국

豊かな 풍부한

輸入量 수입량

指 손가락

用意 준비

幼児 유아

予測 예측

夜中 밤중, 한밤중

予報 예보

四割引き 40% 할인

ら

留学生 유학생

流行 유행

零度 영도, 0도

歴史 역사

列島 열도

恋愛 연애

老人 노인

労働 노동

論文 논문

わ

渡す 전달하다, 건네다

あ

あいまいだ 애매하다	明らかだ 명백하다
諦める 포기하다	飽きる 싫증 나다, 질리다
呆れる 기막히다, 어안이 벙벙하다	握手 악수
あくび 하품	悪天候 악천후
憧れる 동경하다	足がしびれる 다리가 저리다
預ける 맡기다	与える 주다, 부여하다
頭にくる 화가 나다	辺り 근처
厚かましい 뻔뻔하다	甘い 달다
怪しい 수상하다	危ぶむ 불안해하다, 의심하다
誤り 오류, 잘못	新ただ 새롭다
改めて 다시, 재차	改める 변경하다, 개선하다
あらゆる 모든	あわただしい 분주하다, 어수선하다
安易だ 안이하다	案外 의외임
暗記する 암기하다	言い難い 말하기 어렵다
委員会 위원회	意外に 의외로
勢い 기세	いきなり 갑자기
育児 육아	いさましい 용감하다
維持する 유지하다	いじめる 애타게 하다, 괴롭히다
異常 이상, 보통과 다름	泉 샘, 샘물
忙しい 바쁘다	痛い 아프다
偉大 위대함	偉大だ 위대하다
抱く (꿈, 포부, 희망) 안다, 품다	一致 일치
一秒 일초	移動 이동
いばる 뽐내다	違反 위반
今に 이제	依頼 의뢰
医療 의료	岩 바위
祝い 축하	印刷 인쇄

引用する 인용하다　引退 은퇴

植木 화분　伺う 여쭙다, 방문하다

浮く 뜨다　薄い 엷다, 흐리다

疑う 의심하다　宇宙 우주

海沿い 바닷가　うらやましい 부럽다

永遠 영원　営業 영업

獲物 먹이, 전리품　偉い 위대하다, 대단하다

得る 얻다　延期 연기

演奏 연주　延長 연장

遠慮する 사양하다, 삼가다　追いかける 뒤쫓다

追い越し 추월　応援 응원

応対 응대　横断 횡단

欧米 구미, 유럽과 미주　応用する 응용하다

おおよそ 대략　お菓子 과자

補う 보충하다　置く 두다

億 (숫자) 억　怒る 화내다

抑える 자제하다, 억제하다　遅れる 늦다, 늦어지다

幼い 어리다　収める 제자리에 두다, 손에 넣다, 거두다

惜しい 아쉽다, 아깝다　お互い 상호, 서로

大人しい 얌전하다, 어른스럽다　思いがけない 생각하지 못하다

思い出す 생각해 내다, 떠올리다　重たい 무겁다, 묵직하다

主な 주된　お湯 뜨거운 물

温泉 온천

か

外国人 외국인　改札口 개찰구

改善 개선　会談 회담

快適 쾌적　回復 회복

抱える (불안, 고민) 안다, 떠안다　価格 가격

覚悟 각오　拡大 확대

賢い	현명하다	過失	과실
過剰	과잉	稼ぐ	(돈, 시간) 벌다
数える	(수) 세다	傾く	한쪽으로 기울다
偏る	치우치다	価値	가치
合致	합치, 일치	勝手	마음대로임, 제멋대로임
仮定	가정	必ず	반드시
可能性	가능성	過半数	과반수
我慢	인내	貨物	화물
かわいがる	귀여워하다	替わる	대체하다, 교체하다
感覚	감각	環境	환경
関係	관계	観察	관찰
関心	관심	感心	감탄
乾燥	건조	観測	관측
缶詰	통조림	完了	완료
記憶	기억	機会	기회, 찬스
危険	위험	機嫌	기분
喫茶店	다방, 찻집	刻む	새기다
岸	해안	記事	기사
規制	규제	貴重品	귀중품
きっと	반드시	記念する	기념하다
疑問	의문	客	고객, 손님
牛乳	우유	器用	손재주
共感	공감	競争	경쟁
共通	공통	共同	공동
教養	교양	協力	협력
許可	허용	漁業	어업
気楽な	편한, 태평한	記録	기록
議論	토론, 의논	金額	금액
禁止	금지	区域	구역
空港	공항	偶然	우연

腐る 썩다	苦情 불평
ぐっすり 푹 (자다, 잠들다)	崩れる 무너지다
くたくた 녹초가 됨	くだく 부수다
くたびれる 녹초가 되다	くだらない 시시하다
靴 신발, 구두	苦痛 고통
くどい 장황하다	雲 구름
悔しい 분하다	暮らし 생활, 생계, 살림
くれぐれも 아무쪼록	暮れる (해)저물다
苦労 고생	詳しい 자세하다
訓練 훈련	敬意 경의
経営 경영	景気 경기
契機 계기	傾向 경향
形式 형식	芸能 예능
警備 경비	結果 결과
景色 경치	下車する 하차하다
煙 연기	険しい 험준하다, 험악하다
原因 원인	健康 건강
検査 검사	謙遜する 겸손하다
研修 연수	厳重 엄중함
県庁 현청, 도청	濃い 짙다
恋しい 그립다	強引に 억지로
講演 강연	豪華 호화
公害 공해	郊外 교외
交差点 교차로	構造 구조
公式 공식	香辛料 향신료
公正 공정	高度 고도
行動 행동	鉱物 광물
声 목소리	越える 넘어서다, 뛰어넘다
氷 얼음	国際 국제
告白 고백	克服 극복

焦げる (검게) 그을리다	腰 허리
骨折 골절	こっそり 슬그머니, 살짝, 몰래
小包 소포	異なる 다르다
断る 거절하다	細かい 자잘하다, 사소하다

さ

最高 최고	催促 재촉
才能 재능	裁判 재판
財布 지갑	採用する 채용하다
再利用 재이용, 재사용	材料 재료
坂 언덕	作業 작업
咲く (꽃) 피다	酒 술
さびる 녹슬다	作法 예의범절
寒い 춥다	参考 참고
残念 유감	散歩 산책
寺院 사원	司会 사회
仕方 하는 방법, 수단, 방식	しかたがない 어쩔 수 없다
じきに 금방, 곧	敷く (이불, 잔디) 깔다
指示 지시	自信 자신
地震 지진	沈む 가라앉다
親しい 친하다	質疑 질의, 질문
失業 실업	しつこい 끈질기다
湿度 습도	失礼する 실례하다
指導 지도	児童 아동
失敗 실패	しばしば 자주
しびれる 저리다	自慢 자랑
地味だ 수수하다	事務所 사무소
占める 차지하다	周囲 주위
就職 취업	修正 수정
重大 중대함	重要 중요

修理 수리	重量 중량
授業 수업	宿泊 숙박
首相 수상	手段 수단
首脳 수뇌, 정상	出版 출판
寿命 수명	主要 주요
順調 순조	準備 준비
賞 상	紹介 소개
商業 상업	状況 상황
衝撃 충격	条件 조건
正直 정직	上手 능숙함, 잘함
招待 초대	承知 승낙, 알아들음
承認 승인	消費 소비
情報 정보	将来 장래
省略 생략	職場 직장
食欲 식욕	諸国 여러 나라, 국가들
女優 여배우	処理 처리
資料 자료	進学率 진학률
慎重 신중함	深夜 심야
信用 신용	人類 인류
数年 몇 년	すっきり 상쾌하다
優れる 뛰어나다, 우수하다	涼しい 시원하다
すでに 이미, 벌써	素直 솔직함
済ます 끝마치다, 다하다	すまない 미안하다
隅 구석	スムーズ 원활함, 순조로움
鋭い 예리하다, 날카롭다	座る 앉다
生活 생활	成功 성공
製作 제작	政治 정치
成長 성장	製品 제품
せっかく 모처럼	責任 책임
積極的 적극적	設備 설비

成分	성분	節約	절약
背中	등	狭い	좁다
戦争	전쟁	選択	선택
全般	전반	蒸気	증기
操作	조작	創作	창작
装飾	장식	想像	상상
装置	장치	相当	상당
続々	잇달아, 연달아	率直	솔직
測定	측정	底	바닥
卒業	졸업	備え	대비, 준비
粗末だ	초라하다	そろそろ	이제 슬슬
存在	존재		

た

退院	퇴원	大した	대단한, 굉장한
大臣	대신, 장관	代表	대표
対立	대립	倒れる	넘어지다, 쓰러지다
確かに	확실히	脱する	벗어나다
ただちに	즉시	畳む	(이불, 옷) 개다
漂う	떠돌다, 표류하다	妥当	타당함
谷	계곡	頼もしい	믿음직스럽다
多分	아마	騙す	속이다
たまたま	우연히	たまらない	참을 수 없다
黙る	침묵하다	試す	시도하다, 시험해보다
駄目だ	안 되다, 불가능하다, 쓸모없다	貯める	(돈) 모으다
だらけ	투성이	だらしない	칠칠치 못하다
多量	다량	単純	단순
団体	단체	担当者	담당자
単なる	단순한	知恵	지혜
地球	지구	遅刻	지각

知識 지식	散らかる 흩어지다, 어질러지다
着々 척척	中止する 중단하다
駐車場 주차장	抽象的 추상적
兆し 징조, 조짐, 전조	超過 초과
長期 장기	頂点 정점
直接 직접	著者 저자
貯蓄 저축	ついに 마침내
追放 추방	通行 통행
通達 통달, 숙달	通用 통용
疲れる 피곤하다	付き合う 사귀다, 어울리다
突き当たる 맞닿다	伝える 전하다
努める 노력하다, 힘쓰다	常に 항상
提案 제안	手入れ 손질
適切 적절함	手ごろだ 적당하다
でたらめだ 터무니없다, 엉망이다	手続き 절차
徹夜 철야	手間 시간, 품, 노력
展開 전개	伝言 전언
伝染 감염, 옮음	伝達 전달
統一 통일	同格 동격
動作 동작	到着 도착
道路 도로	得意 잘함, 장기, 특기
特色 특색	特別に 특별히
溶ける 녹다	突然 돌연히
届く 도착하다, 닿다	整う 갖추다
努力 노력	泥 진흙

とんでもない 말도 안 되다

な

| 内容 내용 | 仲良く 사이 좋게 |
| なぐさめる 달래다, 위로하다 | なだらかだ 완만하다, 순조롭다 |

懐かしい 그립다, 반갑다	納得 납득
涙 눈물	悩む 고민하다
並ぶ 줄 서다	慣れ 익숙함
日課 일과	苦手 서투름, 잘 못함
にっこり 생긋	鈍い 둔하다, 무디다
睨む 노려보다	盗む 훔치다
塗る 바르다, 칠하다	願う 바라다
熱演 열연	残る 남다
除く 제외하다, 빼다	述べる 말하다, 기술하다
のろい 느리다, 둔하다	のんきだ 태평하다, 느긋하다

は

歯 치아	配達 배달
配布 배포	発揮 발휘
拍手 박수	漠然 막연함
爆発 폭발	発見 발견
端 끝	発射 발사
発車 발차	はずかしい 부끄럽다
発達 발달	発明 발명
派手だ 화려하다	話し合う 논의하다
話しかける 말을 걸다	話し込む 이야기에 열중하다
話し出す 말하기 시작하다	はなはだしい 매우 심하다
羽 날개	発表 발표
張り切る 긴장하다, 힘이 넘치다	判断 판단
販売 판매	被害 피해
比較的 비교적	引き返す 되돌아오다
悲劇 비극	人質 인질
ひとりでに 저절로	批判する 비판하다
皮膚 피부	紐をむすぶ 끈을 매다
費用 비용	評価 평가

表現 표현	拾う 줍다
広がる 넓어지다, 퍼지다	頻繁 자주, 빈번
夫婦 부부	物価 물가
普及 보급	複雑 복잡
含む 포함하다	部分的に 부분적으로
不平 불평	不満 불만
振り向く 뒤돌아보다	分解 분해
平気だ 태연하다, 아무렇지 않다	平和だ 평화롭다
減る 줄다, 줄어들다	変更 변경
返済 (채무, 빚) 변제, 상환	貿易 무역
防止 방지	方針 방침
訪問 방문	法律 법률
朗らかだ 명랑하다	星 별
募集 모집	保存 저장
施す 베풀다, (계획) 세우다	骨 뼈
ほぼ 거의, 대부분	掘る (구멍) 파다

ま

賄う 충당하다, 조달하다	まざる 섞이다
貧しい 가난하다	マスターする 마스터하다, 통달하다
祭り 축제	招く 초대하다
まぶしい 눈부시다	守る 보호하다, 지키다
まれだ 드물다	見かけ 겉보기, 외관
見方 견해	見事だ 멋지다, 훌륭하다
湖 호수	見出し 제목
導く 이끌다, 안내하다, 지도하다	認める 인정하다
見本 견본	未来 미래
迎える 맞이하다	昔 옛날
むく 벗기다	無数 무수, 헤아릴 수 없음
無駄だ 쓸데없다	夢中 열중함, 몰두함, 정신이 없음

明確 명확함	めっきり 부쩍, 현저히
恵まれる 혜택 받다, 풍족하다	珍しい 드물다, 희귀하다
メモする 메모하다	申し込み 신청
目的 목적	潜る 잠수하다, 숨어들다
もったいない 아깝다	物語 이야기

や

役目 역할	焼ける 타다
夜行 야행, 야간(열차)	雇う 고용하다
破る 찢다, 깨지다	やむを得ない 어쩔 수 없다
辞める 그만두다	優勝 우승
愉快だ 유쾌하다	行方 행방
輸送 수송	豊かだ 풍부하다, 유복하다
油断 방심	ゆるい 느슨하다, 헐렁하다
夜明け 새벽	溶岩 용암
容積 용적	幼稚 유치, 어림, 미숙함
余計だ 쓸데없다	喜んで 기꺼이

ら

楽だ 편안하다	乱暴 난폭함
理解 이해	流行 유행
利用 이용	両替 환전
両国 두 나라, 양국	例外 예외
冷静だ 냉정하다	冷凍 냉동
歴史 역사	連続 연속
連絡 연락	

わ

沸かす 끓이다, 데우다	わがまま 제멋대로임, 버릇없음
沸く 끓다	笑う 웃다
割合 비율	割引 할인

모양이 비슷한 한자

Q1	①きず 傷	②ようきな 陽気な	③いたむ 傷む	④ゆげ 湯気
Q2	①けいじ 掲示	②ていあん 提案	③ていじ 提示	④けいさい 掲載
Q3	①しめっぽい 湿っぽい	②しめす 湿す	③おんこう 温厚	④しっけ 湿気
Q4	①いんきょ 隠居	②かくす 隠す	③おだやかだ 穏やかだ	④おんわ 温和
Q5	①ゆるい 緩い	②しえん 支援	③だんぼう 暖房	④えんじょ 援助
	⑤おうえん 応援	⑥ゆるやかな 緩やかな		
Q6	①よゆう 余裕	②ちゅうと 中途	③じょじょに 徐々に	④じょがい 除外
	⑤さくじょ 削除	⑥よけいだ 余計だ		
Q7	①こきゃく 顧客	②ずつう 頭痛	③がんこだ 頑固だ	④ざんがく 残額
	⑤そうがく 総額	⑥かがく 価額		
Q8	①こうもく 項目	②ちょうてん 頂点	③べっこう 別項	
Q9	①うんちん 運賃	②かしだし 貸し出し		
Q10	①ぼうえき 貿易	②とうし 投資	③しゅっし 出資	④つうか 通貨
	⑤かへい 貨幣	⑥ねんがじょう 年賀状		
Q11	①せっち 設置	②ぼっとう 没頭	③ちんぼつ 沈没	④とうし 投資
	⑤げんえき 現役	⑥しせつ 施設		
Q12	①かくしん 核心	②しんこくだ 深刻だ	③きざむ 刻む	
Q13	①せいかく 性格	②からむ 絡む	③かっこう 格好	④たんらく 短絡
Q14	①とうそう 逃走	②とほ 徒歩	③しゅし 趣旨	④ふにん 赴任
Q15	①きんゆう 金融	②かくしゅう 隔週	③ゆうずう 融通	④かんかく 間隔
Q16	①じゅんじょ 順序	②よそく 予測	③むじゅん 矛盾	④よぼう 予防
Q17	①いのる 祈る	②れいぎ 礼儀	③にせさつ 偽札	④ばんごうふだ 番号札
Q18	①しょうちょう 象徴	②とくちょう 特徴	③びねつ 微熱	④ちょうしゅう 徴収
	⑤びみょう 微妙	⑥かすかだ 微かだ		
Q19	①よくせい 抑制	②むかえる 迎える		
Q20	①てんしょく 転職	②じょうしき 常識	③おる 織る	④そしき 組織
	⑤たいしょく 退職	⑥にんしき 認識		
Q21	①けつじつ 結実	②とういつ 統一	③れんぞく 連続	④どくしょ 読書
Q22	①せめる 責める	②ふさい 負債	③せっきょくてき 積極的	④つみたてる 積み立てる
Q23	①けんり 権利	②おすすめ お勧め	③かんこう 観光	④かんげい 歓迎
	⑤かんしょう 勧奨	⑥せいけん 政権		

Q1	①しゅっぱん 出版	②つうはん 通販	③けいじばん 掲示板	
Q2	①こうばい 購買	②こうぞう 構造	③はいすいこう 排水溝	
Q3	①ていぎ 定義	②ぎむ 義務	③こうぎ 抗議	④ふしぎだ 不思議だ
Q4	①しんりょく 新緑	②とうろく 登録	③ろくおん 録音	
Q5	①しんりょう 診療	②めいりょう 明瞭	③どうりょう 同僚	④ちりょう 治療
	⑤かんりょう 官僚	⑥りょう 寮		
Q6	①ほうそう 包装	②あきる 飽きる	③くるむ 包む	④ほうふ 抱負
	⑤しんぼうづよい 辛抱強い			
Q7	①しんけんに 真剣に	②けんさく 検索	③てんけん 点検	
Q8	①ぼうけん 冒険	②じっけん 実験	③たんけん 探検	
Q9	①ふへん 普遍	②だます 騙す	③へんにゅう 編入	④へんしょく 偏食
	⑤かたよる 偏る			
Q10	①ぼきん 募金	②くれる 暮れる	③もさく 模索	④きぼ 規模
Q11	①かいまく 開幕	②ばくぜんと 漠然と	③ばくだいな 莫大な	
Q12	①すみっこ 隅っこ	②たいぐう 待遇	③ぐうぜん 偶然	④はいぐうしゃ 配偶者
	⑤そうぐうする 遭遇する			
Q13	①ていきょう 提供	②きょうどう 共同	③きょうじゅつ 供述	④こうきょう 公共
Q14	①そうぞう 想像	②よそう 予想	③そうご 相互	④あいしょう 相性
	⑤たいしょう 対象	⑥しょうちょう 象徴	⑦げんぞう 現像	⑧げんしょう 現象
	⑨ばいしょう 賠償	⑩たいしょう 大賞	⑪しょうじょう 賞状	⑫べんしょう 弁償
	⑬ほしょう 補償	⑭しょうひん 賞品		
Q15	①ふくざつ 複雑	②ふくり 福利	③ふくすう 複数	④ふくし 福祉
	⑤せいふく 征服	⑥ふくつう 腹痛	⑦ふっきん 腹筋	⑧ふくよう 服用
	⑨いふく 衣服	⑩ふくむ 服務		
Q16	①ふっこう 復興	②かいふく 回復	③ふくぎょう 副業	④ふくさよう 副作用

문법편

- 문제 유형별 설명 및 비법 TIP
1 기출 어휘 체크
2 JLPT 완벽대비

문제 유형별
설명 및 비법 TIP

문제7 문법형식 판단 12문제

문제이해　언어지식 문법 파트의 문법형식 판단 문제는 제시된 예문의 공란에 알맞은 문형 또는 문법을 넣는 문제이다. 형식은 이전과 같지만 예문 자체가 커뮤니케이션 중심으로 바뀌게 되면서 자연스레 일상생활에서 사용 빈도가 적은 기능어는 출제 빈도가 줄고, 그에 비해 사용 빈도가 높은 존경어와 겸양어, 그리고 부탁, 의뢰, 확인 표현 등이 출제되고 있다. 또, 이전 시험과 달리 문법 기능어와 같이 쓰이는 부사 및 수동, 사역, 사역수동 표현 관련 문제 역시 출제되고 있다.

기출문제유형　[유형1]　吉田「鈴木くんって、本当に面白い人だよね。」　2014-1회
　　　　　　　　菅野「うん、彼、人を楽しませることに(　　　　)天才だからね。」

1　向けては　　　　　　　　　　　　**2**　かけては

3　沿っては　　　　　　　　　　　　4　わたっては

해설

공란의 앞에는 「人を楽しませる」라는 능력을 나타내는 어휘가, 공란의 뒤는 「天才(てんさい)」라는 어휘가 있다. 사람을 즐겁게 하는 능력에서 만큼은 천재라고 할 정도로 자신이 있다는 의미를 나타내는 기능어 문법이 들어가야 하므로, 2번 「かけては」가 정답이 된다.

[유형2]　会議は9時開始の予定だったが、開始時刻までに来たのは3人だけだった。遅れてきた人に理由を聞いたら、開始時刻が正しく(　　　　)。　2014-1회

1　伝わらないはずだった　　　　　　2　伝えなかったらしい

3　伝えていないはずだった　　　　　**4**　伝わっていなかったらしい

해설

「開始時刻(かいしじこく)が正しく〜」뒤에는 「시작 시각이 전해지지 않았다」라는 의미의 문장이 와야 하므로, 조사 「〜を」를 사용하는 「伝える」가 들어간 선택지 2번과 3번은 오답이다. 1번의 경우는 「전해지지 않다」라는 의미이기 때문에 오답이다. 「전해지지 않았었다」라는 상태가 되야 하므로 정답은 4번이 된다.

문법형식 판단 문제에 대비하기 위해서는 우선 N2 레벨에 필요한 문형과 문법을 외워두어야 한다. 이전 시험에서는 접속형태를 묻는 문제가 자주 출제되었던 것에 비해, 최근에는 앞의 기출문제 유형1과 같이 「向けては」「かけては」「沿っては」「わたっては」등의 정확한 의미를 묻는 문제가 출제되고 있다. 따라서 N2 수준의 문법 기능어의 의미와 뉘앙스를 정확하게 많이 외워두는 것이 좋다. 또 문제를 풀 때에는 선택지에 나온 문법 기능어의 의미를 먼저 파악한 뒤에 문장을 읽는 것이 정답을 찾는데 더 유리하다.

그러나 기출문제 유형2의 문제 예문의 경우는 오히려 「伝わらないはずだった」이 자체를 그대로 해석해 문제를 풀려고 하면 더 독이 될 수 있다. 이 경우에는 선택지의 예문을 「伝わらない」「はずだった」와 같이 각각의 기능어로 쪼개어 오답을 먼저 지워가야 정답이 보인다.

그 외에도 존경어와 겸양어 관련 문제도 출제되고 있는데, 실제 커뮤니케이션에서 자주 접할 수 있는 표현들이 예문으로 출제되고 있으므로, 안내문이나 공지글, 안내 방송, 광고 문구 등을 주의 깊게 봐두는 것이 공부에 도움이 될 것이다.

수동과 사역, 사역수동형 관련 문제의 경우는 간혹 N1 수준의 표현들이 출제되기도 하는데, 주로 N2 문법 기능어와 결합한 문제가 출제되고 있으므로, 기본적인 의미를 파악하고 있다면 충분히 대비할 수 있을 것이다. 마지막으로 부사를 묻는 문제의 경우, 예를 들어 「～たら / ～ば」「～とすると / ～としたら / ～とすれば」가 들어간 문장에서 「仮に 만약」와 함께 사용되는 부사를 찾는 형식의 문제 등이 출제되고 있으니, 기능어와 부사를 따로 정리해서 외우는 습관이 중요하다.

문제이해　문장 만들기 문제는 지금까지 없었던 새로운 종류의 문제이다. 문장의 배열 순서를 묻는 이 문제는 선택지 1~4번의 표현 및 단어를 순서대로 모아 올바른 문장으로 배열하여 ★표시가 되어 있는 부분에 들어갈 번호가 정답이 되는 문제이다.

이 문제는 문장을 만드는 능력이 필요하며, 문장에서 문형을 이해하는 것뿐만 아니라 실제로 문장을 만들어 보거나 많은 예문을 읽어서 그 문형의 전형적인 사용방법을 알아두는 것이 중요하다.

기출문제유형　A「では、そろそろ帰ります。お茶、ごちそうさまでした。」
B「え、もうお帰りになりますか？せっかく ＿＿＿ ＿＿＿ ＿★＿ ＿＿＿ いいのに。」　2014-1회

1 もう少し　　　　　　　　　　　2 いけば

3 いらっしゃったんだから　　　　✔ゆっくりして

해설
우선 「せっかく 모처럼」이라는 부사를 보는 순간 머릿속에 「せっかく〜のに 모처럼 〜인데」, 「せっかく 〜のだから / 〜なので 모처럼 〜이기 때문에」를 가장 먼저 떠올려야 한다. 따라서 첫 번째 빈칸에는 3번이 와야 한다. 다음으로 보이는 것은 「〜ばいいのに 〜하면 좋을 텐데」라는 유감을 나타내는 표현으로 맨 마지막에는 2번이 들어간다. 이렇게 문장을 만들어 보면 「せっかく (3)いらっしゃったんだから(1)もう少し(4)★ゆっくりして(2)いけば いいのに。」가 된다. 따라서 ★에 들어갈 정답은 4번이 된다.

비법 TIP　문장 만들기 문제에 대비하기 위해서는 우선 문장형 문형을 외우는 것이 필요하다. 즉, 문제를 풀 때 무조건 한국어로 해석해서 푸는 것이 아니라, 예문의 단어와 문장을 보고 연결되어 함께 사용되는 표현이 있는지를 먼저 확인하고, 같이 사용되는 것부터 연결을 한 뒤 나머지 단어들을 연결한다. 문제를 풀 때 먼저 밑줄의 전후 단어와 선택지 1~4번을 확인하고 문장형 문법이 있는지를 살펴본 뒤, 1순위로 연결되어야 하는 것을 체크하는 것이 좋다.

문제이해　글의 문법 문제는 중문 독해 정도 길이의 지문을 읽고 글의 흐름에 맞추어 지문의 공란을 매워가는 형식으로 5문제가 출제된다. 이전에는 독해 파트에서 접속사를 묻거나 주요 어휘를 묻는 문제가 1~2문제 출제되었던 것이 형식이 바뀐 것이다. 기출 문제 패턴을 보면 문맥상 알맞는 어휘, 접속사, 부사, 기능어를 고르는 문제들이 출제되고 있다. 기능어의 경우에는 문장의 흐름에 맞는 문법요소나 어휘들이 출제되고 있다.

기출문제유형　2011-1회

問題9　次の文章を読んで、　50　から　54　の中に入る最もよいものを、1・2・3・4から一つ選びなさい。以下は、雑誌のコラムである。

日本の鉄道ファン

　鉄道ファンとは、鉄道が好きで鉄道に関することを趣味にしている人たちのことだ。鉄道ファンは単に「鉄」と言われたりもする。日本では、これまでは「鉄」といえば男性だと思われていたが、近年は女性のファンが急増しているらしい。ところで、彼ら鉄道ファンたちは　50　趣味を楽しんでいるのだろうか。

　一言で鉄道ファンといってもその趣味の内容は多種多様だ。そして、電車に乗るのが好きな「鉄」は「乗り鉄」というように、それぞれその内容に対応した呼び名がある。「乗り鉄」　51　、写真を撮るのが好きな「撮り鉄」、車両や鉄道がある風景を描く「描き鉄」、鉄道の模型が好きな「模型鉄」などだ。

　ある40代の「乗り鉄」の女性は鉄道の魅力を　52　語る。「窓の外の風景をながめていると旅の気分が味わえるし、車と違って座っているだけで目的地に着けるのがいい」。「模型鉄」である30代の男性は、模型の魅力について「車両の形を見ているだけでうっとり。本物は買えないけど模型なら買えるし」と説明する。

　また、最近急増している女性ファンには「ママ鉄」も多い。電車を見たがる子どもを連れて電車を見に行くうち、自分も鉄道ファンになってしまったという人たちだ。　53　の特徴は、他の「鉄」とは異なり、ホームではなく、電車が見えるところにある公園やレストランなど、子どもと一緒にゆっくり過ごせる場所で電車を見るという点である。

　鉄道ファンにはいろいろなタイプがあり、楽しみ方も　54　。

50

| 1 それほど | 2 どのように |
| 3 それでも | 4 どちらの |

51

| 1 にかわって | 2 によって |
| 3 のうえ | 4 のほか |

52

| 1 こう | 2 そう |
| 3 同様に | 4 以上のように |

53

| 1 鉄道ファン | 2 女性ファン |
| 3 彼女たち | 4 大人たち |

54

| 1 さまざまだ | 2 さまざまだと言われた |
| 3 さまざまである点だ | 4 さまざまだと思われている |

일본의 철도팬

철도팬이란 철도를 좋아해서 철도에 관한 것을 취미로 하고 있는 사람들을 말한다. 철도팬은 단순히 「테츠」라고 불리기도 한다. 일본에서는 지금까지는 「테츠」라고 하면 남성으로 간주되어 왔지만, 최근에는 여성팬들이 급증하고 있다고 한다. 그러면 그들 철도팬들은 어떻게 취미를 즐기고 있는 것일까?

한 마디로 철도팬이라고 해도 그 취미의 내용은 종류가 많고 다양하다. 그리고 전철을 타는 것을 좋아하는 「테츠」는 「노리테츠」라고 하듯이, 각각 그 내용에 어울리는 이름이 있다. 「노리테츠」이외에 사진을 찍는 것을 좋아하는 「토리테츠」, 차량이나 철도가 있는 풍경을 그리는 「가키테츠」, 철도의 모형을 좋아하는 「모형테츠」 등이다.

어느 40대의 「노리테츠」인 여성은 철도의 매력을 이렇게 말한다. 「창문 밖의 풍경을 바라보고 있으면 여행을 하는 기분을 맛볼 수 있고, 차와 달리 앉아 있는 것만으로 목적지에 도착할 수 있는 것이 좋다.」 「모형테츠」인 30대의 남성은 모형의 매력에 대해서 「차량의 모양을 보고 있는 것 만으로 황홀하다. 진짜는 살 수 없지만 모형이라면 살 수 있고.」라고 설명한다.

또한 최근 급증하고 있는 여성팬에는 「마마테츠」도 많다. 전차를 보고싶어 하는 아이들을 데리고 전차를 보러 다니는 동안에, 자신들도 철도팬이 되어 버렸다고 하는 사람들이다. 그녀들의 특징은 다른 「테츠」와는 달리, 플랫홈이 아니라 전차가 보이는 곳에 있는 공원이나 레스토랑 등, 아이들과 함께 느긋하게 보낼 수 있는 장소에서 전차를 본다는 점이다.

철도팬에는 여러가지 타입이 있고, 즐기는 방법도 여러가지이다.

50 문장의 끝에 현재나 미래를 추측하는 문형인 「~だろうか ~인 것일까」가 왔기 때문에, 공란에는 의문을 뜻하는 형태가 와야 한다. 따라서 선택지 1번과 3번은 오답이 된다. 그리고 공란 뒤에 바로 「趣味

を楽しむ 취미를 즐기다」라고 되어 있으므로, 「어떻게」라는 의미의 2번 「どのように」가 정답이 된다.

51 공란의 앞 문장에서 「노리테츠」에 대해 설명하고 있고, 공란 뒤에는 다른 종류의 「테츠」에 대해서 설명을 하고 있기 때문에, 「이외의」의 뜻을 갖는 선택지 4번이 정답이다.

52 공란의 뒤에 「노리테츠」인 사람이 말하는 내용이 나오기 때문에, 「이렇게」라는 의미인 선택지 1번이 정답이 된다. 어떤 내용인지 아직 서술되지 않았기 때문에, 앞선 언급된 내용을 가리키는 표현인 선택지 3번과 4번은 오답이다.

53 공란 앞에서 「마마테츠」에 대해서 설명을 하고 있고, 뒤에서 그 특징에 대해 서술하고 있기 때문에 「그녀들」이라는 뜻을 갖는 선택지 3번이 정답이다. 「마마테츠」라는 명칭이 이미 나와 있기 때문에 1번과 2번, 4번은 오답이다.

54 공란 앞에서 「いろいろなタイプがあり、楽しみ方も~ 여러가지 타입이 있고, 즐기는 방법도 ~」라고 되어 있기 때문에, 공란 뒤에는 앞의 문맥상 「여러 가지이다」라는 뜻의 문장이 와야 한다. 따라서 선택지 1번이 정답이 된다. 일반적인 논리를 설명하는 것이 아니기 때문에 「~と言われた ~라고 들었다」, 「~と思われる ~라고 여겨진다」는 오답이다. 그리고 특징 등을 설명하는 문장이 아니기 때문에 「~である点だ ~인 점이다」도 오답이다.

비법 TIP (1) 지시어

회화에서는 지시하는 대상이 화자의 주위에 있는 경우는 「こ」, 말을 듣는 사람의 주변에 있는 대상일 경우에는 「そ」, 화자와 듣는 사람 모두에게서 멀리 있는 대상일 경우에는 「あ」를 사용한다. 그러나 글의 경우에는 지시어를 사용하는 방법이 조금 다르기 때문에 주의해서 대비해두어야 한다.

a. 말을 가리키는 「こ~」「そ~」

① 앞의 문장에서 나왔던 것을 가리킴「そ~」
先週木村さんという人にあった。その人は大学の先生だ。
지난주 기무라 씨라는 분을 만났다. 그 사람은 대학교 교수이다.

② 「(もし)~」의 문장인 경우「そ~」
新しいデータが出たら、すぐそれを報告しなければならない。
새로운 데이터가 나오면 바로 그것을 보고해야 한다.

③ ○○の○○(순서, 위치, 소유 등)「そ~」
クレジットカードは会員とその家族しか使えない。
신용카드는 회원과 그 가족 밖에 쓸 수 없다.

④ 데이터나 인용문「こ~」

このグラフから、次のことがわかる。
이 그래프에서 다음을 알 수 있다.

b. 문장의 내용을 가리킴

① 「こ~ / そ~」는 하나의 말이 아니라 앞에 나온 문장을 가리키는 경우도 있다.
父がカナダに転勤になった。そのとき、私は中学生だった。
아버지가 캐나다로 전근하시게 되었다. 그 때 나는 중학생이었다.

②「このように(な)」등으로 문장의 내용을 정리할 수 도 있다.

(2) 의견을 나타내는 표현

① ～と思われる / ～と考えられる / ～といえる　～라고 생각하다

　→「～と思う」「～と考える」보다「～と思われる」「～と考えられる」쪽이
「사실로 미루어보아 그렇게 생각하는 것이 당연하다」는 인상을 주기 때문에 의
견에 객관성을 주는 효과가 있다.

② ～だろう ～겠지 / ～にちがいない ～임이 틀림없다 / ～はずである ～일 것
이다

　→「～にちがいない」는 더욱 강한 확신을 나타낼 때 사용한다.

③ ～(の)ではないか / ～(の)ではないだろうか　～이지 않은가

　→ 의문형을 사용함으로써 읽는 사람의 동의를 구하는 말투가 되어 의견을 주장
할 때 사용한다.

④ ～ように思える ～인 것 처럼 생각된다 / ～かもしれない ～일지도 모른다

⑤ ～は(なぜ)だろうか ～은 (어째서)인가?

　→ 글을 읽는 사람은 앞으로 글쓴이의 의견이 나올 것을 예측하며 문장을 읽을
　 수 있다.

(3) 정보원(타인으로부터 얻은 사실)을 나타내는 표현

1) (정보원) ～によれば / ～によると / ～の話では～そうだ / ～ということだ
　 ～ようだ / ～らしい

2) (정보원)は～と述べている / 説明している / 指摘している / 主張している

(4) 글의 마무리 문형

① ～でしょうか　～인 걸까요?(상대방의 의견을 받아서 되묻는 문구)

② ～のでしょう　～이겠지요, ～할 것입니다(원인, 이유, 근거)

③ ～そうです　～라고 합니다(정보)

④ ～のではないだろう (=～のではないでしょう / ～のではないか)

　 ～지 않은가, ～것은 아닐까 → 필자가 자신의 주장을 신중하게 나타냄

⑤ ～だろう ～겠지(= ～でしょう ～이겠지요)

　→ 화자가 말한 것에 대한 확신, 또는 상대방에 대한 동의를 구함

⑥ ～のではないだろうか ～이(가) 아닐까, 않을까

✳ JLPT 기출 문법 체크

2015-1회

~によって ~에 의해서(수단 방법)	とても~そうにない 도저히 ~할 것 같지 않다
~のあまり (너무) ~한 나머지	~ほど ~정도
ます형 + 次第 ~하는 대로(즉시, 곧장)	~ものの ~지만(윤 ~けど / ~が)
~ことはない ~할 필요는 없다	~ないことには ~(하)지 않고는 ~할 수 없다)
~だけ ~인 만큼	~てくれればいい ~해주면 좋다
~ずにおく ~하지 않고 두다	~てしまいそうになる ~해 버릴 것처럼 되다
~そうだ ~할 것 같다	~そうだった ~할 것 같았다
~べきだ ~해야만 한다	~ないでいる ~(하)지 않고 있다
~はずだ ~일 것이다	~つもりだ ~(할) 작정이다
~ほうがいい ~편이 좋다	ます형 + すぎる 지나치게 ~하다
~たまま ~한 채로	ます형 + 続ける 계속 ~하다
~してみるより ~해보는 것 보다	~してみるといいし ~해 보면 좋고
~するのではなく ~하는 것이 아니라	今にも~そうだ 지금이라도(당장) ~할 것 같다
~ずにはいられない ~하지 않고서는 있을 수 없다	(~からして)~に違いない (~부터가) ~임에 틀림없다
ない형 + ざるを得ない (어쩔 수 없이) ~하지 않을 수 없다	~など ~등, ~따위
おかげで 덕분에	~て以来 ~한 이래(쭉)
~のかどうか ~인지 어떤지	~からには ~한 이상(윤 以上 / 上は)
~ことに ~하게도	~にとって (대상)에게 있어서
~に関して (주제)에 관해서	~に対して (대상)에 대해서 (언급)
~にする ~로 하다	~をこめって ~을 담아
~に欠かせない ~에는 빼놓을 수 없다	~として ~로써
~とおり ~대로	~にはどうすればいいか ~하기 위해서는 어떻게 하면 좋을지
	~するのとしないのでは ~하는 것과 하지 않는 것은

～おきに ~걸러	かえって 오히려
(명사)にかけては ~에 있어서 만큼은(자신있음)	～きれない 다 ~할 수 없다
～一方だ (いっぽう) (계속) ~하기만 한다	～ほか(は)ない ~(할 수)밖에 없다
～こと ~할 것(주의, 명령)	～なきゃ(いけない) ~하지 않으면 (안 된다)
～ぐらいなら ~(할) 정도 라면	～みたいだ ~인 것 같다
～てほしい ~하길 바란다	～ちゃった(～てしまった) ~해 버렸다
～たいのは ~하고 싶은 것은	た형+きり ~한 채 (두번 다시)
はずだ ~일 것이다	など ~등, ~따위
のみ ~만	～ないですむ ~할 필요가 없다, ~하지 않아도 괜찮다
ます형+がちだ 걸핏하면 ~하기 십상이다, 자주 ~한다	～おかげだ ~덕분이다
せっかく(+ ～のに / から / ので) 모처럼 ~인데, ~이기 때문에	いまにも(+そうだ) 지금이라도 당장 ~할 것 같다
かりに(+～といったら / というと / ても) 만약 ~라면 ~라도	(기간)ぶりに (기간) 만에
(ている)うちに (하고 있는) 동안에	～たびに ~할 때마다(항상)

～とおりに ~대로 똑같이	～にかけては (실력, 능력) ~에 관해서 만큼은(자신 있음)
お話を聞かせていただけないでしょうか (はなし) (き) 이야기를 들려주시지 않겠습니까?	それなりに 그 나름대로
의지형+とした ~하려고 했다(그러지 못했다)	～てしょうがない 너무나도 ~하다
見えました (み) 오셨습니다	～ようであれば ~한 것 같으면
～ていくうちに ~해가는 동안에	～てやろう ~해주자
～ていなかったらしい ~해 있지 않았다는 것 같다	～たままにしておく ~한 채로 두다
～たところだ 막 ~한 참이다	～のもとで ~의 아래에서, ~의 슬하에서
～に沿って (そ) ~에 따라서(똑같이)	～にわたっては ~에 걸쳐서는
～つもりだった ~할 작정이었다	～にすぎない ~에 불과하다, ~에 지나지 않다
～すらない ~조차 없다	～てでも ~해서라도
～に対して (たい) (대상)에 대해서(언급)	～に比べて (くら) ~에 비해서

はずだった　~할 예정이었다	~たつもりで　~한 셈 치고(관용어)
はずではなかった　~할 예정은 아니었다	~こともない　~할 필요도 없다
せっかく~だから / ~なので / ~なのに 모처럼 ~이기 때문에, 모처럼 ~인데	~ばいいのに　~하면 좋을 텐데
~うえで　~함에 있어서	~すべき　~해야만 할
どんなに~ても　아무리 ~해도	~とは　~하다니(깜짝 놀람)

~にわたって　~에 걸쳐서	あるいは~　또는~
~だって~って　(근데) ~도　~라고	(~が)~だけに　(~가) ~인만큼(당연함)
~とのことだ　~라고 한다(유 ~ということだ)	~しかない　~할 수밖에 없다
~にお越しいただきました　(대상)을 초대했습니다	~というから　~라고 하니깐
~てもいいように　~해도 좋도록	~がる　~해 하다
~がらずに　~해하지 않고	どうせ~なくてはいけない 어차피 ~하지 않으면 안 된다
ます형+つつある　계속 ~해가고 있다	おいでくださいました　와 주셨습니다
いらっしゃいました　오셨습니다	~てでも　~해서라도
~には　~하기에는	~ほど　~만큼
~とすると　~라고 하면	~(の)せいで　~때문에, ~탓에
~たことがないのに　~한 적이 없는데	~を通じて　~을 통해서
~に次いで　~에 이어	~をめぐって　~을/를 둘러싸고
~わりには　~인 것 치고는	~ばかりか　~뿐만 아니라
および　및	なお　더욱
すなわち　즉	~といっても　~라고 해도
~させられそうになる　(억지로) ~하게 되다	~ていく　~해 가다
~一方だ　계속 ~하기만 한다	~くらいでも　~정도라도
~だったり　~하거나	~とかで　~등에서
~(の)あげく　~한 끝에	~際に　~할 때에
~あまり　~남짓	~までだ　~할 뿐이다, ~할 수밖에 없다
~とする　~하기로 하다	~ことになる　~하게 되다

〜たこともある　〜한 적도 있다	〜はずがない　〜일리가 없다
ます형 + がたい　〜하기 어렵다	これまでの〜にもなかった　지금까지의 〜에도 없었다
〜になっているそうで　〜(하)게 되어 있는 것 같아서	〜も欠かさず　〜도 빠트리지 않고
〜につれて　〜에 따라서	次第に　점차 (부사)
〜に向いている　〜에 적합하다	どうしても　부디

2013-1회

〜に上った　〜에 이르렀다, 〜에 달했다	〜(た / の)末に　〜한 끝에
むしろ〜ばかりだ　오히려 계속 〜하기만 하다	て형 + からではないと　〜하고 나서가 아니면
ます형 / 명사 + 次第　〜하는 대로 즉시	承ります　받다 (もらう / 引き受ける의 겸양어)
ます형 + っこない　〜할 성싶지 않다	〜かなんかで　〜인가 뭔가에
의지형 + とする　〜하려고 하다	〜たびに　〜할 때마다 (항상)
〜とばかり思っていた　〜라고만 생각하고 있었다(유 思いこむ)	確かに〜かもしれませんが　확실히 〜일지도 모르지만
〜た以上　〜한 이상	〜をめぐり　〜을 둘러싸고
〜を込めて　〜을 담아	〜ているうちに　〜하는 동안에 (상태유지, 반복)
〜てもおかしくない　〜해도 이상하지 않다	〜わけにはいかない　〜할 수는 없다
〜ほかない　〜할 수밖에 없다	〜ところに　때마침 〜에
〜なんて　〜따위, 〜라니(놀람)	〜といえば　〜로 말하자면
〜たきり　〜한 채로	これだけ〜のだから　이 만큼 〜이니깐
〜上では　〜상에서는	

2013-2회

〜さえあれば　(최소한) 〜만 있으면 (충분하다)	〜において　〜에 있어서
〜ものなら　〜할 수 있다면(불가능) (+ 〜たい/〜てほしい　〜하고 싶다)	ただし　단(조건)
〜勢いだ　〜할 기세이다	ご覧いただく　봐 주시다
〜にすぎなかった　〜에 지나지 않았다	〜ならともかく　〜라면 모를까
〜てもらうことで　〜해 받음으로써	〜(さ)せないで　〜하게 하지 마세요
〜よりほかなかった　〜할 수밖에 없었다	〜にしては　〜치고는
および　〜및	すなわち　즉, 바꾸어 말하자면

あるいは　또는	～に沿<そ>って　～에 따라(똑같이)
～こそ　～야말로	～に向<む>けて　～을 목표로, ～을 향해
～にわたって　～에 걸쳐서	～としたら　～라고 한다면, ～라면(가정)
(つい / よく)～と思<おも>われがちだ (자기도 모르게, 자주)～하기 쉬운, 자주 ～하기 십상이다	～おそれがある　～할 우려가 있다
～ぐらいは ～たい　(시간, 기간) 정도는 ～하고 싶다	～をはじめ　～을 비롯해서
～に限<かぎ>る　～가 제일이다	～にすら　(명사) ～하는 것 조차 (하지 않았다)
今<いま>にも～そうなほど 지금이라도 당장 ～할 것 같을 정도	

2012-1회

～も(すら / さえ)　～도(조차)	～を問<と>わず　～을/를 불문하고
もっとも (부사) 가장, (접속사) 그렇다고는 하나, 하긴, 단	わかった　알았다
どうなったってかまわない　어떻게 되든 상관없다	お越<こ>しくださる　와주시다
一度<いちど>～ている　한번 ～했다 (경험이 유지되고 있음)	～へと　～(으)로 (이동의 방향, 진로)
おかげで　덕분에(좋은 결과)	～なくてはいけない　～해야만 한다
～としたら　～라고 하면	～(さ)せられそうになる　(어쩔 수 없이) ～하게 되다
～から ～にかけて　～에 걸쳐서	～を通<とお>して　～을/를 통해
～にもかかわらず　～인데도 불구하고	そのかわり　그대신
それなら　그렇다면	しかも　게다가
～にまで　(대상, 연도, 장소)～에 까지	～てたまらない　(너무 ～해서) 참을 수 없다
～わけがない　～일리가 없다	た형 + かぎり　～하지 않는 한 (+ 부정표현)
～だって　～든지, ～전부	～ことで　～로 인해 (이유)

2012-2회

～であるからこそ　～이기 때문에야 말로	て형 + ばかりいる / 명사 + ばかりしている ～만 하고 있다
かりに～たら / ～ば / ～とすると 만약～ 라면, 만약 ～라고 한다면	いくらも～ないうちに　얼마도 ～하지 않는 동안에

〜ており　〜하고 있고	〜にもかかわらず　〜임에도 불구하고
〜らしい　〜답다 (장점 강조)	〜によっては　〜에 따라서는 (＋〜こともある / 〜ところもある)
〜(さ)せたがる　〜시키고 싶어 하다	どれだけよかったか　얼마만큼 좋았을까
ご覧のように〜　보시는 바와 같이〜	〜ようならば / 〜ようなら 〜인 것 같다면(〜하다면)
ます형＋つつ(も)　〜하면서 / 〜면서도, 〜지만	〜につれ　〜에 따라
〜たところで　〜해 봤자, 〜한들(원하는 결과가 아님)	〜にしても　〜라도, 〜의 입장이라도
〜にしても　〜라고 하더라도	〜にかぎらず　〜뿐만 아니라
ようやく〜　(가능표현) 드디어(〜할 수 있게 되다)	かえって〜てしまった　오히려 〜해버렸다
〜(で)さえ　〜조차	〜すら　〜조차
たとえ〜ても　설령 〜일지라도	〜ぐらい　〜정도
行ってくる　다녀오다	いずれにしても〜　어찌 됐든 간에〜
持参のこと　지참할 것	〜とある　〜라고 되어 있다
〜たはずなのに　분명 〜했을 텐데	〜といった　〜등과 같은
〜となる　〜가 되다	

〜とか　〜라든가(＋〜言う / 聞く)	〜(た / の)すえに　〜끝에(결과)
〜(た / の)あげく　〜한 끝에(허무한 결과)	〜しかない　〜할 수밖에 없다
〜しかあるまい　〜할 수밖에 없겠지 (유 〜しかないだろう)	〜(より)むしろ　(〜보다) 오히려
〜てまいりました　〜하고 왔습니다	次に〜なっているだろう　다음에는 〜되어 있겠지
〜ても〜なくても　〜하든 하지 않든	〜でしかない　〜에 지나지 않다(유 〜にすぎない)
ます형＋すぎずに　지나치게 〜하지 않고	〜んじゃない　〜아니야?, 〜하지 않아?
〜てもいいぐらいだ　〜라고 해도 좋을 정도이다	〜ところに　때마침 〜하는 찰나에
〜とおりに　〜대로(똑같이)	(わざわざ)〜までもない　(굳이) 〜할 것까지도 없다
〜ことは(も)ない　〜할 필요는 없다	〜はずがない　〜일 리가 없다
〜まい　〜하지 않겠지, 〜하지 말아야지	まさか〜ないだろう　설마 〜아니겠지

たとえ〜ても / 〜にしても / 〜にしろ 비록 ~일지라도	かえって 오히려, 더욱더
かりに〜たら / 〜ば / 〜とすると 만약 ~라면, 만약 ~라고 한다면	〜たか〜なかったか ~했는지 안 했는지(㊠ 〜たかどうか)
書くとも 쓰더라도(㊠ 書いても)	〜にしたら ~의 입장이 되어 보면, ~라고 한다면 (㊠ 〜にすれば / 〜にしてみれば)
〜なんていう ~라고 하는(㊠ 〜という)	〜かと思いきや ~라고 생각했더니(예상 밖의 결과)
〜(さ)せてやる ~하게 해주다, ~시켜주다	〜に対する ~에 대한(언급)

2011-2회

何人も 수 명, 여러 명	〜すら ~조차
〜ぐらいに思っていた ~정도로만 생각하고 있었다	どうも〜ようだ 아무래도 ~인 것 같다
〜にこたえて ~에 부응하여	〜ているうちに (행위를 거듭하는) ~동안에 (변화)
(何事)によらず (무슨 일이든 지간에) ~에 관계없이, ~에 의지하지 않고	〜ないでもない ~하지 않는 것도 아니다(㊠ 〜なくもない)
〜とかなくちゃだめ ~해두지 않으면 안 됨 (㊠ 〜ておかなくてはだめ)	〜たら 〜たで ~하면 ~하는 대로
ない형 + ざるを得ない ~하지 않을 수 없다	お + ます형 + です ~하세요(진행의 느낌이 큼)
ない형 + ことはない ~하지 못할 것은 없다	〜こそ ~야말로
〜のみ ~만큼(㊠ 〜だけ)	〜ほど ~만큼, ~정도
〜ぬき ~없이	〜だけ ~만, 뿐, ~인 만큼
〜たきり ~한 채	〜どおり ~대로
〜にかかわって ~에 관련해서	〜たとたんに ~하자마자(급변함, 깜짝 놀람)
〜をのぞき ~을 제외하고	〜を含めず ~을/를 포함해서
〜にかぎり ~(하)는 한	〜ことはない ~할 필요는 없다
〜よりほかない ~할 수밖에 없다	ます형 + 得る ~할 수 있다
〜はずがない ~일 리가 없다	〜べきではない ~해서는 안 된다
まるで〜かのようで 마치 ~인 것 같이	〜さえ 〜ておけば (최소한) ~만 ~해두었으면 (충분하다)
〜としても ~라고 해도(입장, 자격)(㊠ 〜としたって)	どんな〜だって / 〜でも 어떤 ~라도

～に比べて　～에 비해서
～途中で　～하는 도중에

～にわたり　～에 걸쳐
なにも　(부사) 특별히, 일부러, 그렇게까지

～一方だ　계속 ～하기만 하다
ます형＋がたい　～하기 어렵다, ～하기 힘들다

(私に)～させていただけないでしょうか
(나에게)～시켜주시겠습니까?
～させられたばかりだ
(어쩔 수 없이) ～하게 된지 얼마 안 되었다

～ようにしたところ
～하도록 했더니(예상 밖의 결과)
～たところ　～했더니(예상 밖의 결과)

～にすぎない　～에 불과하다, ～에 지나지 않는다
～とすると　～라고 한다면(가정)

～たはずだ　분명 ～였을 것이다
～のだろうか　～인 것일까

～に向けて　～을 목표로, ～을 향해
～に先立って　～하기에 앞서

～に応じて　～에 맞춰서
～ついでに　～하는 김에

～うちに　～하기 전에, ～하는 동안에
～につき　～로 인해, ～에 대해(유 ～について)

～につれ　～함에 따라, ～도 함께
～にともない　～와 함께, ～에 수반해서

ます형＋かねない　～할 수도 있다
ます형/명사＋がちだ　걸핏하면 ～하기 십상이다

～とはいえない　(꼭) ～라고 할 수 없다
～のではないか　～하지 않은가, ～이지 않은가

～でまで　～(장소)에서까지
～といっても～によって　～라고 해도 ～에 의해

～ばかりで　～(할) 뿐으로
～ような意味　～와 같은 의미

～ということからすると　～라는 점에서 보면

～(た / の)あげく　～한 끝에(허무한 결과)
～あまり　너무 ～한 나머지

～ように言う　～인 것처럼 말하다(유 ～みたいに言う)
～でありながらも　～이면서도

(必ずしも)～わけではない　꼭 ～인 것은 아니다
ます형＋ようがない　～할 방법이 없다

お＋ます형＋申し上げる
～을/를 올리다, ～을/를 드리다
～なってはない　～되어 있지는 않다

～(さ)せてくれる　～하게 해주다
～てほしくない　～하는 것을 원하지 않는다

さっき～たばかりだ　조금 전 ～한 지 얼마 안 됐다
～のうえ(で)　～함에 있어서

～(た / の)うえ(で)　～한 후에
～うえ(に)　～뿐만 아니라, ～인데다가

134

～に限<ruby>かぎ</ruby>らない　～에 한하지 않는다　　　　　～にちがいない　～임이 틀림없다
　　　　　　　　　　　　　　　　　　　　　(⊕ ～にほかならない)

ます형＋かねない　～할 수도 있다　　　　　～てはならない　～해서는 안 된다

～てもかまわない　～해도 상관없다　　　　　誰<ruby>だれ</ruby>かじゃないか　누군가가 아닐까

～もしないうちに　(얼마도) 채 되기 전에　　　의지형＋としても　～하려고 해도

～ものだ　～하는 법이다　　　　　　　　　～のはずだ　～일 것이다

～を(さ)せたい　～을 시키고 싶다　　　　　～からこそ　～이기 때문에 더욱

01 **필수 기능어 121**

001 ～からといって　~라고 해서

美人だ**からといって**必ずしも人気があるわけではない。

미인이라고 해서 꼭 인기가 있는 것은 아니다.

医学が進んだ**からといって**、病人の数が減ったわけではない。

의학이 발전했다고 해서 환자 수가 줄어든 것은 아니다.

TIP「(이유)~라고 해서 꼭 (결과)~인 것은 아니다」라는 의미로 사용되므로「～というわけじゃない／～とは限らない／～とはいえない」등의 표현과 자주 쓰인다. 최근에는「꼭 ~인 법은 없다」의 의미인「～というものではない」도 자주 보인다.

비교문법 ● ～かというと　(~때문에) ~인가 하면
彼女はその仕事が気に入っているそうだ。しかし自分の時間を犠牲にしてでも打ち込んでいる**かというと**そうではないらしい。

그녀는 그 일이 마음에 든다고 한다. 그러나 자신의 시간을 희생해서까지 빠져있는가 하면 그럴지는 않다고 한다.

두 문법의 비교
頭がいい**からといって**必ずしもいい大学に入るわけではない。

머리가 좋다고 해서 반드시 좋은 대학에 들어가는 것은 아니다.(부분부정)
頭がいいからいい大学に入る**かというと** 必ずしもそうではない。

머리가 좋아서 좋은 대학에 들어가는가 하면 반드시 그렇지는 않다.(전체 부정)

유사문법 ● ～からして　~에서부터,~부터가
彼は服装**からして**だらしない。 그는 복장부터가 깔끔하지 못하다.
～から見ると／～から見れば／～から見て／～から見ても　~으로 보면, ~에서 생각하면
この分野の専門家である私の目**から見ても**素晴らしい製品だと思う。

이 분야의 전문가인 내 눈으로 봐서도 훌륭한 제품이라고 생각한다.
～かと思う／～かと思ったら　~(하)는 듯싶더니, ~(하)는가 싶었는데
息子はやっと勉強を始めた**かと思ったら**、もうゲームを始めた。

아들은 겨우 공부를 시작하는 듯 싶더니 이제 게임을 시작했다.

002

～おかげで / ～おかげだ　　~한 덕분에, ~덕분이다

今度の留学試験に合格できたのは、先生のおかげだ。

이번 유학시험에 합격할 수 있었던 것은 선생님 덕분이다.

(인사말 문구) おかげ(さま)で、合格しました。 덕분에 합격했습니다.

비교문법 ● ～せいだ / ～せいで / ～せいか　~탓이다, ~때문에, ~때문인지

彼女のせいで先生に叱られた。 그녀 때문에 선생님께 혼났다.

気のせいか、彼は今日何となく顔色が悪く感じられた。

기분 탓인지, 그는 오늘 어쩐지 얼굴색이 나쁘게 느껴졌다.

TIP 남의 탓으로 돌릴 때「～せいにする」또는「せいか」의 형태로도 사용되므로 잘 봐둘 필요가 있다.

유사문법 ● ～たばかりに　~한 바람에, ~한 탓에(후회)

今朝私が遅れたばかりに、みんな出発が遅くなってしまった。

오늘 아침에 내가 늦는 바람에 모두 출발이 늦어졌다. (내가 늦지 않았으면 모두 늦지 않았을 텐데 라는 후회가 담김)

003

～たところ　　~했더니, ~했던 바(+ 과거의 결과)

一生懸命勉強したところ、見事に合格した。 열심히 공부했더니 보란 듯이 합격했다.

先生のお宅へうかがったところ、留守だった。 선생님 댁에 방문했더니 아무도 안 계셨다.

유사문법 ● ～たところで　~해 보았자, ~한다 해도, ~한들

いくら働いたところで、こう物価が高くては生活が楽にはならない。

아무리 일을 한들 이렇게 물가 높아서는 생활이 편해지는 않는다.

TIP 「～たところ」의 경우 생각지 못한 결과가 와야 하므로 (あいにく 공교롭게도)라는 부사와 자주 출제된다.「～たところで」의 경우에는 이미 때가 늦었음을 뜻하기 때문에「今更 이제 와서」「いくら / どんなに아무리」「今から 지금부터」등과 같은 부사와 같이 사용된다.

～どころか　　~은 커녕

私はアルコールに弱くて、ウィスキーどころか、ビールも飲めないのです。

나는 알코올에 약해서 위스키는 커녕 맥주도 마시지 못합니다.

日本語を６カ月も勉強したのに、漢字どころかひらがなも書けない。

일본어를 6개월이나 공부 했는데, 한자는 커녕 히라가나도 못 쓴다.

TIP 「~커녕 ~조차(도)」의 의미의 문장이 되므로「さえ / も / すら」등의 표현과 자주 쓰인다.

〜ながら(も)　　〜(하)면서, 〜면서도, 〜그대로

もうそろそろ試験の勉強をしないと思いながら、なかなか集中できなくて困っている。

이제 슬슬 시험공부를 해야 한다고 생각하면서도 좀처럼 집중이 안 되어서 곤란하다.

この映画は心に傷を抱えながらも、幸せを求めて生きる３人の大学生を描いたものです。

이 영화는 마음에 상처를 안고 있으면서도, 행복을 추구하며 살아가는 3명의 대학생을 그린 것입니다.

TIP 뒤에는 주로 역접의 문장이 오기 때문에, 「なかなか + 부정」「つい〜てしまう」등의 표현이 함께 출제되는 경우가 많다. 단, 관용표현으로「涙ながら 눈물을 흘리면서 / 昔ながら 옛날 그대로」와 같이 쓰이는 경우도 있으니 주의해서 봐두어야 한다.

涙ながらに語った。　울면서 이야기했다.

昔ながらの家が残っている。　옛날 그대로의 집이 남아 있다.

初めてのお願いだけど残念ながらできません。　처음 받는 부탁이지만 유감스럽게도 들어 줄 수 없습니다.

유사문법 ● ます형 + つつ(も)　상태 그대로

悪いと知りつつやるのはもっと悪い。　나쁘다고 알면서 하는 것은 더 나쁘다.

006

〜うちに / 〜ないうちに　　〜(상태가 유지되는) 동안, 〜(상태가 변)하기 전에

健康なうちに海外旅行をしたい。　건강한 동안에 해외여행을 하고 싶다.

暗くならないうちに帰ろう。　어두워지기 전에 돌아가자.

유사문법 ● 〜うちに / 〜ないうちに　　〜(행동을 거듭하는) 동안, 〜(행동을)하지 않는 동안에

新しい音楽を聴いているうちに知らず歌詞を覚えました。

새로운 음악을 듣는 동안에 나도 모르게 가사를 외웠습니다.

彼女はしばらく会わないうちに、すっかりきれいになっていた。

그녀는 한동안 만나지 않은 사이, 아주 예뻐졌다.

〜としたら / 〜とすれば / 〜とすると　　〜(라)고 가정하면, 〜라면

後１時間で飛行機が落ちるとしたら、今何がしたい？

앞으로 1시간 안에 비행기가 떨어 진다면 무엇을 하고 싶어?

海外旅行に行くとすれば、どこがいい？　해외여행을 간다면 어디가 좋아?

このまま跡継ぎが決まらないとすると、この旅館は大混乱になるでしょう。

이대로 후계자가 정해지지 않는다면 이 여관은 큰 혼란에 빠질 것입니다.

TIP 「만약」의 뜻인「もし / 仮に / 万が一」등과 같은 부사와 같이 자주 쓰이며, 「〜とすると」의 경우

「～ようすると ～하려고 하면」의 형태로 자주 출제된다.

008 ～として / ～としては   ~의 입장으로서 / ~의 자격으로는

交換留学生として、この大学に入りました。 교환 유학생으로 이 대학에 들어왔습니다.

彼女としては、あたりまえのことだと思い傘を貸しただけで、特別の好意を持っていたわけではない。

그녀의 입장으로서는 당연한 일이라고 생각해서 우산을 빌려줬을 뿐으로 특별한 호의를 갖고 있던 것은 아니다.

TIP 역할, 입장, 자격을 나타내는 어휘와 함께 쓰이며, 「～としても / ～としたって」라고 하면 「～라고 하더라도」라는 의미의 가정표현이 되므로 주의해야 한다.

日本に行くとしてもお金はどうするの？   일본에 간다고 해도 돈은 어떻게 할 꺼야?

활용문법 ● 조수사+として～ない   하나도 예외 없이, ~라도

半日も釣りをしていたのに、魚は一匹として釣れなかった。

반나절씩이나 낚시를 하고 있었는데, 물고기 한마리도 잡히지 않았다.

引っ越して無くしてしまったのか、わたしの子どものころの写真は1枚として残っていない。

이사를 해서 잃어버렸는지 내 어린 시절 사진은 1장도 남아 있지 않다.

(입장, 자격)としてばかりか / (입장, 자격)としても～   ~로서뿐만 아니라 ~로서도

彼女は歌手としてばかりか、画家としても世界で有名だ。

그녀는 가수로서뿐만 아니라, 화가로서도 세계에서 유명하다.

009 ～以上は / ～からには   ~인(한) 이상은

大学生になった以上は専攻の勉強をせざるを得ないだろう。

대학생이 된 이상 전공 공부를 하지 않을 수 없을 것이다.

日本に来たからには、日本のことを徹底的に知りたいと思っている。

일본에 온 이상, 일본을 철저하게 알고 싶다고 생각하고 있다.

TIP 「～인(한) 이상」 뒤에는 「～하고 싶다(의지) / ~해야 한다(의무) / ~일 것이다(단정 추측)」 등의 표현들이 자주 온다. 「以上」의 경우에는 특히 「～た以上」의 형태로 많이 사용된다. 뒤에는 「～なければならない / ～べきだ / ～しかない / ～(よ)う」 등의 표현들이 자주 쓰인다.

010 ～に対して / ～に対する   (대상) ~에 대해서, ~에 대한

お客さんに対して、失礼な言い方をしてはいけない。 손님에 대해 무례한 말투는 해서는 안 된다.

被害者に対する補償問題を検討している。 피해자에 대한 보상문제를 검토하고 있다.

TIP 뒤에는「대상」에 대한 요구, 반론, 반발, 언동, 검토 등과 같은 반응이나 태도, 불만 등을 나타내는 단어가 온다.

비교문법 ● ～について / ～についての / ～につき　～에 대해서, ~에 대한, ~에 대해
大学では日本の経済について研究したいと思っています。

대학에서는 일본의 경제에 대해서 연구하고 싶다고 생각합니다.
この番組についての率直なご意見をお持ちしています。

이 프로그램에 대한 솔직한 의견을 기다리고 있습니다.
お買い上げ1000円につきサービス券を一枚差し上げます。

구매하신 금액 1000엔에 대해 서비스권을 한 장 드립니다.

TIP 「～につき」의 경우에는 문어체 표현으로 공지, 게시글, 메일 등에서 사용되고, 더불어「～로 인해」라는 이유를 나타내는 경우에도 사용되므로 주의해서 봐둬야 한다.

011　～をめぐる/～をめぐって　～을/를 둘러싼, ~을/를 둘러싸고

遺産問題をめぐる親族の激しい争いがあった。　유산문제를 둘러싼 친족들의 심한 다툼이 있었다.
新都市建設をめぐってその町の住民と政府の人が激しく対立している。

신도시 건설을 둘러싸고 그 마을의 주민과 정부의 사람들이 심하게 대립하고 있다.

TIP 하나의 주제를 둘러싸고 다투고 있다는 내용의 문장이 와야 하므로「対立する 대립하다 / 議論する 의논하다 / 戦う 싸우다 / 意見が分かれている 의견이 갈리고 있다」등과 같은 어휘가 자주 사용된다.

비교문법 ● 명사+にめぐまれる (운 좋게) ~을/를 타고나다, ~을/를 누리다, ~이/가 많다 (노력하지 않았는데 혜택을 누림)
たくさんの仲間にめぐまれて幸せだと思っています。 많은 동료를 만나서 행복하다고 생각합니다.

012　～はもちろん　～은/는 물론

最近は日本語はもちろん、中国語まで求めている企業が多い。

최근 일본어는 물론, 중국어까지 요구하는 기업이 많다.
面接試験では、その人の能力はもちろん服装までも判断の材料にされる。

면접시험에서는 그 사람의 능력은 물론 복장까지도 판단의 재료가 된다.

유사문법 ● ～はもとより　～은/는 물론이고(앞의 것은 당연하고 뒤의 것도 역시 그러함)
日本はもとより、多くの国がこの大会の成果に期待している。

일본은 물론이고 많은 나라에서 이 회의의 성과를 기대하고 있다.

体の弱い彼女が無事に学校を卒業できたのも両親はもとより、いろいろな人々の助けがあったからです。

몸이 약한 그녀가 무사히 학교를 졸업할 수 있었던 것도 부모님은 물론이고, 여러 사람들의 도움이 있었기 때문입니다.

TIP 「〜はもとより」는 「〜はもちろん」보다 좀 더 딱딱한 문어체 표현일뿐, 두 가지 표현은 기본적으로 같은 문법이라고 보면 된다.

013 동사의 의지형＋ではないか(じゃないか)　　〜하자

家にばかりいないで映画でも見にいこうじゃないか。 집에만 있지 말고 영화라도 보러 가자.

明日は休みだ。さあ、今夜は大いに飲もうじゃないか。 내일은 쉬는 날이다. 자, 오늘밤은 크게 마시자.

TIP 앞에 명사가 오는 경우에는 상대방에게 되묻는 형태의 문장이 되기 때문에 주의해야 한다.
それを持っていたのはあなたじゃないか。 그거 가져간 거 너이지 않나?

014 〜ように　　〜처럼, 〜(하)도록

1) 가능 / 원형 / ない＋ように　〜(하)도록(주의, 당부, 노력)

明日は遅れないように、気をつけてください。 내일은 늦지 않도록 주의해 주세요.

仕事の合間にときどき遠いところを見るようにして、目の疲れをとっている。
일하는 틈틈이 때때로 먼 곳을 보도록 해서 눈의 피곤을 풀고 있다.

インターネット経由での対戦や協力プレイをできるようにする。
인터넷을 통해 대전 및 협력 플레이를 할 수 있도록 한다.

2) 명사の＋ように　〜처럼(＝명사＋みたいに)

まるで海のように心の広い人ですね。 마치 바다와 같이 마음이 넓은 사람이군요.

유사문법 ● 종지형＋かのようだ　마치 〜(하)기라도 한 것 같다(실제가 아님)
彼はまるで自分がアメリカに行ってきたかのように話していた。

그는 마치 자신이 미국에 갔다 오기라도 한 것 처럼 이야기 했다.

3) 가능＋ようになる　〜(하)게 되다(할 수 없던 것이 가능해짐)
毎日練習したら、100メートルは50秒で泳げるようになった。

매일 연습을 했더니 100미터를 50초에 헤엄 칠 수 있게 되었다.

4) 원형 / ない＋ようになる　(자연스레) 〜하게 되다
先日健康診断の時、医者に言われてタバコを吸わないようになった。
얼마 전 건강검진 때, 의사에게 말을 들어 담배를 피우지 않게 되었다.

015

〜わけだ / 〜わけがない　~인 것이다 /~일 리가 없다

趣味で日本語を始めたけど、どんどん好きになって試験まで受けることになったわけだ。

취미로 일본어를 시작했지만, 점점 좋아져서 시험까지 치게 된 것이다.

佐藤さんは昨日大阪の出張に行くと言ってたから、今東京にいるわけがない。

사토 씨는 어제 오사카에 출장을 간다고 했기 때문에 지금 동경에 있을 리가 없다.

TIP　「〜わけだ」의 경우,「どうりで〜わけだ 어쩐지 ~인 것이다」의 형태로 출제되기도 하므로 같이 외워두는 것이 좋다.

〜わけにはいかない / 〜わけにもいかない　~할 수는 없다, ~할 수도 없다

おいしいからといって弟の分のケーキまで食べるわけにはいかない。

맛있다고 해서 남동생 몫의 케익까지 먹을 수는 없다.

彼女とこれ以上、付き合い切れないけど、無視するわけにもいかない。

그녀와 이 이상 끝까지 사귈 수는 없지만, 무시할 수도 없다.

TIP　가능, 불가능의「할 수 있다, 할 수 없다」의 관점이 아닌 어떤 사정으로 인해서 의리상, 도리상의 할 수 있다(해야 한다),할 수 없다의 의미로 독해 지문에서 자주 출제 된다. 특히「〜ないわけにはいかない」의 경우는「안 할 수는 없다」는 의미이지만, 반드시 해야만 하는 의무는 아니기 때문에 주의해서 해석을 해야 한다.

017

〜だけに / 〜だけあって　~인 만큼, ~에 걸맞게
〜だけのことはある　~했다 할 만하다

6年も留学しただけに、さすがに英語がぺらぺらだ。　6년씩이나 유학을 한 만큼 역시 영어가 유창하다.

スミスさんは 10 年も東京に住んでいただけあって、東京のことは何でも知っている。

스미스 씨는 10년씩이나 도쿄에 살았던 만큼, 도쿄의 일은 뭐든지 알고 있다.

彼の日本語の発音を聞いていると、留学しただけのことはあると思う。

그의 일본어 발음을 듣고 있으면, 유학한 만큼의 가치는 있다는 생각이 든다.

TIP　「〜だけ ~만큼(전부, 한계)」「〜だけあって ~인 만큼(뒤의 이유도 역시 그러함)」「〜だけに ~만큼의」「〜だけのことはある ~인 만큼의 가치는 있다」의 추가적인 부분의 설명까지 같이 외워두는 것이 좋다. 「さすが〜だけに」의 형태로도 많이 출제되고 있다.

 ～が～だけに～　　～인 만큼

ほしい時計があるのだが30万円だそうだ。値段が値段だけに買おうかどうしようかと迷っている。 갖고 싶은 시계가 있지만 30만엔이라고 한다. 가격이 가격인 만큼 살지 어떻게 할지 망설이고 있다.

TIP　같은 명사를 두 번 반복하여 강조한다는 점에 주의해야 한다.

018　～ないことには　　～(하)지 않고서는

食べてみないことには、おいしいかどうかわからない。 먹어 보지 않고는 맛있는지 어떤지 알 수 없다.

ある商品が売れるかどうかは、市場調査をしてみないことには、わからないと思います。

어느 상품이 팔릴지 어떨지는 시장조사를 해보지 않고서는 모른다고 생각합니다.

TIP　「～해보지 않으면 알 수 없다 / ～할 수 없다」는 내용으로 이어지는 것이 자연스럽기 때문에 앞에는 「～てみない」, 뒤에는 「知らない / できない」등과 같은 표현이 자주 출제된다.

019　～しかない　　～(할) 수밖에 없다

ここまできたらもうやるしかないのに、あなたはまだ迷っているんですか。

여기까지 해냈다면 할 수밖에 없는데, 당신은 아직 망설이고 있습니까?

雨が降っているので、残念だが今日の遠足は延期するしかない。

비가 내리고 있기 때문에 유감이지만 오늘 소풍은 연기할 수밖에 없나.

TIP　문말에「～ないだろう」의 뜻을 갖는「～あるまい」를 붙여서「～しかないだろう」의 의미인「～しかあるまい」의 형태로 출제되기도 하므로 주의해서 봐둬야 한다.

 원형+ほか(は)ない　　～할 수밖에는 방법이 없다

雨が降っているので、残念だが今日の遠足は延期するほかない。

비가 내리고 있기 때문에 유감이지만 오늘 소풍은 연기할 수밖에 없다.

部長の命令だから、行くほかはない。　부장님의 명령이기 때문에 갈 수밖에 없다.

TIP　활용되는 표현이 다양하기에 주의해서 봐둬야 한다.

「～ほかしかたがない / ～よりほかない / ～よりほかはない / ～よりしかたがない」

020　～に過ぎない　　～에 지나지 않는다, ～이상은 아니다

期待された新商品の売り上げは、結局、予想のごく一部に過ぎなかった。

기대한 신제품의 매출은 결국 예상의 극히 일부분에 지나지 않았다.

いくら天才といってもまだ４才の子供に過ぎない。　아무리 천재라고 해서 아직 4살의 아이에 지나지 않는다.

TIP 「ほんの少し / 単に / 小さい / ごく一部 / まだ」또는「いくら〜といっても 아무리〜라고 해도」라는 문형들과 자주 사용되므로 같이 외워두면 문제에서 답을 찾기 쉽다.

유사문법 ● 〜でしかない　〜에 지나지 않다
「結婚すれば、幸せになれる」というのは単に理論でしかなく、すべての人が思うとおりの幸せを手にいれているわけではないと思います。
"결혼을 한다면 행복해 질 수 있다"라는 것은 단지 이론에 지나지 않고, 모든 사람이 생각하는 대로 행복을 손에 넣고 있는 것은 아니라고 생각합니다.

021　〜にほかならない　　~임이 틀림없다, ~와 다를 바 없다

先生が厳しいのは、学生を愛しているからにほかならない。
선생님이 엄격한 것은 학생을 사랑하기 때문임이 틀림없다.

これこそ私が探していた幸せにほかならない。　이것이야 말로 내가 찾고 있던 행복임이 틀림없다.

TIP 유사 문법으로는 주로「〜に違いない / 〜相違ない」등이 있지만, 독해에서는 문형으로「それ以外の何ものでもない」등과 같은 표현으로 사용되는 경우도 있다.

022　〜ずにはいられない / 〜ないではいられない
(아무래도)~(하)지 않을 수 없다, ~(하)지 않고는 있을 수 없다

ダイエットをしているが、ケーキ屋の前を通ると、買わずにはいられなかった。
다이어트를 하고 있지만, 케이크전문점 앞을 지나면 (아무래도) 사지 않을 수 없었다.
高校生が道端でタバコを吸っているのを見ると、口を出さずにはいられない。
고등학생이 길가에서 담배를 피고 있는 것을 보면 잔소리를 하지 않을 수 없다.
先生の頼みだから行かないではいられない。　선생님의 부탁이니 가지 않을 수 없다.

TIP 이 표현은「(육체적으로) 더는 참을 수 없다」는 단정적인 의미의 표현으로「泣かずにはいられない / 話さずにはいられない / お酒を飲まずにはいられない」등과 같이 자주 출제되는 문형이니 외워두는 것이 좋다.

비교문법 ● 〜てはいられない　(어떤 이유로) ~하고 있을 수는 없다, ~할 수는 없다
明日は試験だから、遊んではいられない。　내일은 시험이니 놀고만 있을 수는 없다.
そのことを知っているのに黙ってはいられない。　그것을 알고 있는데 침묵하고 있을 수는 없다.

TIP 이 표현을 조금 더 강조한 표현으로「ばかり」를 넣어「〜てばかりはいられない ~하고만은 있을 수 없다」또는「〜てばかりもいられない ~하고만도 있을 수 없다」의 형태로 출제되기도 한다.

023

〜ないこともない/〜ないことはない
〜(하)지 못할 것도 없다, 〜하긴 한데

Ａ : 今週末映画でも見に行かない？　　A: 이번 주말 영화라도 보러 가지 않을래?

Ｂ : 行けないこともないけど。　　B: 못 갈 것도 없지만.

東京駅まで快速で20分だから、今すぐ出れば間に合わないことはないと思うよ。

도쿄역까지 쾌속으로 20분이니깐, 지금 나서면 시간에 못 맞출 것도 없다고 생각해.

TIP 보는 시각에 따라서 해석이 다양한 문법으로, 긍정의 의미를 나타내지만 부정의 의미도 담고 있기 때문에, 「〜하긴 한데」로 해석을 하면 적절한 의미로 전달할 수 있으니 해석할 때 주의해야 한다.

〜ほかない　　~밖에 없다, ~할 수밖에 별도리가 없다

どうしても入りたい会社があったが、今年は募集していないという。諦めるほかないだろう。　어떻게든 들어가고 싶은 회사가 있었지만, 올해는 모집하지 않는다고 한다. 포기할 수밖에 없겠지.

〜のみならず　　~뿐만 아니라

日本への留学に関しては、父のみならず母までも反対している。

일본 유학에 관해서는 아빠뿐만 아니라 엄마까지도 반대하고 있다.

担当者のみならず、会社全体で不正な販売を行っていったことが明らかになった。

담당자뿐만 아니라 회사 전체에서 부정한 판매를 하고 있었던 것이 밝혀졌다.

TIP 「〜だけでなく / 〜ばかりでなく / 〜に限らず」와 같은 의미로 사용되지만, 「それだけかと思ったら 그뿐인가 라고 생각했더니」의 의미까지 담고 있으므로 해석할 때 주의해야 한다.

026

たとえ〜ても　　설령 ~일지라도

たとえ合格しなくても、試験を受けてみよう。　설령 합격하지 않을지라도 시험을 쳐보자.

たとえ学校へ行けなかったとしても、ほかに自分が好きなことをすればいい。

설령 학교에 가지 못했다고 할지라도 다른 자신이 좋아하는 것을 하면 된다.

TIP 「たとえ〜とも / 〜としても / 〜にしても / 〜にせよ / 〜にしろ」의 형태로 출제되는 경우도 있으므로 주의해서 외워야 한다.

 いくら(どんなに) ～ても(だって)   아무리 ～라도
どんなに立派な仕組みがあっても、人間がロボットのように働けるわけじゃない。

아무리 훌륭한 구조라도 인간이 로봇처럼 일할 수는 없다.

TIP 숙어 표현으로 「どんなに～てもしすぎることはない 아무리 ~해도 지나치지 않다」라는 표현도 있
으니 알아 두는 것이 좋다.
君は車を運転するとき、どんなに注意してもし過ぎることはない。

너는 차를 운전할 때 아무리 주의해도 지나치지 않는다.

027 ～は～ほど   ～(하)면 ～(할)수록

ハードルが高ければ高いほど、チャレンジする価値がある。

기준이 높으면 높을수록, 도전할 가치가 있다.

日本語は勉強すればするほど、易しくなってくるものだ。

일본어는 공부하면 할수록 쉬워지게 되는 법이다.

TIP 거듭될수록 그로 인해 정도가 좋아지거나 심해짐을 나타내는 문형이다. 활용된 「～ば～だけ ～하면
~한 만큼」은 인과관계가 없는 경우에는 사용할 수 없으므로 주의해야 한다.
○ 勉強すればするだけ日本語は上手になる。 공부를 하면 할수록 일본어는 능숙해진다. (인과관계)
✕ 読めば読むだけ面白い。 읽으면 읽을수록 재미있다. (인과관계 없음)

028 ～ことに   ～(하)게도

残念なことに、クラスの人気者の山田さんが帰国しなければならなくなった。

유감스럽게도 반에서 인기가 있는 야마다 씨가 귀국하지 않으면 안되게 되었다.

驚いたことに、彼女は病気の母親のために、留学を諦めたそうだ。

놀랍게도 그녀는 병중인 어머니를 위해서 유학을 포기했다고 한다.

TIP 주로 「不思議なことに 불가사의하게도 / 残念なことに 유감스럽게도 / うれしいことに 기쁘게도 /
驚いたことに 놀랍게도 / 困ったことに 난처하게도」 등과 같이 출제되므로 외워두면 편리하다.

 ～をいいことに   ～을/를 구실로
先生がいないのをいいことにサボっている。   선생님이 안 계신 것을 구실로 해서 게으름을 피우고 있다.

029

〜のことだから　(~한 성격의 사람)이니까, ~의 일이니

お金に細かいキムさんのことだから、すんなり貸してくれるとは思えない。

돈에 인색한 성격의 김씨이니 쉽사리 빌려줄 거라고는 생각지 않는다.

キム先生のことだから、宿題をして行かないと、厳しく叱られるかもしれないよ。

김선생님의 일이니 숙제를 해가지 않으면 심하게 혼날지도 몰라.

TIP　문장 뒤에는「〜と思う / 〜だろう / 〜かもしれない」등과 같이, 그 사람에 대한 자신의 추측을 나타내는 표현들이 자주 온다.

유사문법 ● 〜ものだから　　~해서(요), ~한걸

出かけるときになって友達から電話がかかってきたものだから、遅れちゃってごめんなさい

외출할 때 친구로부터 전화가 걸려와서, 늦어 죄송합니다.

昨日電話をしなくて、すみませんでした。風邪をひいて、一日中寝ていたものですから。

어제 전화를 걸지 않아서 죄송했습니다. 감기에 걸려서 하루 종일 자고 있어서.

030

ます형+次第(に)　~하는 대로 즉시

山田はただいま席を外しております。戻り次第、連絡させます。

야마다는 지금 자리를 비우고 있습니다. 돌아오는 대로 연락하게 하겠습니다.

ご注文したものは出来上がり次第、お持ち致します。

주문하신 것은 완성되는 대로 가져오겠습니다.

TIP　뒤에는 주로「~하자, 할 작정이다(의지) / ~해주세요(요청)」등과 같은 표현들이 온다.

비교문법 ● 〜次第だ / 〜次第で　~나름이다, ~사정이다 / ~에 따라, ~나름으로

ライオラ監督は、山田選手が移籍するかどうかは試合の成績次第だと述べている。

라이오라 감독은 야마다 선수가 이적할지 어떨지는 시합의 성적 나름이라고 말하고 있다.

その会社に移るかどうかは、給料次第で決めるつもりだ。

그 회사로 옮길지 어떨지는 급료에 따라 정할 작정이다.

〜をはじめ　~을 비롯하여(앞의 명사보다 더 큰 명사가 옴)

大都市にはごみ処理をはじめ、地震対策、交通渋滞など、さまざまな問題があります。

대도시에는 쓰레기 처리를 비롯해, 지진대책, 교통정체 등 여러 가지 문제가 있습니다.

首相をはじめ、大勢の政治家が全部そろった。　수상을 비롯해 많은 정치가 모두 모였다.

유사문법 ● 〜てはじめて　~해서야 비로소 (깨달았다, 알았다, 느꼈다)

鈴木先生に会ってはじめて、勉強のおもしろさがわかった。

스즈키 선생님을 만나고 나서 비로소 공부의 재미를 알았다.

변화동사 기본형 + 〜一方だ   (계속) 〜하기만 하다

年を取るにつれて、悩みは増える一方だ。 나이를 먹으면서 고민은 계속 늘어나기만 한다.

車は増える一方だが、駐車場の数は変わっていない。 차는 계속 늘어나는데, 주차장의 수는 변함이 없다.

日本では生まれる子供は減る一方で、幼稚園の経営が難しくなってきている。

일본에서는 태어나는 아이는 줄고만 있어, 유치원의 경영이 어려워지고 있다.

TIP 계속 진행되는 변화를 나타내고 있으므로, 변화를 나타내는 동사에 접속한다.
「変わる 변하다 / 増える 늘다 / 減る 줄다 / 上がる 올라가다 / 下がる 내려가다 / 高まる 높아지다 / 広まる 넓어지다 / 〜なる 〜(하게) 되다 / 〜ていく 〜(해) 가다 / 〜てくる 〜(해) 오다」 등과 같은 동사들이 자주 사용된다.

유사문법 ● 동사원형 + ばかりだ   〜하고만 있다, 〜할 뿐이다 (변화가 한쪽 방향으로만 진행)
彼の話は非常に感動的で、聞いている人すべてが涙を浮かべるばかりだった。

그의 이야기는 매우 감동적이라서 듣고 있는 사람들 모두가 눈물을 지을 뿐이었다.

今日は午後から晴れるという予報だったが、午後になっても雨はむしろ止まず、強くなるばかりだった。 오늘은 오후부터 맑아진다는 예보였지만, 오후가 되어도 비는 오히려 멈추지 않고, 계속 강해지기만 했다.

비교문법 ● 一方 / 一方で(は)   한편(으로)
彼は一生懸命勉強する一方、休日には思いきり遊ぶ。 그는 열심히 공부하는 한편, 휴일에는 맘껏 논다.

033

〜にかけては   〜에 있어서는

勉強ではだめだが、スポーツにかけては彼の右に出る者はいない。

공부는 못하지만, 스포츠에 있어서는 그를 뛰어넘는 자는 없다.

作ることはできないが、食べることにかけては誰にも負けない。

만드는 것은 못하지만, 먹는 데에는 누구에게도 지지 않는다.

TIP 객관적으로 판단이 가능한 것에 한에서만 사용할 수 있다.

〜によって / 〜によっては / 〜によると
〜에 따라 / 〜에 따라서는 / 〜에 따르면

1) 〜によって 〜에 의해서 (=〜により)

アメリカはコロンブスによって発見された。 미국은 콜럼버스에 의해서 발견되었다.

2) 〜によって 〜에 의해서 (원인, 이유)
不注意によって火事は起こる。 부주의에 의해서 화재는 일어난다.

3) 〜によって 〜로, 〜에 의해서 (수단, 방법)
先生はテストにより学生の実力をチェックする。 선생님은 테스트에 의해서 학생들의 실력을 체크한다.

4) 〜によって 〜에 따라, 〜나름 (제각각임) (いろいろ・様々だ・〜が違う・異なる)
授業は同じ科目でも先生によって違う。 수업은 같은 과목이라도 선생님에 따라서 다르다.

5) 〜によって 〜에 따라서는 (예외적인 경우)
この薬は人によっては副作用が出ることがある 。

이 약은 사람에 따라서 부작용이 일어나는 경우가 있다.

6) 〜によると 〜에 의하면 (전언) (=〜によれば)
友だちの話によると、あの映画はおもしろいそうだ。

친구들의 이야기에 따르면 저 영화는 재미있다고 한다.

035 〜にあたって / 〜にあたり   〜에 직면하여, 〜에 즈음하여, 〜에 임하여

サイトのご利用にあたって、注意事項をお教えします。

사이트의 이용에 있어서 주의사항을 알려 드리겠습니다.

出発にあたり、人数の確認が必要だ。 출발에 즈음하여 인원수의 확인이 필요하다.

036 〜にしては   〜치고는 (이상하게)

彼はもう一年も日本語を勉強しているにしては下手すぎる。

그는 벌써 1년씩이나 일본어 공부를 하고 있는 것 치고는 너무 못한다.

レポートの締め切りまで時間がないにしては妙に落ち着いている。

리포트의 마감까지 시간이 없는 것 치고는 묘하게 침착하다.

037 〜に限って / 〜に限り   〜에 한해서, 〜에 한해

急いでいる時に限って電車が来ない。 서두르고 있을 때에 한해서 전철이 오지 않는다.

彼女に限ってそんなことをするはずがない。 그녀에 한해서 이런 일을 할 리가 없다.

(病院受付で)午後3時から5時までの間にいらっしゃるお子様に限り、診察いたします。

(병원 접수에서) 오후 3시부터 5시까지의 사이에 오시는 어린이에 한해, 진찰하겠습니다.

038　〜といっても　　~라고(는) 해도(보통의 기준보다 보잘것없음)

今日、皆にごちそうします。ごちそうといっても、たいしたものではないけれど。

오늘 모두에게 대접하겠습니다. 대접이라고 해도 대단한 것은 아니지만,

父は社長だ。社長といっても社員は二人しかいないけど。

아빠는 사장이다. 사장이라고 해도 사원은 두 명 밖에 없지만.

TIP 뒤에 「꼭~인 것은 아니라」라는 문형이 같이 사용되는 경우가 많다. 특히 「(~という)わけではない / (~という)ものではない」 등과 같이 외워두면 좋다.

039　(それは / それが)〜というものだ
~한(인) 것이다, ~라는 것이다(개인적인 느낌)

携帯があるのに、デザインが気に入らないから買い換えるなんて、それがぜいたくというものだよ。

핸드폰이 있는데 디자인이 마음에 들지 않다고 새로 바꾼다니, 그게 사치라는 거야.

TIP 다른 사람의 말이나 정보를 전하는 「〜ということだ / 〜とのことだ」와 비교해서 자주 출제되는데, 「というものだ」의 경우는 자신의 개인적인 느낌과 주장을 나타낸다는 점에 주의해야 한다

비교문법 ● 〜ということだ / 〜という話だ / 〜という意味だ　　~라고 한다, ~라는 뜻이다(사실 설명)
ニュースでは4月から水道料金が上がるということだ。

뉴스의 보도에 의하면 4월부터 수도요금이 인상된다고 한다.

040　〜を問わず　　~을/를 불문하고, ~에 관계없이

やる気さえあれば、年齢を問わず雇います。　하고자 하는 의지만 있다면 나이를 불문하고 고용하겠습니다.

夏の花火大会は男女を問わず、楽しんでいる行事である。

여름 불꽃놀이는 남녀를 불문하고 즐기는 행사이다.

TIP 조건을 불문하고 모두 다, 누구나, 어디서나 가능함을 나타내기에 뒤에 오는 문형으로 「의문사+でも」의 표현이 자주 온다. 조건으로 국적, 학력, 성별, 연령, 경력, 경험 등을 나타내는 어휘가 온다.

041

〜からすると / 〜からすれば　～(으)로는, ～의 입장으로는(판단하건대)

彼からすると、この件は賛成できないわけだ。　그의 입장으로는 이 건은 찬성할 수 없을 것이다.

顔からすれば、嘘に違いない。　얼굴색으로 판단하건대 거짓말임이 틀림없다.

TIP　「～(근거)로 보아 ～인 것 같다, 또는 ～임에 틀림 없다」와 같은 의미의 예문으로 자주 출제되며, 「～ようだ / ～みたいだ / ～にちがいない」등과 같은 표현들이 뒤에 자주 온다.

〜(で)さえ / 〜も / 〜でも　(최소한) ～조차, ～마저

うれしさのあまり、言葉さえ出てこなかった。　너무 기쁜 나머지 말조차 나오지 않았다.

先生でさえわからない問題が、学生にわかるわけがない。

선생님조차 모르는 문제가 학생이 알 리가 없다.

TIP　이 문형의 경우 「최소한」을 의미의 전제로 하고 있다. 유사문법으로는 「～も / ～でも / ～すら」로 바꾸어 사용할 수 있다. 특히 「～すら」의 경우, 「～に / ～で / ～と / ～から / ～の＋すら」의 형태로 쓰이면 「경시, 멸시」의 의미로 사용되므로 주의해서 봐야 한다.

비교문법 ● 〜さえ〜ば　(최소한) ～만 ～(하)면 (그것만으로 충분함)

いい意見でさえあれば採択します。　좋은 의견이라면 채택하겠습니다.

暇さえあればテニスをしている。　여유만 있으면 테니스를 치고 있다.

交通が便利でさえあれば、この辺も住みやすいのだが。　교통만 편리하다면 이 근처도 살기 좋을 텐데.

TIP　「최소한 ～만 하면 충분하다」의 의미로, 최소한의 조건이 충족됨을 뜻하는 문형이다. 여기서는 「～さえ」 대신 「～すら」로 바꾸어 쓸 수 없으니 주의해야 한다.

〜たとたん(に)　～한 순간, ～하자마자

友達は私の顔を見たとたん、笑い出した。顔に何かついているのかな。

친구는 내 얼굴을 보자마자 웃기 시작했다. 얼굴에 뭐가 묻어있나?

電話の電源を入れたとたん、また電話がかかってきた。

전화기 전원을 켜자마자 또 전화가 걸려왔다.

TIP　뒤에 오는 문장은 대부분 갑작스런 변화나 깜짝 놀라는 내용인 경우가 많다. 깜짝 놀라는 내용의 경우 주로 「気付く 알아차리다」와 자주 사용된다.

〜たびに　　〜때마다(항상)

元々、女の子は、恋をする**たびに**きれいになっていくものだ。

원래 여자는 사랑을 할 때마다 예뻐지는 법이다.

夫は日本へ行く**たびに**お土産を買ってくる。

남편은 일본에 갈 때 마다 항상 기념품을 사온다.

유사문법 ● 동사원형 +につけ　〜할 때마다 항상(+ 감정적인 면이 반복)

交通事故のニュースを聞く**につけ**、運転をしたくなくなる。

교통사고의 뉴스를 들을 때마다, 운전을 하고 싶지 않아진다.

045

〜だらけ / 〜でいっぱい / 〜まみれ　　〜투성이, 〜범벅

大掃除をしていたら、ほこり**だらけ**の写真を一枚見つけた。

대청소를 하고 있다가 먼지투성이의 사진을 한 장 발견했다.

まだまだ深海は不思議と謎**でいっぱい**だ。　아직도 심해는 신비와 불가사의투성이다.

交通事故に遭った被害者は血**まみれ**であった。　교통사고를 당한 피해자는 피투성이였다.

〜べき / 〜べきだ / 〜べきではない

〜해야 함 / 〜해야 한다 / 〜해서는 안 된다

どんな場合でも約束は守る**べきだ**。　어떤 경우라도 약속은 지켜야 한다.

こんな映画は子供が見る**べきではない**。　이런 영화는 아이는 봐서는 안 된다.

人のものを勝手に使う**べきではない**。　남의 물건을 마음대로 사용해서는 안 된다.

TIP 주로 접속형태를 묻는 문제로 출제되는 경우가 많다. 앞에는 반드시 동사의 기본형만 올 수 있다는 사실을 기억해야 한다. 단,「する」는「すべき」로 사용 가능하므로 주의해서 봐야 한다.

047

ます형 + かねない　　〜할지도 모른다, 〜할 수도 있다

そんなことを言ったら、首になり**かねない**。　그런 말을 하면 해고될지도 모른다.

ぼうっと運転していると、事故を起こし**かねません**ので、気を付けてください。

멍하니 운전을 하고 있으면 사고를 일으킬 수도 있으니 조심해 주세요.

TIP 「~할 수도 있다」의 의미이므로 언뜻 보면 가능성을 나타내는 듯하지만, 실제로 가능한 것은 나쁜 일이나 부정적인 상황 등이므로, 특히 독해 파트에서 주의해서 해석을 해야 한다.

彼ならやりかねない。그러면 할 수도 있다 (X) / 그러면 저지를 수도 있다.(○)

비교문법 ● ます형+かねる　~하기 어렵다, ~할 수 없다
今回のクラス分けは、テストの点数と今までの学習時期をかねて決定されます。

이번 분반은 시험 점수와 지금까지의 학습 시기를 겸해서 결정됩니다.

この書類は再発行しかねるので、大事に保管してください。

이 서류는 재발행하기 어려우니, 소중히 보관해 주시기 바랍니다.

そのことに関しては一切責任を負いかねます。　그 일에 관해서는 일절 책임질 수 없습니다.

TIP 주로 자주 쓰이는 표현들은 「納得かねる 납득하기 어렵다 / 答えかねる 답하기 어렵다 / わかりかねる 이해하기 어렵다」 등이 있다. 「~がたい」와는 달리 불가능을 나타내며 개인적인 사유보다는 공적인 불가능에 더 많이 사용된다.

この問題はわからないので、答えかねます。(X)
この問題は個人情報に関わるので、答えかねます。(○)

048　〜ことはない　~할 필요 없다

今まで何度もおごってくれたのだから、また佐藤さんがお金を出すことはないよ。

지금까지 몇 번이나 대접을 받았기 때문에 또 사토 씨가 돈을 낼 필요는 없다.

毎日残業までして、必死に頑張ることはない。

매일 야근까지 해서 필사적으로 열심히 할 필요는 없다.

TIP 이 문형의 경우, 앞에 동사의 기본형만 올 수 있다. 만약 「ない형」이 와서 「ないことはない」가 되면 「~못할 것도 없다」라는 의미의, 전혀 다른 의미의 문법이 되어 버리기 때문에 주의해야 한다.

유사문법 ● 원형+までもない　~할 것 까지도 없다
そのことについてなら、いまさら話し合うまでもありません。

그 일에 대해서라면 이제 와서 논의할 것도 없습니다.
夫の実家より自分の実家の方が気が楽なのは言うまでもない。

시댁보다 친정 집이 마음이 편한 것은 말할 것도 없다.

049　〜て / でならない　매우 ~하다, ~가 아닐 수 없다

好きだった彼が留学に行くなんて、残念でなりません。

좋아했던 그가 유학을 간다니 너무나 유감입니다.

地震で両親をなくした その子がかわいそうに思えてならない。

지진으로 부모님을 잃은 그 아이가 너무 불쌍하게 여겨져서 참을 수 없다.

TIP 「정말이지 ~하다」「~이기는 하지만」「자꾸 ~해서 참을 수 없다」의 의미로 더 많이 사용되므로 앞부분에 자발 동사인 「思える 생각되다 / 泣ける 울다 / 思い出される 생각나다」 등이 자주 사용된다.

비교문법 ● ～てたまらない　～해서 견딜 수 없다, ~참을 수 없다
彼氏に会いたくてたまらない。 남자친구를 만나고 싶어서 참을 수 없다.
来週のクラス会に行きたくてたまらない。 다음주의 반창회에 가고 싶어서 견딜 수 없다.

TIP 육체적으로 「너무~해서 참을 수 없다」의 표현으로 출제되기 때문에 앞에 「～たくて ~하고 싶어서」의 형태의 문형과 자주 출제된다.

050

～どころではない　　~(할) 상황이 아니다, ~(할) 처지가 아니다

せっかく古い友達が訪ねてきたのに、仕事に追われて一緒に食事をするどころではなかった。 모처럼 옛 친구가 찾아 왔는데, 일에 쫓겨서 함께 식사할 상황이 아니었다.

先週は毎日送別会や歓迎会で夜遅くまで帰れなかったので、試験勉強どころじゃなかった。

지난주는 매일 송별회나 환영회로 밤 늦게까지 돌아가지 못했기 때문에 시험 공부할 상황이 아니었다.

051

ます형 + ようがない / ようもない　　~방법이 없다, ~수도 없다(가능성 0%)

こんなにひどく壊れている状態では直しようがありません。

이렇게 심하게 부서져 있는 상태로는 고칠 방법이 없습니다.

なぜ彼のことが好きになってしまったのかは、説明のしようがありません。

왜 그가 좋아졌는지는 설명할 방법이 없습니다.

最終の面接試験が目の前に迫っているが、一人では面接の練習をしようもない。

최종 면접시험이 눈앞에 닥쳤지만, 혼자서는 면접 연습을 할 수도 없다.

TIP 오답으로 「～わけがない / ～しかたがない」가 출제되는 빈도가 높으므로 같이 봐두는 것이 좋다.

유사문법 ● ます형 + えない　~(할)수 없다(가능성 0%)
そんなことはありえない。 그런 일은 있을 수 없다.

052

～てしょうがない / ～て仕方がない　　별도리가 없다, 어쩔 수 없다

日本語を勉強してまだ4か月、焦ってもしょうがない。

일본어 공부를 시작한 지 아직 4개월, 초조해한들 별도리가 없다.

彼女の元カレが気になっ**て仕方がない**。 그녀의 옛 남자친구가 신경이 쓰여서 어쩔 수가 없다.

TIP 「〜てたまらない」와 같은 의미로 사용되기도 한다.

053

동사의 **ない**형 + **ざるを得ない**　　~(하)지 않을 수 없다, ~해야만 한다

日本で留学するのなら、漢字を覚え**ざるを得ない**。

일본에서 유학할 거라면 한자를 외워야만 한다.

間違っていると言わ**ざるを得ない**。 틀렸다고 말해야만 한다

TIP 「하고자 하는 의지는 없지만, 어쩔 수 없이 해야만 한다」는 의미를 나타내는 문법으로, 「〜から / 〜ので / 〜ならざるをえない」와 같이 이유나 전제를 나타내는 표현과 자주 쓰인다.

〜**気味**　　(~한) 기분, 기운, 기색, 느낌, 경향

風邪**気味**で、今日は仕事を早く済ませて帰って休みたい。

감기 기운 때문에 오늘은 일을 빨리 끝내고 돌아가서 쉬고 싶다.

最近ちょっと太り**気味**で、不安になる。 최근 약간 살찐 것 같아서 불안하다.

TIP 「약간 ~한 (좋지 못한)느낌이 든다」의 의미로 「風邪気味 감기기운 / 疲れ気味 약간 피곤한 느낌 / 下がり気味 약간 내려간 기분 / 上がり気味 약간 오른 기분 / 遅れ気味 약간 늦은 기분」 등의 형태로 주로 사용된다.

유사문법 ● い / だ형용사 + げ　　~한 듯, ~스러움
父は寂し**げ**に私を見ていた。 아빠는 쓸쓸한 듯이 나를 보고 있었다.
ます형 / 명사 + っぽい　　~같다, 금방 ~ 하는
彼は子供**っぽい**性格で、何でも持ちたがる。　그는 아이 같은 성격으로 무엇이든지 갖고 싶어 한다.
新しく赴任してきた部長は怒り**っぽい**性格の持ち主でもう我慢できない。
새롭게 부임해온 부장은 금방 화내는 성격을 갖고 있어 더는 참을 수 없다.

055

〜**ことか**　　(얼마나) ~ 했던가

あんなに厳しい先生にほめられた時はどんなに嬉しかった**ことか**。

그렇게 엄한 선생님께 칭찬받았을 때는 그 얼마나 기뻤던가.

野菜を育てることが、どれほど難しい**ことか**やっとわかりました。

야채를 키우는 일이 얼마만큼 어려운 일인가 겨우 알게 되었다.

 앞에는 주로 「どんなに / どれほど / なんど」등의 표현이 오며, 뒤에는 과거형이 접속한다. 문장이 「(부사) + 형용사 / 동사 + ことか」의 순으로 구성되기 때문에, 문맥 배열 문제에 자주 출제되고 있다.

---

056 ～のような / ～かのような (마치) ~(이기)라도 한 것 같이, ~처럼

まだ5月なのにまるで真夏のような暑さだった。 아직 5월인데 마치 한여름과 같은 더위였다.

まるで優勝したかのようなドラマチックな喜ぶようだった。

마치 우승이라도 한 것 같이 극적인 기뻐하는 모습이었다.

---

057 ます형 + きる / きれる / きれない
다 ~하다 / 다 ~할 수 있다, (도저히) 다 ~할 수 없다

連休の間、見たかったシリーズのドラマを全部見きった。

연휴 동안, 보고 싶었던 시리즈 드라마를 전부 다 봤다.

100％完璧だと言いきれますか。 100% 완벽하다고 단정할 수 있습니까?

一人ではどうも食べきれない。 혼자서는 아무래도 다 먹을 수 없다.

 숙어 표현으로 「言いきる 단정하다 / 思いきる 결심하다 / わかりきる 뻔하다」 또는 「死んでも死にきれない 죽어도 죽지 못하는 / 数えきれないほど 셀 수 없을 정도」의 형태로 많이 출제되므로 외워두는 것이 좋다. 더불어 상태 동사인 「疲れる」와 같이 사용되면 「疲れきった顔 완전히 피곤한 얼굴」의 형태로 사용되기도 하므로 주의해서 봐둬야 한다.

---

058 ます형 + かけ(の) / かける (동사의 연용형) ~하다 만, ~하는 중 / ~하고 있다

その本はまだ読みかけだけど。 그 책은 아직 읽는 중인데.

彼は私の食べかけのご飯を全部食べきった。 그는 내가 먹다가 만 밥을 전부 먹었다.

この魚はくさりかけているよ。 이 생선은 썩어가고 있어.

---

059 ます형 + 得る / 得ない ~(할) 수 있다(가능성 100%) / ~(할) 수 없다

考え得るアイデアは全部出したが、だめだった。

생각할 수 있는 아이디어는 전부 냈지만 채택되지 않았다.

このサイトには世の中のあり得ないような現象、食べ物、出来事などがまとめられています。 이 사이트에는 세계의 있을 수 없는 현상, 음식, 사건들이 정리되어 있습니다.

ます형 + 抜く　힘들게 끝까지 ~해내다, 몹시 ~하다

大変な戦いだったけど、勝ち抜いた。 힘든 싸움이었지만 이겨냈다.

家族みんなが長い時間考え抜いた結論です。 가족 모두가 긴 시간 생각해서 내린 결론입니다.

ます형 / 명사 + がち　(걸핏하면) 자주 ~하다, ~이 잦다, ~이 많다

新しい転校生は体が弱く、病気がちだ。
새로운 전학생은 몸이 약해 병이 잦다.

遅れがちの学生には遅れた時間分、授業の補習をさせています。
자주 지각하는 학생에게는 늦은 시간만큼 수업을 보충시키고 있습니다.

TIP 독해에서는 「よく～と思われがちだ 자주 ~라고 생각되기 십상이다」의 형식으로 자주 등장한다.

062

ます형 + がたい　~하기 어렵다(못한다는 것은 아님)

1年でお金が倍になるって？ちょっと信じがたいね。 1년에 돈이 배가 된다고? 좀 믿기 어렵다.

TIP 특히 많이 쓰이는 표현에는 「信じがたい 믿기 어렵다 / 許しがたい 용서하기 어렵다 / 理解しがたい 이해하기 어렵다 / 想像しがたい 상상하기 어렵다 / 受け入れがたい 받아들이기 어렵다」 등이 있으며 청해 파트에서는 「捨てがたい 버리기 어렵다 / 忘れがたい 잊기 어렵다 / 決めがたい 결정하기 어렵다」 등이 많이 출제되고 있다. 이 표현은 하기 어렵다는 것이지 완전히 할 수 없다는 것은 아니기 때문에, 특히 청해에서 사용되는 경우 주의해서 봐야 한다.

映画も捨てがたいけど、今回はやはり自然を楽しむことにする。
영화도 버리기 힘들지만, 이번에는 역시 자연을 즐기기로 하겠다.

위의 예문에서 알 수 있듯이, 영화를 포기하기 힘들지만 자연을 선택하겠다는 의미가 되는 것이다.

063

ます형 + つつある　(현재) 계속 ~하고 있다

子供の出生率はだんだん減りつつある。 어린이의 출생률은 계속 줄고 있다.

都心では子供が少なくなってきていることから、学校の数も減りつつある。
도심에서는 어린이가 적어지고 있어 학교의 수도 줄고 있다.

 언뜻 보기엔「ている」와 비슷하게 느껴지지만 이 문법의 경우「현재 변화하고 있다」의 뜻이 좀 더 강하고,「このごろ / 最近 / このところ 요즘, 최근」등과 같은 어휘와 변화동사와 함께 자주 쓰인다.

---

064 〜か〜ないかのうちに   ~하는 것과 동시에

昨日は疲れたか布団に入ったか入らないかのうちに眠ってしまいました。

어제는 피곤했는지 이불에 들어감과 동시에 잠들어 버렸다.

新商品は棚に並ぶか並ばないかのうちに完売してしまった。

신제품은 선반에 진열함과 동시에 완판되어 버렸다.

유사문법 ● 〜と同時に   ~와/과 동시에
子供は家に帰ると同時に遊びに出てしまった。 아이는 집에 돌아옴과 동시에 놀러 나가버렸다.

---

065 (과거형)〜っけ   ~(였)지?, ~던가?

今日がお父さんの誕生日だっけ。 오늘이 아버지 생일이었던가?

あのう、お名前はなんでしたっけ。 저, 성함은 어떻게 되셨죠?

 기억을 떠올리면서 쓰는 표현으로 주로 과거형과 활용되며, 청해 파트의 문제4 즉시응답에서 자주 출제되는 문법이다

---

066 〜てからでないと   ~하고 나서가 아니면, 먼저 ~하고 나서

わたしはコーヒーを飲んでからでないと、目が覚めない。

나는 커피를 마시고 나서가 아니면 잠이 깨지 않는다.

うちの母はうちへ帰るとすぐ宿題を終わらせ、部屋を片付けてからでないと遊びに行かせてくれないんだ。

우리 엄마는 집에 돌아오면 바로 숙제를 끝내고 방 정리를 하고 나서가 아니면 놀러 나가게 해주지 않는다.

 「〜てからでなければ」의 형태로 쓰이는 경우도 있으므로 잘 봐둬야 한다.

---

067 〜ものか   ~할 것인가, 절대 ~(하)지 않겠다

あんな不親切なところに二度と行くものか。 저런 불친절한 곳에 절대 두 번 다시 가지 않겠다.

私がお皿なんか洗うものですか。 내가 접시 따위를 씻을 것 같습니까!

 회화에서는「〜もんか / 〜もんですか」의 형태로 사용되는데, 최근 기출문제에서 많이 보이고 있다. 해석을 조금 더 쉽게 하기 위해서는 문형을「ない」로 바꾸어 부정의 의지 표현인「〜하지 않겠다」라고 해석하면 된다.

068 〜(の)もかまわず　~도 상관치 않고, ~도 개의치 않고

子供は服がぬれるのもかまわず川の中に入って遊んでいる。

아이들은 옷이 젖는 것도 상관하지 않고 강에 들어가 놀고 있다.

彼女は靴をはいてないのもかまわず、素足で逃げて行った。

그녀는 신발을 신고 있지 않은 것도 상관하지 않고 맨발로 도망 갔다.

 평소라면 신경을 썼을 것을 아랑곳하지 않고 행동한다의 의미를 나타낸다. 평소에는 잘 하지 않는 행동을 할 때 주로 사용하며, 정상보다는 비정상적인 행위를 하고 있음을 나타낸다.

비교문법 ● 〜にかかわらず　~에 관계없이

今度の旅行は参加、不参加にかかわらず、参加費は全員１万円です。

이번 여행은 참가, 불참가에 상관없이 참가비는 전원 1만 엔입니다.

〜にもかかわらず　(악조건)~에도 불구하고(강행함)

その映画は難しいうえに、長いという欠点を持ってるにもかかわらず、大ヒットした。

그 영화는 어려운데다가 길다는 결점을 갖고 있는데도 불구하고, 크게 인기를 끌었다.

069 〜たばかりに　~(하)는 바람에, ~탓에

彼が集金したお金を無くしたばかりに、私たちは旅行に行けなかった。

그가 모은 돈을 잃어버리는 바람에 우리들은 여행을 갈 수 없었다.

昨日友達に来られて遊んだばかりに、レポートが書けなかった。

어제 친구가 와서 노는 바람에 리포트를 쓸 수 없었다.

070 ついでに　~하는 김에, ~하는 길에

郵便局へ行くの？ それなら、ついでに、この手紙も出してくれない？

우체국에 가는 거야? 그렇다면 가는 김에 이 편지도 보내주지 않을래?

071 〜のもとで / 〜のもとに　　〜아래, 〜하에

田中教授のご指導のもとで、これほどの論文を書き上げた。

다나카 교수의 지도하에 이만큼의 논문을 다 썼다.

外国に拘束されているわが国民が一日も早く家族のもとに戻れるよう、多方面から努力を続けます。

외국에 구속되어 있는 우리 국민이 하루빨리 가족의 품으로 돌아올 수 있도록 다방면에서 노력을 계속하겠습니다.

072 〜とともに　　〜와 함께, 〜함과 동시에

今週末は久々に家族とともに過ごそうと思っている。

이번 주말은 오랜만에 가족과 함께 보내려고 생각하고 있다.

TIP 「一緒に」의 뜻을 갖고 있으면서 비슷한 의미인「〜함과 동시에」라는 의미로 사용되기도 하므로 주의해서 봐둬야 한다.

代表に選ばれてうれしいとともに、不安な気持ちもあった。

대표로 뽑혀서 기쁜 것과 동시에 불안함 마음도 있다.

彼女は学校では先生であるとともに、家では母である。

그녀는 학교에서는 선생님임과 동시에 집에서는 엄마이기도 하다.

073 〜を通して / 〜を通じて　　〜을/를 통해서, 〜을/를 통틀어서

彼女とはインターネットを通して知り合うようになった。　그녀와는 인터넷을 통해서 알게 되었다.

田中さんの父親を通して、Ａ社の社長にインタビューを申し込んだ。

다나카씨의 부친을 통해서 A사의 사장님에게 인터뷰를 요청했다.

高校3年間を通じて、成績はいつもトップだった。

고등학교 3년간을 통틀어서 성적은 항상 1위였다.

TIP 「四季 사계 / 一生 평생」등과 같이 시간을 나타내는 표현과 같이 쓰이면, 이 시기 동안 같은 행위를 계속해옴을 나타낸다.

074 〜において　　〜에서, 〜에 있어서

山田さんの結婚式は東京ホテルにおいて、行われます。

야마다씨의 결혼식은 도쿄호텔에서 열립니다.

このメーカーの商品は、安全性<ruby>安全性<rt>あんぜんせい</rt></ruby>において、他<ruby>他<rt>ほか</rt></ruby>のどのメーカーの商品よりも優<ruby>優<rt>すぐ</rt></ruby>れている。

이 제조사의 상품은 안전성에서 다른 어느 제조사의 상품보다도 뛰어나다.

TIP 「명사＋においても」의 경우에는「그런 점·면에서도」라는 뜻으로 해석되므로 주의해야 한다.
当時<ruby>当時<rt>とうじ</rt></ruby>のアメリカ世論調査<ruby>世論調査<rt>よろんちょうさ</rt></ruby>においても意見<ruby>意見<rt>いけん</rt></ruby>が真<ruby>真<rt>ま</rt></ruby>っ二<ruby>二<rt>ふた</rt></ruby>つに分<ruby>分<rt>わ</rt></ruby>かれていました。

당시의 미국 여론조사에서도 의견이 정확히 두 개로 갈려 있었습니다.

---

075 ～にしたがって / ～にしたがい　～에 따라(서)

担当者<ruby>担当者<rt>たんとうしゃ</rt></ruby>の指示<ruby>指示<rt>しじ</rt></ruby>にしたがって、動<ruby>動<rt>うご</rt></ruby>いてください。　담당자의 지시에 따라서 움직여 주세요.

最初<ruby>最初<rt>さいしょ</rt></ruby>は心配<ruby>心配<rt>しんぱい</rt></ruby>だったが、同<ruby>同<rt>おな</rt></ruby>じ練習<ruby>練習<rt>れんしゅう</rt></ruby>をくりかえすにしたがって、少しずつ自信<ruby>自信<rt>じしん</rt></ruby>がついてきた。

처음에는 걱정이었지만, 같은 연습을 반복함에 따라서 조금씩 자신감이 생겼다.

店員<ruby>店員<rt>しじ</rt></ruby>の指示にしたがい、落<ruby>落<rt>お</rt></ruby>ち着<ruby>着<rt>つ</rt></ruby>いて階段<ruby>階段<rt>かいだん</rt></ruby>を使<ruby>使<rt>つか</rt></ruby>って店<ruby>店<rt>みせ</rt></ruby>の外<ruby>外<rt>そと</rt></ruby>に出<ruby>出<rt>で</rt></ruby>ます。

점원에 지시에 따라, 침착하게 계단을 이용해서 가게 밖으로 나갑니다.

TIP 앞에는 주로「命令<ruby>命令<rt>めいれい</rt></ruby> 명령 / 教え<ruby>教<rt>おし</rt></ruby> 가르침 / 指示<ruby>指示<rt>しじ</rt></ruby> 지시 / 決まり<ruby>決<rt>き</rt></ruby> 규칙」등과 같은 어휘가 온다.

---

076 ～にしたら / ～にすれば　～(이)라면(입장, 수준)

木村<ruby>木村<rt>きむら</rt></ruby>さんにしたら、その状況<ruby>状況<rt>じょうきょう</rt></ruby>であのように言うしかなかったのだろう。

기무라 씨라면 그 상황에서 그렇게 말할 수밖에 없었겠지

彼<ruby>彼<rt>かれ</rt></ruby>にすれば、当<ruby>当<rt>あ</rt></ruby>たり前<ruby>前<rt>まえ</rt></ruby>のことでしょう。　그러면 당연한 일이겠지요.

비교문법 ● ～にしても ～로 해도
関税率<ruby>関税率<rt>かんぜいりつ</rt></ruby>を300％程度<ruby>程度<rt>ていど</rt></ruby>にしても価格競争力<ruby>価格競争力<rt>かかくきょうそうりょく</rt></ruby>は維持<ruby>維持<rt>いじ</rt></ruby>できるという。

관세율을 300% 정도로 해도 가격 경쟁력은 유지할 수 있다고 한다.

---

077 ～にしろ～にしろ / ～にしろ　～(하)든 ～(하)든 / ～라도

電車<ruby>電車<rt>でんしゃ</rt></ruby>にしろ、タクシーにしろ、今からではもう間<ruby>間<rt>ま</rt></ruby>に合<ruby>合<rt>あ</rt></ruby>わない。

전철이든 택시든 지금부터는 더 이상 시간에 맞출 수 없다.

どんな事情<ruby>事情<rt>じじょう</rt></ruby>があったにしろ、遅刻<ruby>遅刻<rt>ちこく</rt></ruby>した人<ruby>人<rt>ひと</rt></ruby>は試験<ruby>試験<rt>しけん</rt></ruby>が受<ruby>受<rt>う</rt></ruby>けられない。

어떤 사정이 있었더라도 지각한 사람은 시험을 칠 수 없다.

TIP 예문에서 보듯이「～にしろ～にしろ」와 같이 두 번 반복해서「～하든 ～하든」의 형태로 쓰이거나, 「たとえ～ても」「いくら(どんなに)～ても」의 문형에서「ても」대신에 사용되기도 한다. 또「～にしろ」의 경우「～にせよ / ～にしても」와 바꿔 쓸 수도 있으니 함께 외워두는 것이 좋다.

078

〜につき　　~당, ~로 인해, ~에 대해

一時間につき500円　1시간 당 500엔

内部工事につき休業させていただきます。　내부공사로 인해 휴업하겠습니다.

この件につき、詳しく説明させていただきます。　이 건에 대해 자세하게 설명하겠습니다.

TIP 시간, 금액 등과 같은 표현과 함께 쓰이면 「~당」의 의미가 되고, 이유를 나타내는 표현과 같이 쓰이면 「~로 인해」, 안내글이나 게시판글, 공지글 등에 사용되는 경우에는 「~에 대해서」의 의미로 출제되므로 앞뒤 문장의 연결을 잘 봐둬야 한다.

〜に反して / 〜に反する　　~와/과 다르게 / ~에 어긋난

サッカー大会でうちのチームはみんなの期待に反して負けてしまった。

축구 대회에서 우리 팀은 모두의 기대와 다르게 져버렸다.

公共政策に反する事項を目的とする法律行為は無効とされる。

공공정책에 어긋난 사항을 목적으로 하는 법률행위는 무효로 한다.

TIP 결과물이 예상과 반대로 나와야 하기 때문에 문장의 앞뒤 내용이 반대가 된다. 주로 앞에 쓰이는 어휘는 「希望 희망 / 要求 요구 / 期待 기대 / 予想 예상」 등이 있다.

080

〜わたって / 〜にわたる　　~에 걸쳐, ~동안 계속 / ~에 걸친

三ヶ月にわたって、日本は梅雨である。　3개월에 걸쳐서 일본은 장마이다.

彼女の結婚パーティーは二日間にわたって行われた。　그녀의 결혼파티는 2일간에 걸쳐서 열렸다.

経営会議で社長から直々に新製品計画の全般にわたる説明があった。

경영회의에서 사장님으로부터 직접 신제품 계획의 전반에 걸친 설명이 있었다.

TIP 앞에 시간, 기간, 횟수, 또는 전체적인 범위를 나타내는 어휘가 오기 때문에 「~にかけて」와 비교해서 외워두는 것이 좋다.

비교문법 ● 〜から〜にかけて　~부터 ~에 걸쳐, ~부터 ~까지 계속

五月から七月にかけて、日本は梅雨である。　5월부터 7월에 걸쳐서 일본은 장마이다.

081 ～にもとづいて / ～にもとづく   ~에 의거하여, ~을/를 바탕으로 하는

学生の意見にもとづいて、四月からサッカー部が作られるそうだ。

학생들의 의견에 의거하여 4월부터 축구부가 만들어진다고 한다.

事実に基づいた小説が感動を与えると思う。 사실을 바탕으로 한 소설이 감동을 준다고 생각한다.

082 ～ものがある   (무언가) ~한 면이 있다, ~한 느낌이 있다

彼の話には人を引き付けるものがある。 그의 이야기에는 사람을 끌어들이는 무언가가 있다.

あの歌手の歌には心に響くものがある。 저 가수의 노래에는 무언가 마음을 울리는 것이 있다.

083 ～ものだ   ~인 법이다(일반적으로 당연한 것), 굉장히 ~하다(감탄)

人はお金がないと思うと、よけいいろんな物がほしくなるものだ。

사람은 돈이 없다고 생각하면 쓸데없이 여러 가지 물건이 갖고 싶어 지는 법이다.

6か月前から見ると、息子もずいぶん成績が上がったものだ。

6개월 전에서 보면 아들도 꽤 상당히 성적이 올랐다.

084 ～たものだ   ~하곤 했다(지금은 그렇지 않다)

大学生の頃はよく徹夜で飲んだものだ。 대학교 시절에는 자주 밤새도록 마시곤 했다.

TIP 「(과거시절)+ (よく)～たものだ」의 형태로 「그 시절에 자주 ~하곤 했었다」의 형태로 사용되므로 문형의 순서 자체를 외워두면 문맥 배열 문제에 대처할 수 있다.

085 ～ものではない   ~하는 게 아니다, ~해서는 안 된다

いくら怒ったからといって、親に対して、そんなことを言うものではない。

아무리 화가 났다고 해서 부모에게 그렇게 말해서는 안 된다.

息子ももう大人だし、彼の考えもあるのだから、あまり小さいことに口出しするものではない。 아들도 이제 성인이고, 그의 생각도 있으니, 너무 작은 것에 잔소리해서는 안 된다.

TIP 과거 출제경향을 살펴보면 오답으로 「～ことはない ~할 필요는 없다」가 자주 출제되고 있으니 함께 외워두는 것이 좋다.

086

～というものではない   꼭 ~인 것은 아니다(부분 부정)

子供を産んだからといって、みんな太るというものではない。

아이를 낳았다고 해서 모두 살이 찌는 것은 아니다.

楽器を習っていれば自然にできるようになるというものではない。

악기를 배우면 저절로 잘 할 수 있게 되는 것은 아니다.

TIP 구어체에서는「では」를「じゃ」로 활용해서 사용하기 때문에 최근 기출문제에서는「～というものじゃない」의 형태가 더 많이 보인다. 또는 조금 더 활용하여「～ばいいというものではない ~하기만 하면 다 되는 것은 아니다」의 형태로 출제되는 경우도 있으니 잘 봐 두는 것이 좋다.

(가능형)ものなら   ~(할) 수 있으면 (실현 불가능한 뉘앙스)
(의지형)ものなら   ~한다면 (나쁜 일에 대한 경고)

生まれかわれるものなら、今度は芸能人の人生を生きてみたい。

다시 태어날 수 있다면 다음에는 연예인의 인생을 살아보고 싶다.

そんなスピードで運転しようものなら、交通事故で死ぬよ。

그런 스피드로 계속 운전을 한다면 교통사고로 죽을 거야.

TIP 접속 형태가 동사의 의지형인지 가능형인지에 따라 뜻이 확연히 바뀌는 문법이므로 주의해서 보아야 한다. 특히「동사의 가능형＋ものなら」의 경우「(불가능하나) ~할 수 있다면」의 의미를 담고 있어 뒤에「～たい ~하고 싶다 / ～てみなさい / ～てごらん / ～てみろ / ～てみて ~해봐라」등과 같은 문형과 자주 쓰인다.

088

～あまり   ~한 나머지, 너무나 ~하여

息子のことを心配するあまり、母親は病気になってしまった。

아들의 일을 너무 걱정한 나머지 모친은 병이 들어 버렸다.

彼から手紙が来て、嬉しさのあまり、泣いてしまった。

그에게 편지가 와서 너무 기쁜 나머지 울어 버렸다.

彼の将来を思うあまり、厳しく言ってしまった。

그의 장래를 너무 생각한 나머지 심하게 말해버렸다.

활용 ● (감정형용사의 명사형) ～さ + のあまり   ~한 나머지, 너무 ~해서

うれしさのあまり、声も出なかった。   너무 기쁜 나머지 목소리도 나오지 않았다.

 あまりにも～ない　너무나 ~해서 ~(할) 수 없다

現代ではあまりにも多くの情報があふれているからとても追いつけない。

현대에서는 너무나 많은 정보가 넘치고 있어서 아무래도 쫓아갈 수 없다.

089 ～もの(で) / ～たものだから　　~라서, ~해서

家賃を払う余裕がないもので、お金を立て替えてもらいますか。

월세를 낼 여유가 없어서, 돈을 빌려주시겠습니까?

バスが来なかったものだから、遅れてしまいました。

버스가 오지 않아서 늦어 버렸습니다.

 과거의 일이 원인이 되어서 현재 상황이 되었음을 의미하는데, 개인적 사유로 변명을 할 때 사용되기도 한다. 특히 구어체에서 「だって(でも)」와 함께 문말에 「もの」의 형태로 쓰이면, 여자나 어린아이가 개인적인 이유를 설명하는 「왜냐하면 ~인걸」이라는 의미로 사용되므로 주의해야 한다.

A : どうして、このケーキ、全部食べちゃったの。残しておけって言っただろう。

　　왜 이 케이크 전부 먹어 버렸어? 남겨 두라고 말했잖아.

B : だって、お腹が空いてたもの。 왜냐하면 배가 고팠단 말이야.

090 ～をきっかけに　　~을 계기로 (개인적인 시작이나 변화가 일어남)

留学をきっかけに、自分の国について考えるようになった。

유학을 계기로 모국에 대해서 생각하게 되었다.

面接の準備をきっかけに自分自身を見つめなおすようになりました。

면접 준비를 계기로 자기 자신을 다시 돌아보게 되었습니다.

 (자동사)～のがきっかけで ~이/가 계기가 되어

旅行に行ったのがきっかけで、木村さんと親しくなった。　여행을 간 것이 계기로 기무라 씨와 친해졌다.

先生に写真をほめられたのがきっかけで、本格的に勉強を始めた。

선생님께 사진을 칭찬받은 것을 계기로 본격적으로 공부를 시작했다.

유사문법 ● ～を契機に(して) / ～を契機として　~을 계기로(이전의 흐름이 확실해지거나 크게 변화)

オイルショックを契機に新エネルギーの研究が進められるようになった。

오일 파동을 계기로 새로운 에너지의 연구가 진행되게 되었다.

新製品の開発を契機として、大きく会社が発展した。 신제품의 개발을 계기로 크게 회사가 발전했다.

091 ～上(で / では)
(동사 과거형) ~한 뒤, ~한 다음 / (동사 원형) ~하는 과정에서, ~하는데 있어서

この件については、よく考えた上でどうするか決めて、こちらからご連絡させていただきます。

이 건에 대해서는 잘 생각한 뒤, 어떻게 할지 결정해서 이쪽에서 연락 드리겠습니다.

当ホームページをご覧の上、診察の予約をしてください。

해당 홈페이지를 보신 후에 진찰 예약을 해 주세요.

メールを使う上で注意すべきのマナーは何でしょうか。

메일을 사용하는데 있어서 주의해야 할 매너는 무엇일까요?

TIP 모두 비슷한 문법으로 보여도 앞에 접속하는 동사의 형태에 따라서 뜻이 바뀌기 때문에 주의해서 보아야 한다.

비교문법 ● ～上 / ～上に　～인 데다가, ~한 데다가

彼女は頭がいい上に、努力もするので成績は上がるばかりだ。

그녀는 머리가 좋은데다가 노력도 하기 때문에 성적은 계속 오르기만 한다.

先週は電車を乗り遅れた上に、道まで迷って大変だった。

지난주는 전철을 늦게 탄 데다가 길까지 헤맸기 때문에 큰일이었다.

092 ～こそ　～(이)야말로, ~만은

「できないからしない」じゃなくて、できないからこそ、もっと練習して挑戦するのだ。

"할 수 없으니 안 한다"가 아니라 할 수 없기 때문에야말로, 더 연습해서 도전하는 것이다.

初めて彼が書いた本を読んだ時、これこそ私が探し求めていた本だと思った。

처음 그가 쓴 책을 읽었을 때, 이거야말로 내가 찾고 있던 책이라고 생각했다.

093 ～(の)とおりに / ～どおりに　～대로(똑같이)

彼は40代にもなって、まだ何でも自分の思うとおりにしようしている。

그는 40대씩이나 되어서도 아직도 무엇이든지 자기 생각대로 하려고 하고 있다.

私の考えどおりに作品ができた。こんなうれしいことはないと思う。

내 생각대로 작품이 완성되었다. 이렇게 기쁜 일은 없다고 생각한다.

TIP 명사에 수식하는 경우 「(명사) + のとおり」 또는 「(명사)どおり」의 형태가 된다.

094

～最中に / ～最中だ　　한창 ~중에, ~가 한창일 때, ~가 한창이다

会議の最中に、携帯電話がなってしまった。　한창 회의 중에 휴대전화가 울리고 말았다.

こんなに雨が降っている最中に出かけなくてもいいじゃないか。少し待って。

이렇게 비가 한창 내리는 중에 외출하지 않아도 되잖아. 조금 기다려.

仕事してる最中だから、邪魔をされたくない。　한창 일을 하고 있으니깐, 방해를 받고 싶지 않다.

095

～など / ～なんか / ～なんて　　~등, ~같은 것, ~따위

僕は子供みたいにラーメンなど食べない。　나는 아이처럼 라면 따위 먹지 않는다.

冒険のない人生なんか面白くない。　모험이 없는 인생 따위 재미없어.

まだ若いからなんて言っていられない！徹夜は何歳でもしちゃダメ！

아직 젊으니까 따위를 말하고 있을 순 없어! 철야는 몇 살이든 해서는 안 돼!

TIP　「など」의 경우에는 주로 「~등」의 의미로 사용되는 경우가 많기 때문에 주의해서 문장을 확인해야 한다. 더불어 「なんて」 역시 「~따위」의 뜻이지만, 「종지형+なんて」가 되면 「~하다니」처럼 깜짝 놀람을 나타내고, 「なんか」는 「~등등」의 의미로 사용되기도 하므로 주의해야 한다.

유사문법 ●　～くせに　~이면서도, ~주제에

何も知らないくせに、全部分かったような口をきくんじゃないよ。

아무것도 모르는 주제에 전부 아는 듯이 말하는 게 아니야.

高校生のくせに、道端で煙草なんか吸うものではない。

고등학생인 주제에 길가에서 담배 따위 피우는 게 아니야.

096

～まい　　~(하)지 않겠다, ~(하)지 않을 작정이다, ~않을 것이다

あんなまずくて高い店、二度と行くまい。　저런 맛없고 비싼 가게 두 번 다시 가지 않겠다.

あんなまずくて高い店、ほかにはあるまい。　저렇게 맛없고 비싼 가게는 다른 곳에는 없을 것이다.

TIP　두 번째 예문처럼 「あるまい」로 사용되는 경우에는 「～ないだろう」의 의미로 사용되기 때문에 주의해야 한다. 특히 최근 기출문제에서 자주 출제되고 있으므로 잘 확인해두는 것이 좋다.

097

ます형 + ～っこない　　절대 ~일 리 없다, 절대 ~않다

こんな弱いチームでは勝てっこない。

이렇게 약한 팀으로는 이길 수 있을 리 없다.

そんなことはしようと思っても私にはできっこない話です。

그런 일은 하려고 생각해도 나한테는 될 턱이 없는 이야기입니다.

A : 4時のコンサート、今からでも大丈夫かなぁ？　4시 콘서트, 지금부터라도 괜찮을까?

B : 今から？もう間に合いっこないよ。　지금부터? 이제 시간에 맞출 수 있을 리 없어.

TIP 반대표현으로「～当然だ ~하는 것이 당연하다 /～かねない ~할 수도 있다」의 표현과 역으로 묻는 문제가 자주 출제된다. 더불어 과거 6회 이상 출제되었던 문법이므로 잘 체크해 둘 필요가 있다.

～を抜きにして /～は抜きにして　　~을/를 배제하고 / ~은/는 제쳐 두고

仕事を抜きにして、興味深いイベントでしたので、来年もぜひ参加したいですね。

일을 제체두고, 흥미로운 이벤트였기 때문에 내년에도 꼭 참여하고 싶네요.

今日は時間がありません。あいさつは抜きにしてさっそく会議を始めましょう。

오늘은 시간이 없습니다. 인사는 제쳐 두고 바로 회의를 시작합시다.

유사문법 ● ～抜き　~을/를 빼고, ~을/를 거르고
今日は早くから会議があるので、朝抜きで出勤した。

오늘은 일찍부터 회의가 있기 때문에 아침을 거르고 출근했다.

099

～に違いない /～に決まっている
~임이 틀림없다, ~임이 분명하다 / ~하게 되어 있다

まじめな学生だったから、試験に合格するに違いない。

성실한 학생이니깐 시험에 합격할 것임이 틀림없다.

前から欲しがっていたので、お小遣いをもらったらお店に飛んで行くに決まっている。

전부터 갖고 싶어 했기 때문에 용돈을 받으면 가게로 튀어 가게 되어 있다.

TIP 「間違いなく / 相違なく 틀림없이 / 疑いもなく 의심의 여지 없이 / それ以外何物でもない 그 외의 아무것도 아니다」 등과 같이 「틀림없이」라는 의미의 부사 형태로 쓰이는 경우도 있으니 주의해야 한다. 더불어 아래 예문에서와 같이 「(どうせ～なら)～いいに決まっている (어차피~할 것이라면) ~하는게 좋은 게 당연하다」의 형태로도 자주 쓰이니 외워두면 독해 해석에 편리하다.

どうせ人生の一定の時間を仕事に費やすのなら、その時間が楽しいと思える方がいいに決まっている。 어차피 인생의 일정 시간을 일에 소비한다면, 그 시간이 즐겁다고 생각하는 편이 좋은 게 당연하다.

100 ～恐れがある　～(할) 우려가 있다

携帯電話から出る電波は心臓のペースメーカーなど医療機器に影響を及ぼす恐れがあります。 휴대전화에서 나오는 전파는 심장박동기 등, 의료기기에 영향을 미칠 우려가 있습니다.

TIP 주로 병이나, 사고, 자연현상이나 재해에 대해 여러 가지 위험이 있다는 의미로 사용된다.

101 ～ことだ　～하는 것이 중요하다

上手になるためには自分でやってみることだ。
능숙해지기 위해서는 스스로 해 보는 것이 중요하다.
両国の関係改善が優先なら、まずは個人的レベルの交流からスタートすることだ。
양국의 관계 개선이 우선이라면, 먼저 개인적인 수준의 교류에서 시작하는 것이 중요하다.

TIP 「～ことだ」는 화자가 목표에 대해 「～하는 것이 중요하다」고 충고를 하는 표현이므로 앞부분에 「～ためには / ～なら」와 같은 표현이 자주 온다.

102 ～くらい / ～ぐらい　～정도, ～만큼

母は兄の息子がかわいくて目に入れても痛くないくらいだといっている。
엄마는 형의 아들이 귀여워서 눈에 넣어도 아프지 않을 정도라고 하고 있다.

そんなに勉強したのに、テストでこんな点しか取れないなんて、悔しくて泣きたいぐらいだ。 그렇게 공부를 했는데 시험에서 이런 점수밖에 받지 못하다니, 분해서 울고 싶을 정도이다.

TIP 「いくら～ても 아무리～하더라도」의 문형과 같이 쓰이게 될 경우에는 가벼운 정도를 나타내게 되므로 주의해서 살펴봐야 한다.
いくら高くてもこのぐらいは買える能力はある。 아무리 비싸더라도 이 정도는 살 수 있는 능력은 있다.

비교문법 ● ～ほど　～만큼
10年ぶり会った友達に話したいことが山ほどある。
10년만에 만난 친구에게 이야기하고 싶은 것이 산더미같이 있다.
田中さんほど、真面目な人に会ったことはない。 다나카 씨만큼 성실한 사람을 만난 적은 없다.

TIP 일반적으로는 정도의 비유로 사용되지만, 뒤에 부정표현이 오게 되면 「～정도의 것이 없다, ～이/가 최고다」의 뜻으로 바뀌기 때문에 주의해서 봐둬야 한다.

～て以来(いらい)　　~한 이래(줄곧 뒤의 상태가 유지됨)

彼女とは1年前に会って以来、一度も会っていない。　그녀와는 1년 전에 만난 이래, 한번도 만나지 못했다.

先月(せんげつ)の初めに雨が降って以来、ずっと晴(は)れの日が続いて、今年は水不足になりそうだ。

지난달 초에 비가 내린 이래 쭉 맑은 날씨가 이어져 올해는 물 부족이 될 것 같다.

유사문법 ● 　～た형 + きり　~한 채

「ちょっとスーパーまで」と言って出ていったきり、彼女は帰ってこなかった。

"잠깐 슈퍼까지"라고 말하고 나간 채, 그녀는 돌아오지 않았다.

TIP 뒤에는 반드시 「두 번 다시 하지 않았다」는 내용의 문장이 와야 한다.

104

～あげく(に)　　(긴 시간, 반복) ~끝에

長い間迷ったあげく、大学院(だいがくいん)には行かないことにした。

한참 망설인 끝에, 대학원에는 가지 않기로 했다.

ノートパソコンの調子が悪くて、製造会社(せいぞうがいしゃ)に問い合わせたら、向(むこ)うの担当者(たんとうしゃ)に、散々質(さんざんしつ)問(もん)に答えさせられたあげく、対応(たいおう)できないといわれていらいらしている。

노트북 상태가 나빠서 제조회사에 문의했더니, 그쪽 담당자에게 실컷 질문 공세를 당한 끝에 대응할 수 없다고 해서 안절부절하고 있다.

TIP 주로 「さんざん / いろいろ / あれこれ / あちこち」등과 같이 긴 시간을 연상케 하는 부사와 같이 사용된다. 두 번째 예문에서와 같이 사역형, 사역수동형 문법과 같이 출제되는 경우가 있으니 같이 봐두는 것이 좋다.

유사문법 ● 　～末(すえ)に　~한 끝에

失敗に失敗を重(かさ)ねた末(すえ)に、ついに合格した。　실패에 실패를 거듭한 끝에 마침내 합격했다.

迷(まよ)った末(すえ)に引(ひ)き受(う)けた理由(りゆう)をこう書いている。　망설인 끝에 맡은 이유를 이렇게 쓰고 있다.

TIP 「～末(すえ)に」의 경우는 접속형태를 묻는 문제가 출제되는 경우가 많기 때문에, 접속형태를 잘 보아 두는 것이 좋다.

～ないばかりか　　~(하)지 않을 뿐만 아니라

あの会社はボーナスが出ないばかりか、残業手当(ざんぎょうてあて)もつかいないという。

그 회사는 보너스가 나오지 않을 뿐만 아니라, 잔업 수당도 붙지 않는다고 한다.

のどが痛くてごはんが食べられないばかりか、水さえ飲めない。

목이 아파 밥을 먹을 수 없을 뿐만 아니라 물조차도 마실 수 없다.

 해석만 보면 「〜ばかりでなく」와 같지만, 뒤에 의지나 희망, 또는 명령이나 권유 등을 나타내는 문장이 올 수 없다는 점에서 다르다.

106 〜に加えて　~에다가, ~뿐만 아니라

アルファベットに加えて、数字まで覚えているサルがいるそうだ。

알파벳뿐만 아니라 숫자까지 기억하는 원숭이가 있다고 한다.

その大学は、学科試験に加えて、論文と面接試験もあるから大変だ。

그 대학은 학과 시험에다가 논문과 면접시험도 있어 힘들다.

107 〜に際して　~에 즈음하며, ~함에 있어서, ~의 경우에는(그전에)

留学に際して、いろいろな人が忠告をしてくれた。 유학할 즈음에 여러 사람이 충고를 해주었다.

アパートを借りるとき、入居に際して、まず賃貸契約が結ばれる。

아파트를 빌릴 때, 입주 즈음에 우선 임대 계약이 체결된다.

定期券の購入に際して、学生証の提示を求められることもある。

정기권 구입하는데 학생증 제시를 요구 받을 수도 있다.

비교문법 ● 〜際　~할 때, ~할 경우

カードの紛失の際、以下の番号に問い合わせてください。

카드 분실 시, 이하의 번호로 문의해 주세요.

108 〜に先立って　~에 앞서, ~하기 전에

募集開始に先立ちまして大会情報を提供させていただきます。

모집 개시에 앞서서 대회의 정보를 드리겠습니다.

会議に先立って、社長からあいさつがあった。 회의에 앞서 사장님으로부터 인사가 있었다.

109 〜に沿って　~을 따라(쭉 따라감)

ここの海岸に沿って歩いて行くと大きな橋が見えてくる。

여기 해안을 따라서 쭉 걸어가면 큰 다리가 보인다.

川に沿って歩いてください。そうすれば学校が見えます。

강을 따라 쭉 걸어가 주세요. 그렇게 하면 학교가 보입니다.

110 ～ことなく　～(하는 것) 없이, ~(하)지 않고

彼女は入学以来、一日も欠かすことなく日記をつけている。

그녀는 입학 이후 하루도 빠짐없이 일기를 쓰고 있다.

わが社の成功は、社員全員が休むことなく頑張ってくれたおかげだ。

우리 회사의 성공은 모든 직원이 쉬지 않고 노력해 준 덕분이다.

111 ～をまわって　(장소)를 돌며, (시간이) 지나

各国をまわってのんびりしたい。　각국을 돌며 느긋하게 지내고 싶다.

12時をまわって、暑くなってきた。　12시가 지나 더워졌다.

112 ～に及ぶ　～에 이르다, ~에 달하다

100個に及ぶ単語を1時間でどうやって覚えられるんですか。

100개에 달하는 단어를 1시간 안에 어떻게 외울 수 있습니까?

활용문법 ● ～には及ばない　～할 필요는 없다
ちょっと血圧が高いだけですから、それほど心配するには及びません。

조금 혈압이 높을 뿐이니 그렇게 걱정할 필요는 없습니다.

동사원형/명사+に及ばず　～에 미치지 못해
日本は世界レベルに及ばず、メダルを一個も獲得できかなった。

일본은 세계 수준에 미치지 못해, 메달을 한 개도 획득 할 수 없었다.

113 ～ところに / ～ところへ / ～ところを　(마침) ~하는데, ~하는 곳에, ~것을

これから出かけようとしたところに、客に来られた。　이제부터 나가려고 하는 차에 마침 손님이 왔다.

寝ようとしたところへ友人から電話がかかってきた。　자려고 하는데 친한 친구로부터 전화가 걸려 왔다.

危ないところを助けていただいて、本当にありがとうございます。

위험한 때에 구해주셔서 정말 감사합니다.

お忙しいところをわざわざおいでいただき、恐縮でございます。

바쁘신 와중에 일부러 와주셔서 황송합니다.

TIP 「〜ところを」의 경우에는 마지막 예문처럼 상황을 설명하는 인사로 사용되기도 하므로 주의해서 봐
둬야 한다.

114　〜をもって　～으로, ～로써 (수단)

これをもちまして2014年度入学式を開始させていただきます。

이것으로 2014년도 입학식을 시작하겠습니다.

成績をもって、クラス分けをする。　성적으로 분반을 하다.

TIP 「〜をもって」앞에 시간을 나타내는 표현이 오면「끝으로」의 의미로 사용되기도 한다.
この店は、本日をもって閉店させていただきます。 이 가게는 오늘로써 폐점하겠습니다.

115　〜に応じて　～에 따라, ～에 맞게

自分の体力に応じて、運動量を決めてください。 자신의 체력에 맞게 운동량을 결정해 주세요

お客さまの要望に応じて30回までの分割払いができます。

고객님의 요구에 따라 30회까지 분할 지불을 할 수 있습니다.

TIP 「体力 체력 / 予算 예산 / 能力 능력 / 業績 업적 / 成績 성적」등의 어휘와 접속하면 이로 인한 변화를
나타내는 내용의 문장이 된다.

비교문법 ● 〜に応えて　(기대, 희망, 요구)~에 보답해, ~에 부응해
それではリクエストに応えて、もう一曲歌わせていただきます。

그러면 요청에 부응하여 한 곡 더 불러 드리겠습니다.
ピアニストはアンコールの声に応えてもう一曲演奏した。

피아니스트는 앙코르의 목소리에 부응하여 한 곡 더 연주했다.

116　〜につれて　～(하)면 ～(할)수록, ~(함)에 따라 (자연변화)

勉強が難しくなるにつれて、「がんばるぞ」という気力も強くなってきた。

공부가 어려워지면 질수록 "힘낼 거야"라는 기력도 강해졌다.

日本の生活になれるにつれて、日本人のことがわかってきた。

일본 생활에 적응함에 따라 일본인을 알게 되었다.

 문말에는 자연스런 변화를 나타내는 내용이 와야 하므로 「～になる/～ていく/～てくる」등과 같
은 표현들이 자주 온다.

117 ～にともなって　~와/과 함께, ~에 동반해

地震にともなって火事がよく発生する。 지진에 동반해 화재가 자주 발생한다.

人口が増えるにともなって、住宅問題も深刻になってきた。

인구가 증가함에 따라서 주택문제도 심각해졌다.

台風の接近にともない、夜になって雨と風がしだいに強くなった。

태풍의 접근에 동반해, 밤이 되어 비와 바람이 점차 강해졌다.

118 ～を…として　~을/를 …로 하여, ~을/를 …로 해서

日本経済の研究を目的として、留学する学生も多い。

일본 경제 연구를 목적으로 해섯 유학하는 학생도 많다.

119 형용사 어미 + がっている　(3인칭이) ~하고 있다

この手続きは、面倒なうえに時間もかかるので、みんなが嫌がっている。

이 절차는 귀찮은데다가 시간도 걸리기 때문에 모두가 싫어한다.

 부정을 나타낼 때는 「～がっていない」가 아니라, 부정형의 어간 + がらない의 형태가 된다. 「～たい
/ ～ほしい」와 함께 오답으로 출제되는 경향이 있다.

最近の若者は結婚したがらないので、大きな社会問題になっている。

요즘 젊은이들은 결혼하고 싶어 하지 않아서 큰 사회문제가 되고 있다.

120 ～をこめて　~을/를 담아, ~을/를 넣어

彼のために心をこめて弁当を作った。 그를 위해 마음을 담아 도시락을 만들었다.

何ヶ月間も愛をこめて編み上げたこのセーター。いよいよ明日彼に渡す。

몇 달 동안이나 사랑을 담아 짠 스웨터. 드디어 내일 그에게 전해준다.

 자주 쓰이는 명사로는 「感謝 감사 / 愛 / 愛情 애정 / 思い / 心 마음 / 熱意 열의 / 情熱 정열 / 怒り 분
노 / 祈り 기도 / 願い 소원 / 力 힘 / ～の気持ち ~하는 마음」등이 있다.

～を中心に　～을/를 중심으로

今夜から明日にかけて、神奈川県を中心に大雨の降る恐れがあります。

오늘 밤부터 내일에 걸쳐서 가나가와 현을 중심으로 큰비가 내릴 우려가 있습니다.

あなたを中心に、世界が回っているのではありません。

당신을 중심으로 세계가 돌고 있는 것은 아닙니다.

001　〜以外の何ものでもない　　〜이외엔 아무것도 없다, 〜뿐이다

彼を悩ませているのは仕事のストレス以外の何ものでもない。

그를 괴롭히고 있는 것은 업무 스트레스밖에 없다.

今回の交通事故の原因は運転手の不注意以外の何ものでもない。

이번 교통사고의 원인은 운전자의 부주의밖에 없다.

002　〜(よ)うではないか / 〜(よ)うじゃないか　　〜해야 하지 않겠는가

これからは少しでも人の役に立つことを考えようではないか。

앞으로는 조금이라도 남에게 도움이 되는 일을 생각해야 하지 않겠는가.

環境を守るために、具体的に自分はどんなことができるのか、一つ一つリストに書いてみようではないか。

환경을 지키기 위해 구체적으로 자신은 무엇을 할 수 있는지, 하나하나 목록을 적어 봐야 하지 않겠는가.

ごみ問題はまず、身の回りの問題から話し合おうではないか。

쓰레기 문제는 우선 자신의 주변 문제부터 이야기해야 하지 않겠는가.

TIP 개인적인 이야기에 사용하지 않고, 연설문이나 불특정 다수에게 제안하거나 선동할 때 사용한다.

003　それにつけても　　그건 그렇고, 그건 그렇다 치고

首相がアメリカに行ったらしい。それにつけてもアメリカの大統領選挙の結果はどうなるだろう。

수상은 미국에 갔다고 한다. 그건 그렇고 미국 대통령 선거 결과는 어떻게 될까?

004　それについても　　그것에 대해서도

日本について興味がある。経済にかかわることの多い国だから、それについても知りたい。

일본에 대해 흥미가 있다. 경제에 연관되는 점이 많은 나라이니, 그것에 대해서도 알고 싶다.

005

～ことは～ / ～には～　　~이기는 ~하다(강조)

美しいことは美しい。 아름답기는 아름답다.

刺身は食べられるには食べられるが、それほどおいしいとは思わない。

회는 먹을 수 있긴 하지만, 그다지 맛있다고는 생각하지 않는다.

006

～たら～たろうに / ～ば～だろうに　　(만약) ~했다면 ~했을 텐데

もしあのとき、そのことを知っていたら、お伝えしたでしょうに。

만약 그때, 그 일을 알고 있었다면 전달했을 텐데요.

若いうちにもっと語学を勉強しておけば、好きな旅行の仕事ができただろうに。

젊을 때에 좀 더 어학을 공부해 두었더라면 좋아하는 여행에 대한 일을 할 수 있었을 텐데.

007

これといった ～ない　　이렇다 할 ~이/가 없다

これといった事態の進展もないまま、話し合いは中断された。

이렇다 할 사태의 진전은 없는 채로, 논의는 중단되었다.

008

～は～とされる/～は～とみなされる　　~은/는 ~로 간주되다

日本では昔から鉛筆で手紙を書くのは失礼だとされてきた。

일본에서는 예로부터 연필로 편지를 쓰는 것은 실례라고 간주되어 왔다.

009

～ても～ない　　~(하더)라도 ~지 않겠다

空が暗くなっても家へ帰らない。 하늘이 어두워져도 집에 돌아가지 않겠다.

雨が降らなくても、遠足には行きません。 비가 오지 않아도 소풍은 가지 않겠습니다.

この本はどんなに面白くても読まない。 이 책은 아무리 재미있어도 읽지 않겠다.

010

〜ないとも限らない　(반드시) ~하지 않는다고도 장담할 수 없다

しっかりカギをかけないと、泥棒に入られないとも限らないから注意してください。

확실히 열쇠로 잠그지 않으면 도둑이 들지 않는다고도 장담할 수 없으니 주의해 주세요.

他社に知られないとも限らない。このことは内密に進めよう。

타사에서 모른다고도 장담할 수 없다. 이 일은 비밀리에 진행하자.

ます형 + もしない　~하려고도 하지 않는다

よく知りもしないくせに。　잘 알려고 하지도 않으면서.

わたしがせっかく作った料理なのに、彼は食べもしない。

내가 모처럼 만든 요리인데, 그는 먹으려고도 하지 않는다.

調べもしないで結論を出さないでください。　알아 보려도 하지 않고 결론을 내리지 말아 주세요.

〜も何も (= どんなものでも)　~고 뭐고 전부

火事で家も何も失った。　화재로 집이고 뭐고 전부 잃었다.

仕事も何も忘れて休養する。　일이고 뭐고 잊고 휴양하다.

上 / ほど

01	~(の)上に	~인데다가(금상첨화, 설상가상)
02	~た上は	~한 이상은(= ~からには / ~からは) (~うえには 라고 하지 않도록 주의)
03	~た上で	~한 다음에, ~한 후에(= ~たあとで / ~てから)
04	~上で	~하는데 있어서(~하기 위한 전제조건)
05	~の上(で)	~한 후에, ~하는데 있어서(앞에 명사가 오면 양쪽으로 해석 가능)
06	~の上では	~상으로는(통계·수학·숫자), ~상에서는
07	~ほど	~쯤(어림짐작, 대략의 숫자)
08	~ほど / くらい	~정도(높게 평가 / 낮게 평가)
09	~ほど	~만큼(심한 정도의 비유)
10	~ほどではない	~정도는 아니다, ~만큼은 아니다
11	~ほどのことはない	~할 필요는 없다, 그렇게까지 ~할 일은 아니다
12	~というほどのものはない	~라 할 만한 것은 없다, ~라고 할 정도로 대단한 것은 아니다
13	ほどほどにしろ	작작해라, 그만해라(숙어)
14	ほどがある	정도가 있다, 분수가 있다(숙어)

01 彼の話は長い上に、要点がはっきりしない。 그의 이야기는 긴 데다가 요점이 명확하지 않다.

02 いったん引き受けた上は、やるよりほかない。 일단 맡은 이상은 할 수밖에 없다.

03 よく考えた上での結論なんです。 잘 생각한 다음에 내린 결정입니다.

04 田中先生の授業を受ける上で事前に必要な手続きがありますか。

다나카 선생님의 수업을 받는데 있어서 사전에 필요한 수속이 있습니까?

05 論議の上で、決めよう。 의논한 다음에 결정하자.
その件については充分調査の上で、お答えします。 그 건에 대해서는 충분히 조사한 다음에 답하겠습니다.
ドラマは日本語の勉強の上でかなり役に立ちます。 드라마는 일본어 공부를 하는데 상당히 도움이 됩니다.

06 この大学は地図の上では近く見えるが、実は坂が多くて、けっこう時間がかかる。

이 대학은 지도상으로는 가까워 보이지만, 언덕이 많아서 꽤 시간이 걸린다.

07 十日ほど前、彼から連絡があった。 열흘 정도 전에 그로부터 연락이 있었다.

08 彼ほどの人材はあまりいない。 그 정도의 인재는 별로 없다. (높게 평가)
それほどの演技ができるのはそういない。 그 정도의 연기가 가능한 이는 그다지 없다. (높게 평가)
彼くらいの人材はいくらでもいる。 그 정도의 인재는 얼마든지 있다. (낮게 평가)
それくらいの演技は誰でもできる。 그 정도의 연기는 누구나 할 수 있다. (낮게 평가)

09 　寝られないほど、心配した。　잠도 못 잘 정도로 걱정했다.

10 　心配しているとはいえ、寝られないほどではない。　걱정하고 있다고는 하지만, 잠도 못 잘 정도는 아니다.

11 　泣くほどのことはない。　울 정도의 일은 아니다.

12 　財産というほどのものはない。　재산이라고 할 만한 것은 없다.

13 　勘違いもほどほどにしろ。　착각도 작작해라.

14 　部屋をこんなに散らかすなんて、いたずらにもほどがある。　방을 이렇게 어지럽히다니, 장난에도 정도가 있다.

限り

01	～(の)限り	～(하는) 한 전부(100% 그러함)
02	～限り(では)	～(하는) 한, ～(하는) 동안, ～인 이상, ～인 상태로는(범위)
03	～限り	～까지
04	～に限らず	～뿐만 아니라
05	～に限って	하필이면 ～일 때 한해, 다른 때는 안 그런데
06	～に限り	～만(은)(～에 한정해서, 특별히)
07	～を限りに	～을 끝으로(= ～をもって)
08	(감정형용사)限りだ	～하기 한량없다, ～하기 그지 없다
09	～に限る	～만 된다, ～가 최고다, ～이상은 없다
10	～とは限らない	～라고는 단정할 수 없다, 꼭 ～인 것은 아니다 (= ～というものではない / ～わけではない)

01 　力の限り頑張りましょう。　힘이 닿는 한 열심히 합시다.

　　できる限りのことはやりますので。　할 수 있는 한의 일은 할 테니.

02 　体が動ける限り、働くつもりでいる。　몸을 움직일 수 있는 한 일할 생각이다.

　　あなたが言わない限り、だれも知らないはずだから。　당신이 말하지 않는 한, 누구도 모를 테니까.

03 　申し込みは今月末限りなので、お気をつけください。　신청은 이달 말까지이니, 주의해 주세요.

04 　野球に限らず、すべてのスポーツには練習が一番だ。　야구뿐만이 아니라 모든 스포츠에는 연습이 제일이다.

05 　掃除をしない日に限って、突然、客が来るんだから。　하필이면 청소를 하지 않는 날에 한해 갑자기 손님이 온다니까.

06 　うちの主人に限り、浮気なんかするはずがないよ。　우리 남편만은 바람 따위 필 리가 없어.

　　9時までいらっしゃるお客様に限り、このコップを差し上げます。

　　9시까지 오시는 손님들에 한해 이 컵을 드립니다.

07 　今日を限りに、この会社を辞めさせていただきます。　오늘을 끝으로 이 회사를 그만두겠습니다.

08 　おさななじみの彼が引っ越すと言うので、寂しい限りだ。　어릴 적 친구인 그가 이사한다고 해서 쓸쓸하기 그지없다.

09 　この割引は高校生に限る。　이 할인은 고등학생만 된다.

　　風呂上がりは冷えたビールに限る。　목욕을 한 후에는 맥주가 최고다.

10 　アメリカに住んだことがあるからって、必ずしも英語ができるとは限らない。

미국에서 살았던 적이 있다고 해서 반드시 영어를 할 줄 안다고는 단정할 수 없다.

こと

01	～たことがある	～한 적이 있다(경험)
02	～ことが(も)ある	～(하는) 경우가 있다
03	～ことはない	～할 필요는 없다(필요)
04	～ことになっている	～하게 되어 있다(관습, 규칙)
05	～ことになった	～하게 되었다
06	～ことにする	～하기로 하다(결론, 결심)
07	～ことに	～하게도(감정 표현)
08	(～ない)ことには	～하지 않고서는(전제조건)
09	(どんなに / どれほど / いかに)～ことか	(얼마나) ～했던지(감탄, 한탄)
10	～ことから	～한 것에서부터(유래)
11	(人)のことだから	～의 성격에, ～라서
12	～ことだ	～해라(당부, 의무)
13	～ということだ / とのことだ	～라고 한다(전언)

01 　誰も聴いたことのある、クラシック名曲を集めてみました。 누구나 들어 본적이 있는 클래식 명곡을 모아 봤습니다.

02 　この仕事はけがすることもよくある。 이 일은 부상을 입는 경우도 자주 있다.

03 　これは井上さんの責任だから、君が謝ることはないよ。 이것은 이노우에 씨의 책임이니까 네가 사과할 필요는 없다.
　わざわざ電話をかけることはない。 일부러 전화를 할 필요는 없다.

04 　欧米は靴をはいたまま部屋に入ることになっている。 미국과 유럽은 신발을 신은 채로 방에 들어가게 되어 있다.

05 　雨が降ったため、試合は延期されることになった。 비가 와서 시합은 연기되게 되었다.

06 　これからは、毎朝早く起きることにしました。 이제부터는 매일 아침 일찍 일어나기로 했습니다.

07 　驚いたことに。 깜짝 놀라게도.
　残念なことに。 안타깝게도.
　悲しいことに。 슬프게도.

08 　とにかく、自分で直接見ないことには、信じられない。 어쨌든 자신이 직접 보지 않고서는 믿을 수 없다.

09 　どんなに心配したことか。 얼마나 걱정을 했던지.
　何度電話をかけたことか。 얼마나 전화를 했던지.

10 　学生が少なくなっていることから、学校の数も減りつつある。

학생이 적어지면서 학교의 수도 줄어들고 있다.

11 厳しい金先生のことだから、宿題をして行かなければ叱られるよ。

엄격한 김 선생님이니 숙제를 해 가지 않으면 혼날 거야.

12 合格したければ勉強することだ。 합격하고 싶다면 공부를 해라.

13 ニュースによると、あの事件は解決したとのことです。 뉴스에 의하면 그 사건은 해결되었다고 합니다.

ところ

01	～たところ	～했더니(결과)
02	～たところで	～해본들, ～해 봤자(+ どうにもならない/どうしようもない)
03	ところで	그런데(화제전환)
04	ところが	그런데(예상과 달리, 유감임)
05	～たところだ	막 ～한 참이다
06	～ところで	～했을 때에(동작이 행해지거나 변화)
07	(의지형)としているところに	～하려고 하는 찰나에(앞 뒤 문장의 주어가 다름)
08	(～ている) ところを	～하고 있는 순간을(그러는 장면, 모습을)
09	～ところを	～와중에(그런 상황인데도 불구하고)
10	～どころか	～(하기)는 커녕(= ～はおろか)
11	もう少しで～ところだった	하마터면 ～할 뻔했다(그럴 찰나였지만 넘겼다)
12	～どころではない	～할 처지가 아니다(여유 없음)
13	～たところでは	～한 바로는, ～에 의하면(= ～によると)
14	ところによっては	장소에 따라서는(숙어구문, 일기예보에서 사용)

01 留学について父に相談してみたところ、父は喜んで賛成してくれた。

유학에 대해 아버지에게 의논했더니, 아버지는 기쁘게 찬성해 주었다.

02 留学について父に相談したところで、お金がないのだから、どうしようもない。

유학에 대해 아버지에게 의논해본들, 돈이 없어서 어떻게 할 수 없다.

03 無事に契約したこと、おめでとうございます。 ところで例の件はどうなりましたか？

무사히 계약하신 것, 축하합니다. 그런데, 이전의 그 건은 어떻게 되었습니까?

04 優秀な人だと思って採用した。 ところが彼はパソコンすら使えなかった。

우수한 사람이라고 생각해서 채용했다. 그런데 그는 컴퓨터조차 사용할 줄 몰랐다.

05 私は今ちょうど起きたところだ。 나는 지금 막 일어난 참이다.

06 卒業論文の訂正をやっと終えたところで、また誤字が出てきた。

졸업 논문의 정정을 겨우 끝냈을 때, 다시 오자가 나왔다.

07 出かけようとしているところに友達が来た。 외출하려고 하는 때에 친구가 왔다.

08 犯人が逃げているところを彼が目撃した。 범인이 도망치고 있는 것을 그가 목격했다.

09 お休みのところをおじゃまして、すみません。 쉬시는데 방해해서 죄송합니다.

10 私はウイスキーどころかビールも飲めない。 나는 위스키는커녕 맥주도 마시지 못한다.

11 彼は口がうまいので、もう少しでだまされるところだった。 그는 이야기를 잘해서 조금만 더하면 속아 넘어갈 뻔했다.

12 毎日忙しくて、映画どころじゃない。 매일 바빠서 영화를 볼 처지가 아니다.

13 ニュースで聞いたところでは、近年女性の結婚が少なくなっているらしい。

　　뉴스에서 들은 바로는 최근 여성의 결혼이 줄어들고 있다고 한다.

14 明日は晴れるでしょうが、ところによっては雨が降る場合もあるでしょう。

　　내일은 맑겠지만 곳에 따라서는 비가 오는 경우도 있겠습니다.

ばかり

01	～たばかりに	～한 탓에, ～하는 바람에(후회)
02	～たばかりで	～한 지 얼마 안 되어서(연결형)
03	～たばかりの～	～한 지 얼마 안 된~(수식형)
04	～たばかりだ	～한 지 얼마 안 되었다(종지형)
05	～ばかりだ	앞으로 ~만 하면 된다, ~만 남았다
06	～ばかり	~만 있음, ~뿐임
07	(숫자)ばかり	~정도
08	～てばかりいる	계속 ~만 하다
09	ばかりか	~뿐만 아니라(= ばかりでなく)

01 「暇です」と言ったばかりに、残業させられた。 "한가해요"라고 말하는 바람에 야근을 하게 되었다.

02 食べたばかりで、もう何も食べられない。 막 먹은 참이라 더는 아무것도 먹을 수 없다.

03 買ったばかりの服だから、貸してあげられない。 산 지 얼마 안 된 옷이라 빌려줄 수 없다.

04 日本に着いたばかりです。 일본에 막 도착한 참입니다.

05 荷物は全部片付けた。後は飛行機に乗るばかりだ。 짐은 모두 정리했다. 앞으로 비행기에 타기만 하면 된다.

06 面接に行ったら、美人ばかりがいた。 면접에 갔더니 미인들만 있었다.

07 その工場には外国人が10人ばかりいた。 그 공장에는 외국인이 10명 정도 있었다.

08 息子は毎日遊んでばかりいる。 아들은 매일 놀기만 하고 있다.

09 彼は英語ばかりか日本語も上手だ。 그는 영어뿐만 아니라 일본어도 잘 한다.

01	～まい	절대로 ～하지 않겠다(부정 의지)
02	～まい	아마 ～않을 것이다(= ～ないだろう) (부정 추측)
03	～でも(じゃ)あるまいし	～도 아닌데
04	次第に	점차 (부사)
05	(ます형) + 次第(に)	～(하는) 대로 즉시(= ～たらすぐ)
06	～次第だ	～나름이다
07	～のほかに	이외에
08	ほかの～	다른～
09	(その)ほかに	그 밖에, 달리
10	(より)ほかない	～(하는) 수밖에 없다(= しかない)
11	～にほかならない	～일 뿐이다, ～와/과 다름없다
12	～からにほかならない	다름아니라 ～때문이다

01 あんな高くてまずい店には二度と行くまい。 그런 비싸고 맛없는 가게에는 두 번 다시 가지 않겠다.

02 こんな複雑なことは子供には理解できまい。 이런 복잡한 일은 아이들은 이해할 수 없을 것이다.

03 子供じゃあるまいし、一々泣くな。 어린애도 아니고, 매번 울지마!

04 次第に明るくなって、見えてきた。 점차 밝아져서 보이기 시작했다.

05 村上はあいにく席を外しておりますが、戻り次第、ご連絡させます。

무라카미는 공교롭게도 자리에 없습니다만, 돌아오는 대로 연락 드리도록 하겠습니다.

06 日本語が上達するかどうかは努力次第だ。 일본어가 늘지, 그렇지 않을지는 노력하기 나름이다.

07 英語のほかに話せる言葉はありませんか。 영어 외에 할 수 있는 언어는 없습니까?

08 ほかの人には言わないでください。 다른 사람에게는 말하지 말아 주세요.

09 あした手術することになった。ほかに方法はないそうだ。 내일 수술하게 되었다. 달리 방법이 없다고 한다.

10 こうなったからには謝るよりほかない。 이렇게 된 이상에는 사과하는 수밖에 없다.

11 努力のたまものにほかならない。 노력한 보람과 다름없다.

12 お父さんがここまで厳しくするのは君を愛しているからにほかならない。

아버지가 이렇게까지 엄하게 하는 것은 다름아니라 너를 사랑하기 때문이다.

01	〜むけの / むけに	〜을/를 위한, 〜을/를 위해
02	〜むき	〜방향, 〜(하는) 경향, 〜대상
03	〜むきになる	정색을 하다(사소한 일에도 화냄)
04	〜に決っている	〜임이 틀림없다, 반드시 〜한다(= 〜に相違ない / 〜に違いない)
05	決って	으레, 늘, 언제나
06	決まった〜	일정한〜, 정해진 〜
07	A 間に B	A하는 동안 B가 발생함(지속적)
08	A 間に B	A하는 동안 B가 발생함(일시적)
09	間	짬, 새, 겨를
10	A うちに B	A 하는 동안에 B하다
11	〜ないうちに	〜하기 전에
12	A うちに B	A 하는 동안에 B하다(무의식적)

01 初心者むけのパソコン学習ソフト。 초보자를 위한 pc 학습 소프트웨어

子供むけに書かれた本。 아이들을 위해 쓰인 책

02 南むきの家。 남향의 집

彼は責任をはたさないむきがある。 그는 책임을 지지 않는 경향이 있다.

あの番組は子供むきだ。 그 방송은 아이들 대상이다.

03 君は大したことでもないのに、いつもすぐむきになるんだな。 너는 대단한 일도 아닌데 언제나 정색을 한다.

04 後悔するに決まっている。 반드시 후회할 것이다.

通勤は電車に決まっている。 통근은 언제나 전철로 한다.

05 彼は食後決まってコーヒーを飲む。 그는 식후에 언제나 커피를 마신다.

06 決まった休暇しか過ごせない。 정해진 휴가밖에 쉴 수 없다.

07 とても疲れていたので、待っている間に寝てしまいました。 너무 피곤해서 기다리는 동안 잠들고 말았습니다.

08 寝ている間に泥棒に入られた。 자는 동안에 도둑이 들었다.

09 いつの間に。 어느 틈에

間もなく。 금방, 곧

10 学生のうちに世界中を回ってみたい。 학생일 때 전세계를 돌아보고 싶다.

元気なうちに、あちこちへ旅行したい。 건강할 때 여기저기 여행하고 싶다.

11 冷めないうちに、どうぞ召し上がってください。 식기 전에 어서 드세요.

暗くならないうちに帰りましょう。 어두워지기 전에 돌아갑시다.

12 母から届いた手紙を読んでいるうちに、思わず涙がこぼれた。 엄마에게서 온 편지를 읽는 동안에 무심코 눈물이 났다.

1 존경표현

~하시다

お　　　+ 동사ます형 + になる
ご(御) + 명사(する) + になる

ここでちょっとお待ちになってください。 여기서 잠시 기다려 주십시오.

いつお戻りになりますか。 언제 돌아가십니까?

心臓が弱い方はご覧にならないでください。 심장이 약하신 분은 보시지 말아 주세요.

TIP 관용표현「ご参考になれば幸いです。 참고가 되면 기쁘겠습니다 / お力になれば幸い です。 힘이 된다면 기쁘겠습니다」 등과 같이 쓰이는 경우도 있기에 구분해서 알아두는 것이 좋다.

~하시다

お　　　+ 동사ます형 + なさる
ご(御) + 명사(する) + なさる

先生はいつも朝7時にお食事なさいます。 선생님은 언제나 아침 7시에 식사하십니다.

先生はいつもこの時間にご出勤なさいますか。 선생님은 늘 이 시간에 출근하시나요?

ご心配なさらないでください。 걱정하지 마세요.

~이십니다

お　　　+ 동사ます형 + です
ご(御) + 명사(する) + です

あちらでお客様がお待ちです。 저쪽에서 손님께서 기다리십니다.

ご予算はどのぐらいをお考えですか。 예산은 어느 정도를 생각하십니까?

では、こちらでお召し上がりですか。 그럼 여기에서 드시겠습니까?

社長は来週ご主張です。 사장님은 다음주 출장이십니다.

~해 주시다

お　　　+ 동사ます형 + くださる
ご(御) + 명사(する) + くださる

しばらくお休みください。 잠시 쉬고 계세요.

さっき井上さんがそれをお話くださいました。 아까 이노우에 씨께서 그것을 얘기해주셨어요.

昨日お電話くださった方は王（ワン）先生です。　어제 전화 주신 분은 왕 선생님입니다.

どうもいろいろご心配（しんぱい）くださいまして、ありがとうございます。

여러 가지로 배려해 주셔서 감사합니다.

2 겸양표현

~하겠습니다	お　　＋ 동사ます형 ＋ する(いたす) ご(御) ＋ 명사(する) ＋ する(いたす)

私がお荷物（にもつ）をお持ちしましょう。　제가 짐을 들겠습니다.

私が責任（せきにん）を持って午後お届けいたします。　제가 책임지고 오후에 전달하겠습니다.

この参考書（さんこうしょ）をお貸（か）しいたしましょう。　이 참고서를 빌립시다.

三日以内（いない）にご連絡（れんらく）いたします。　3일 이내에 연락 드리겠습니다.

~합니다	お　　＋ 동사ます형 ＋ 申し上げる(申す) ご(御) ＋ 명사(する) ＋ 申し上げる(申す)

先生のご指導（しどう）をお願い申し上げます。　선생님의 지도를 부탁 드립니다.

あなたのことをご心配（しんぱい）申し上げております。　당신을 걱정하고 있습니다.

~해 주시다	お　　＋ 동사ます형 ＋ いただく ご(御) ＋ 명사(する) ＋ いただく

ご理解（りかい）いただければ、幸（さいわ）いだと思います。　이해해 주신다면 다행이라고 생각합니다.

今回の展覧会（てんらんかい）にお招（まね）きいただき、ありがとうございます。

이번 전람회에 초대해 주셔서 감사합니다.

~부탁 드리다	お　　＋ 동사ます형 ＋ ねがう ご(御) ＋ 명사(する) ＋ ねがう

ご説明（せつめい）ねがいます。　설명 부탁 드리겠습니다.

お早（はや）めにキャンペーン対象商品（たいしょうしょうひん）にお引（ひ）き換（か）えねがいます。

어서 캠페인 대상 상품으로 교환 부탁 드리겠습니다.

일반동사	존경어	겸양어
いる	いらっしゃる, おいでになる	おる
行く	いらっしゃる, おいでになる	参る, 伺う, 上がる
来る	みえる, お見えになる, いらっしゃる, おいでになる, お越しになる	参る, 伺う, 上がる
する	なさる	いたす
言う, 話す	おっしゃる	申す, 申し上げる
食べる, 飲む	召し上がる, あがる	いただく
見る	ご覧になる	拝見する
思う		存じる
あげる		さしあげる
くれる	くださる	
もらう		いただく, 頂戴する
聞く, 尋ねる		伺う, うけたまわる
訪ねる, 訪問する		伺う, お邪魔する
会う		お目にかかる
知っている	ご存知だ	存じている
見せる		お目にかける
分かる, 引き受ける		承知する, かしこまる

문제 유형별
설명 및 비법 TIP 

문제10 내용이해 (단문) 5문제

문제이해
일상생활에서 접하는 여러 가지 화제에 대한 설명문이나 지시문, 메일 등 200자 정도의 텍스트를 읽고 그 내용을 이해할 수 있는가를 묻는 문제이다. 이 문제는 기존 시험과 같은 형식을 취하고 있지만, 각 글의 유형별로 텍스트에 쓰여 있는 사실관계를 이해할 수 있는지, 이유나 원인을 파악할 수 있는지, 또는 문맥의 의미를 이해할 수 있는지 등을 묻는다. 목적을 묻는 메일이나 Fax, 내용 파악을 묻는 설명문이나 안내문, 작가의 생각을 묻고자 하는 일반적인 에세이 형식의 글들이 출제되고 있다.

기출문제유형 〈에세이〉 2011-1회

> 恐れてはいけないとか、不安を持ってはいけないとか言われることがあるかもしれない。しかし、恐怖や不安は、車にたとえればブレーキである。車の安全にとって重要なのはアクセルではなく、ブレーキなのだ。アクセルをふかして(注1)スピードを出すことより、危険を察知して(注2)ブレーキをかけて止まったり、スピードを落としたりすることで事故は防げる。その意味で、ブレーキのない車を走らせることはできないのだ。われわれ人間も恐怖や不安という名のブレーキを使って、自分たちの安全に役立てることが大切だ。
>
> (広瀬弘忠『人はなぜ危険に近づくのか』による)
>
> (注1) アクセルをふかす：アクセルを強く踏んでエンジンを速く回転させる
> (注2) ～を察知する：～に気がつく

57 筆者は、恐怖や不安をどうとらえているか。

1　恐怖や不安は、安全性の向上を妨げる。

✓　恐怖や不安を感じることが、安全につながる。

3　恐怖や不安を取り除くことが、安全に役立つ。

4　恐怖や不安があるうちは、安全とは言えない。

　두려워해서는 안 된다든가, 불안을 가져서는 안 된다고 말하는 경우가 있을지도 모른다. 그러나 공포나 불안은 자동차에 비유하면 브레이크이다. 자동차의 안전에서 중요한 것은 액셀이 아니라 브레이크이다. 액셀을 고속 회전시켜(주1) 속도를 내는 것보다, 위험을 감지하여(주2) 브레이크를 걸어 멈추거나 속도를 줄임으로써 사고는 막을 수 있다. 그런 의미에서 브레이크가 없는 자동차를 달리게 할 수는 없다. 우리 인간도 공포와 불안이라는 이름의 브레이크를 사용하여 자신의 안전에 유용하게 쓰는 것이 중요하다.

(広瀬弘忠『사람은 왜 위험에 다가가는가』중에서)

(주1) アクセルをふかす : 액셀을 강하게 밟아 엔진을 빠르게 회전시킴
(주2) ～を察知する : ~을 알아 차리다

57 필자는 공포와 불안을 어떻게 파악하고 있는가?
　1　공포와 불안은, 안전성 향상을 방해한다.
　2　공포와 불안을 느끼는 것이 안전에 이르게 한다.
　3　공포와 불안을 제거하는 것이 안전에 유용하다.
　4　공포나 불안이 있는 가운데 안전하다고는 말할 수 없다.

본문 중에「恐怖や不安という名のブレーキを使って～安全に役立てる」라는 부분으로 보아 선택지 1번의「妨げる 방해한다」와 선택지 3번의「取り除く 제거하다」는 정답이 될 수 없다. 그리고 선택지 4번 역시「安全とは言えない 안전하다고는 말할 수 없다」라고 되어 있기 때문에 정답이 될 수 없으므로 정답은 2번이 된다.

〈메일〉

以下は、ある会社が出したメールの内容である。

お客様各位

いつも「ジミック」のプリンターをご愛用いただき、ありがとうございます。
さて、弊社では、お客様がプリンター用インクを追加購入(注)なさる際に、定価の5％引きでお求めいただいておりますが、この7、8月中に購入のお申し込みをされたお客様には、さらにお得な特別割引価格でお届けいたします。この機会にご利用いただければ幸いです。詳しくはホームページをご覧ください。

http://www.jimmickjp.com

今後とも「ジミック」の製品をご愛用くださいますようお願い申し上げます。

(注) 購入する : 買う

56 この会社の割引サービスについて正しいものはどれか。

　1　「ジミック」のプリンターを使っている人は、7、8月中だけインクを5％引きで買うことができる。

　✔　「ジミック」のプリンターを使っている人が7、8月中にインクを注文すれば、5％引きより安く買うことができる。

3 「ジミック」のプリンターを7、8月中に買う人は、インクを5%引きより安く買うことがで
きる。

4 「ジミック」のプリンターを7、8月中に買う人がインクを一緒に注文すれば、どちらも5%
引きで買うことができる。

해석

56 이 회사의 할인 서비스에 대해 옳은 것은 어느 것인가?

1 "지믹"프린터를 사용하고 있는 사람은 7, 8월 중에만 잉크를 5% 할인에 살 수 있다.
2 "지믹"프린터를 사용하고 있는 사람이 7, 8월 중에 잉크를 주문하면 5% 할인보다 싸게 살 수 있
다.
3 "지믹"프린터를 7, 8월 중에 사는 사람은 잉크를 5% 할인보다 싸게 살 수있다.
4 "지믹"프린터를 7, 8월 중에 사는 사람이 잉크를 함께 주문하면 모두 5% 할인에 살 수 있다.

해설

할인 서비스의 내용을 묻는 문제로, 「さて」부터 보면 첫 번째 조건이 「プリンター用インクを追加購入
프린터용 잉크 추가 구매」이므로 「プリンターを買う 프린터를 구입」이라고 표기하고 있는 선택지 3번과
4번은 정답이 아니다. 그리고 본문에서 「この7゛8月中に購入のお申し込み 이번 7, 8월 중에 구입 신청」
과 「お得な特別割引価格 이득인 특별한 할인」이라고 되어 있으므로 기존 5% 할인보다 더 싸게 살 수 있
는 선택지 2번이 정답이 된다.

비법 TIP 단문의 내용이해를 묻는 문제는 크게 에세이 유형의 텍스트와 메일 형식의 텍스트
또는 제목이 있는 유형의 텍스트가 출제되고 있다. 각각의 텍스트는 묻고자 하는 부
분이 다르기 때문에 이에 대비하는 방법도 다를 수밖에 없다.

유형1 메일, FAX 형식의 텍스트

▶ 첫 문장과 끝 문장은 인사말이니 생략해도 OK!

메일이나 FAX 형식의 텍스트인 경우 거래처간 거래 관련 내용이 출제되는 경우가
대부분이다. 따라서 인사말 역시 격식을 차려서 쓰여진 텍스트가 자주 출제된다. 우
리가 여기서 기억해야 할 것은, 인사말은 어려운 표현들을 사용해서 멋있게 쓰여 있

지만, 문제를 푸는데 중요한 부분은 아니라는 점이다. 오히려 화제를 전환해서 본론을 시작할 때 사용하는 「さて / 早速 / つきましては」등과 같은 접속부사가 있는 부분의 텍스트를 읽으면 본론 파악이 더 쉬워진다.

▶의뢰표현을 찾아라!!

텍스트가 메일이나 FAX 형태로 주어지는 경우 주로 보낸 사람의 목적, 용건 또는 메일을 받는 사람이 해야 할 일 등이 문제로 출제된다. 따라서 텍스트 안에서 용건을 나타내는 표현들을 찾는 것이 가장 중요하다.

단, 공문 FAX나 「各店舗 / 各支店 / お客様」가 대상일 때는 광고나 알림이 목적인 경우가 많기 때문에, 알리고자 하는 내용을 파악하면서 읽어가야 한다.

> **자주 쓰이는 표현**
>
> ・ご協力の呼びかけをお願いいたします。 협력의 호소를 부탁 드립니다.
> ・この機会にご利用いただければ幸いです。 이 기회에 이용해 주시면 감사하겠습니다.
> ・もうしばらくお待ちいただけますでしょうか。 조금만 더 기다려 주시겠습니까?
> ・～ていただきたいと存じます。 ～해 주셨으면 하고 생각합니다.
> ・ご参加いただきたいと考えております。 참가 해주셨으면 하고 생각합니다.
> ・～徹底をお願いいたします。 ～을/를 철저히 부탁 드립니다.
> ・ご確認くださいますよう、よろしくお願い申し上げます。 확인해주시길 잘 부탁 드립니다.
> ・～ていただけますでしょうか。 ～해 주시겠습니까?

▶「なお、また」를 주의해서 살펴라!!

「なお 또한」「また 또, 다시」이 두 접속사는 내용을 첨가할 때 자주 등장하는 품사로, 메일이나 FAX 형식의 텍스트에서 내용과 관련된 주의사항을 덧붙일 때 자주 사용한다. 따라서 선택지에서 정답을 찾을 때 아주 중요한 키워드가 될 수 있다.

단, 문제에 「一番～ / 最も伝えたい」등과 같이 주요 내용을 찾는 문제가 출제되면 「なお / また」는 어디까지나 추가적인 내용일 뿐이지 주요 내용은 될 수 없으므로 정답이 되지 않으니 주의해서 보아야 한다.

유형2	제목이 있는 텍스트

제목이 있는 텍스트란 모집 광고, 또는 설명문, 안내장 등과 같이 특정한 목적이 확실한 텍스트를 말한다. 즉, 특정한 목적 자체가 텍스트의 제목이 되는 경우가 대부분인데 〈텍스트의 제목=텍스트의 주제〉를 뜻하기 때문에 주제를 묻는 문제는 출제되지 않는다. 따라서 알리고자 하는 내용이 무엇인지가 중요하고 언제, 어디서, 무엇을, 어떻게의 부분에 체크를 하면서 읽는 것이 중요하다. 이때 색깔 펜이나 형광펜을 사용해 표시해두면 더 좋다.

バザーの応募のお知らせ

　今回のバザー開催にあたり商店街の方々に品物を提供していただきたいと思います。衣類・日用品・食料品・台所用品・食器・かばんなど受け付けておりますが、いずれも未使用のものに限らせていただきます。また、勝手ながら家具・電気製品・おもちゃは受け付けておりまんので、ご了承ください。

바자회 모집광고

본문을 읽고 간단하게 내용을 정리 (표시)
○ : 衣類、日用品、食料品、台所用品、食器、かばん
× : 家具、電気製品、おもちゃ
条件 : 未使用のもの

質問 バザーに出せるのはどれか。

1　箱に入ったノートパソコン　전자제품 삭제

2　食器と一個だけ使った24個入りの紙コップ　사용했으므로 삭제

3　一度しか使っていない新品とほぼ同じおもちゃ　사용했으므로 삭제

✔　学生割引で買った一度も着なかったコート　→ 정답

유형3　저자의 생각이 담긴 텍스트와 설명문

▶숫자가 등장하면 설명문 = 요일, 날짜, 금액, 시간!

설명문은 어떠한 사실을 알리거나 지식을 전하기 위한 텍스트로, 그 내용을 찾아서 일치하는 것을 묻는 문제가 자주 출제된다. 주로 과거의 사건이나 이슈, 또는 사례들을 소개하고 있는데 요일, 날짜, 금액, 시간 등과 같이 숫자가 자주 등장하며, 고유 명사에 관한 설명문이 출제되는 경우가 많다. 최근 출제된 패턴을 보면「○○図書館案内」「○○ハンバーガーのキャンペーン」「○○公園の説明」「○○庭園」등과 같이 고유 장소에 관한 내용이 주를 이루고 있다.

▶문제가 「著者〜」로 시작하는 경우는 필자의 생각을 찾아야 한다!

저자의 주장이나 생각이 담겨있는 텍스트의 경우, 전체의 주제나 필자의 생각을 묻는 문제가 출제된다. 따라서 문제에 「筆者〜」라는 표현이 들어 있으면 텍스트의 주제가 담겨있는 마지막 문장을 주의깊게 읽어야 한다. 주로「しかし / だから / それで / つまり / すなわち / したがって」등과 같은 접속사를 통해서 필자의 주장이 담겨있는 부분을 쉽게 파악할 수 있다.

문제이해 비교적 쉬운 내용의 500자 정도의 평론, 해설, 에세이 등의 텍스트를 읽고 내용상의 인과관계나, 밑줄 친 부분의 문맥 이유, 또는 전체적인 개요나 필자의 생각 등을 파악할 수 있는지를 묻는 문제가 출제된다.

기출문제유형 2011-1회

「日本の消費者は世界一、目が肥えている(注1)」という言葉には2つの意味がある。第1は機能や味などへの要求水準が高いこと。第2には、わずかな傷も許さないなど見た、目へのこだわりだ。

消費者は後者のこだわりを捨てつつある。それでは消費者は嫌々「傷物」に目を向け、我慢して買っているのか。必ずしもそうではない。

衣料品や家具などでは中古品市場や消費者同士の交換が盛んだ。再利用でごみが減り、環境にもいい。商品の傷も前の使用者のぬくもり(注2)とプラスにとらえる感性(注3)が若い人を中心に広がっている。

規格(注4)外の農産物も似ている。ごみになるはずのものを安く使い、エコロジーと節約を両立させることに、前向きの価値を見いだしているのではないか。不ぞろいな野菜は、むしろ手作り品を思わせる長所。消費者の新たな価値観に、企業がようやく<u>追いついてきた</u>。

市場が広がれば、粗悪品(注5)や不良品が出回る可能性も高まる。なぜ安いのか。本来の価値は損なわれていないか。企業の責任は重い。消費者にも「厳しい目」をきちんと持つことが求められる。

(日本経済新聞2009年8月27日付朝刊による)

(注1) 目が肥えている：よい物を見慣れていて、物の価値がわかる

(注2) ぬくもり：あたたかい感じ

(注3) 感性：感じ方

(注4) 規格：基準

(注5) 粗悪品：粗末で質が悪いもの

60 以前と比べ、消費者はどのように変わったか。

1　商品の機能や味を重視しなくなった。

2　商品の機能や味を重視するようになった。

3　商品の傷などの見た目を気にしなくなった。

4　商品の傷などの見た目を気にするようになった。

61 筆者は、消費者の意識の変化をどのようにとらえているか。

1　少しぐらい質が下がっても、安いほうがいいと考えるようになった。

2　ものに対する要求水準が下がって、どの商品にも価値を認めるようになった。

3　多少問題があっても、環境のために我慢するほうがいいと思うようになった。

4　今まで問題があると思われたものにも、違った価値があると思うようになった。

62 追いついてきたとあるが、企業がどうなってきたのか。

1　見た目にこだわらなくなった。

2　環境への責任の重さを感じ始めた。

3　消費者の厳しい目を意識するようになった。

4　消費者の意識の変化をくみ取るようになった。

해석

“일본의 소비자는 세계에서 가장 보는 눈이 높다(주1)”라는 말에는 두 가지 의미가 있다. 하나는 기능과 맛 등에 대한 요구 수준이 높은 것. 둘째는 약간의 흠도 용납하지 않는 등 외형에 대한 집착이다.

소비자는 후자의 고집을 최근 버리고 있다. 그러면 소비자는 마지 못해 “흠 있는 물건”에 관심을 갖고 참고 구입하고 있는가. 반드시 그렇지는 않다.

의류나 가구 등은 중고품 시장이나 소비자 간의 교환이 흔히 이루어지고 있다. 재사용으로 쓰레기가 줄어 환경에도 좋다. 제품의 흠도 이전 사용자의 온기(주2)로 긍정적으로 받아들이는 감성(주3)이 젊은 사람을 중심으로 퍼지고 있다.

규격(주4) 외의 농산물도 비슷하다. 쓰레기가 될 물건을 싸게 사용하여 친환경과 절약을 양립시키는 데 긍정적 가치를 발견하고 있는 것은 아닐까. 가지런하지 않은 야채는 오히려 직접 생산한 수제품을 연상시키는 장점이 있다. 소비자의 새로운 가치에 기업이 겨우 따라왔다.

시장이 확산되면서 조악한 물품(주5)이나 불량품이 나돌 가능성도 높아진다. 왜 싼 것인가. 본래의 가치는 훼손되지 않았는가. 기업의 책임은 무겁다. 소비자에게도 “엄격한 안목”을 제대로 가질 것이 요구된다.

(일본 경제 신문 2009년 8월 27일자 조간 중에서)

(주1) 目が肥えている : 좋은 물건을 보는 것에 익숙해져 있어, 물건의 가치를 알 수 있다

(주2) ぬくもり : 따뜻한 느낌

(주3) 感性 : 사고 방식

(주4) 規格 : 기준

(주5) 粗悪品 : 좋지 않고 질이 나쁜 것

60 전에 비해 소비자는 어떻게 변했는가?

1 제품의 기능과 맛을 중시하지 않게 되었다.
2 제품의 기능과 맛을 중시하게 되었다.
3 제품의 흠 등 외형을 신경 쓰지 않게 되었다.
4 제품의 흠 등 외형을 신경 쓰게 되었다.

해설

첫 번째 문단 세 번째 줄을 보면「消費者は後者のこだわりを捨てつつある」라고 되어 있는데, 여기서 지칭하는「後者」는 앞줄에서 언급한「第2には、わずかな傷も許さないなど見た目へのこだわりだ」를 의미한다. 우선 선택지의 1번과 2번은「第 1」에 해당하는 부분으로, 이에 대해서는 언급되어 있지 않으므로 오답이다.「捨てつつある」는「気にしなくなった」와 같은 의미이므로 3번이 정답이 된다.

61 필자는 소비자의 의식 변화를 어떻게 파악하고 있는가?

1 어느 정도 질이 내려가도 싼 편이 좋다고 생각하게 되었다.
2 물건에 대한 요구 수준이 떨어져, 어떤 상품에도 가치를 인정하게 되었다.
3 다소 문제가 있더라도 환경을 위해 참는 편이 좋다고 생각하게 되었다.
4 지금까지 문제가 있다고 생각된 것에도 다른 가치가 있다고 생각하게 되었다.

해설

본문 내용을 보면「商品の傷も前の使用者のぬくもりとプラスにとらえる感性が若い人を中心に広がっている。」라고 되어 있는데, 가격에 대한 언급이 없기 때문에 선택지 1번은 오답이다. 2번의「要求水準が下がって」는 첫 번째 단락에서 언급했던「第1」에 해당하는데, 요구 수준이 내려간 것이 아니라 올라갔기 때문에 오답이 된다. 3번의 경우「多少問題がある / 環境」라는 단어가 있어 정답처럼 보이지만, 앞 단락에서「我慢して買っているのか。必ずしもそうではない。」라고 했으므로 정답이 될 수 없다. 4번의「今まで問題があると思われたもの」에서 긍정적인 가치를 발견하게 되었다고 했으므로 선택지 4번이 정답이다.

62 따라왔다라고 되어 있는데, 기업이 어떻게 되어 왔는가.

1 외형에 집착하지 않게 되었다.
2 환경 책임의 무게를 느끼기 시작했다.
3 소비자의 엄격한 안목을 의식하게 되었다.
4 소비자 의식의 변화를 짐작하게 되었다.

해설

본문 속에 기업이 소비자들과 같이 외형에 집착하지 않게 되었다는 내용은 없다. 따라서 선택지 1번은 오답이다. 2번은 마지막 문단의「本来の価値は損なわれていないか。企業の責任は重い」로 보아「環境への責任」이 아니기 때문에 오답이다. 3번은 기업이 아닌 소비자가 앞으로 엄격한 안목을 제대로 가지고 있어야 한다고 되어 있으므로 오답이다. 4번의 경우,「くみ取る 짐작하다, 이해하다」의 표현으로 보아 기업은 소비자들의 새로운 가치관을 이해하고 짐작하게 되었다는 뜻이 되므로 정답이 된다.

비법 TIP

중문 텍스트의 경우, 밑줄이 있는 부분의 문제 여부에 따라서 설명문과 일반 텍스트로 나눌 수 있다. 설명문은 밑줄이 없어서 문제를 풀기 위해서는 텍스트 전체를 읽어야만 한다고 생각하는 학습자가 많은데, 지금까지 출제된 문제들을 살펴보면 텍스트를 전체 다 읽지 않아도 문제를 풀 수 있는 TIP이 있다.

▶ 한 단락에 한 문제, 단락별로 푸는 문제는 정해져 있다!

각 단락에 대한 문제가 1문제씩 출제되기 때문에 단락별로 어떤 내용이 나왔는지 주

의하며 문제를 푸는 것이 좋다. 만약 두 번째 문제 선택지에 첫 번째 단락의 이야기
가 나오면 그것은 오답이다.

단락을 나누는 TIP

① 밑줄의 앞뒤 2줄을 기준으로 한다.
② 접속사를 확인한다.

단락을 구분하기 쉬운 접속사

① 원인과 이유
 ・したがって 그러므로, 그 결과, 따라서(=それゆえ / だから)

② 역접접속사
 ・が 그러나
 ・けれども / でも 그러나
 ・しかし 그러나, 그렇지만, 그런데
 ・だが / ですが 그렇지만
 ・ですけれども / だけれど(も) / だけど(も) 그렇지만, 그러나
 ・ところが 그런데, 그러나

③ 병행접속사
 ・結局 결국
 ・すなわち 즉, 곧
 ・ちなみに 덧붙여서 (말하면), 이와 관련하여 (=ついでにいえば)
 ・つまり 즉

▶밑줄 문제는 밑줄 문장의 앞뒤 2줄 안에 정답이 있다!

N2의 경우 밑줄의 인과관계를 묻는 문제가 많이 출제되고 있으며 앞뒤 2줄 안에 관
련 내용이 담겨 있기 마련이므로 그 내용을 파악하면서 정답을 체크하면 된다. 특히
이 경우 밑줄 친 문장의 앞뒤에 접속사가 있는지 확인하면 좋다. 예를 들어, 밑줄 앞
부분에 「だから / それで / そのため / ですから」등과 같이 결과를 나타내는 접
속사가 있는 경우, 「(이유)だから、○○○(결론)」과 같이 밑줄 앞에 나온 이유로 인
해 발생한 결과를 나타내는 문장이 된다. 따라서 밑줄 친 부분의 결과의 이유를 묻는
문제인 경우에는 밑줄의 앞뒤를 잘 살펴봐야 한다. 그와 반대로 「〜。だから、〜」
인 경우에는 밑줄부분이 이유가 되기에 결과를 묻는 문제가 출제된다. 또는 「〜。
しかし、〜」인 경우에는 「しかし」부터 역접으로 다른 내용을 열거하게 되므로 밑
줄 부분의 앞부분에 정답 관련 내용이 있는 경우가 많다. 이렇게 밑줄의 인과관계를
묻는 문제는 접속사로 확인하거나 밑줄의 앞뒤 2줄 내외에 정답과 관련 있는 내용이
있는지에 주의하면서 풀면 된다.

▶밑줄이 없는 텍스트는 먼저 문제를 확인해 한다!

밑줄이 없는 텍스트는 일반적인 사실에 관한 설명문으로 각 단락의 주제가 다르다. 예를 들어 문제가 「～の目的は何か」「～を取るのに必要な条件はどれか」「～取るとき、どんな手続きが必要か」 이렇게 되어 있다면 텍스트를 읽을 때 각 「目的」 「条件」 「手続き」가 무엇인지 구분해가면서 단락을 나누어 문제를 풀어가야 한다.

▶마지막 문제는 텍스트의 주제를 묻는 문제가 자주 출제된다!

독해 문제는 텍스트의 순서대로 출제되는 경우가 대부분이다. 따라서 마지막 문제는 저자의 주장이나 글의 주제가 나와 있는 마지막 단락에 대한 것이 많기 때문에, 이때 자주 쓰이는 표현들을 체크해두는 것이 좋다.

> **저자의 주장이나 의견을 나타내는 문형**
>
> ・～だろう / ～にちがいない / ～はずである
> ・～(の)ではないか / ～(の)ではないだろうか
> ・～ように思える / ～かもしれない
> ・～は(なぜ)～だろうか

단, 주의해야 할 점은 주제를 묻는 문제라고 해서 전체의 내용을 모두 포함하고 있을 필요는 없다는 것이다. 마지막 단락에 관련된 문제이므로 선택지에서 마지막 단락에 쓰여진 내용만을 가지고 그 안에서 선택지를 소거해 가야 한다. 본문에서 나왔던 부사나 형용사 등이 선택지에 똑같이 쓰여진 경우, 오답일 가능성이 크므로 주의해야 한다.

▶선택지의 문장이 너무 길면 자른 후, 뒤에서부터 오답을 먼저 지워라!

선택지에 긴 문장이 있다고 해서 무조건 다 읽고 그것이 오답인지를 체크할 필요는 없다. 만약 선택지의 문장이 2문장을 연결한 것이라면, 문장을 나누어 각각 텍스트의 내용과 맞는지를 체크하면 쉽게 오답을 지울 수 있다. 예를 들어 「少しぐらい質が下がっても、安いほうがいいと考えるようになった」와 같은 선택지가 있다면, 문장 전체를 해석해서 답을 찾기 보다 뒤의 내용인 「安いほうがいいと考えるようになった」 부분을 본문과 비교하고, 그 다음 「少しぐらい質が下がっても」를 비교해서 오답인지를 판단하면 비교적 쉽게 정답을 찾을 수 있다. 대체로 문장의 앞내용부터 순서대로 확인해서 답을 찾아야 한다고 생각하지만, 선택지의 앞부분은 오답을 정답인 양 표현하는 경우가 많기 때문에, 앞부분보다는 뒷부분부터 확인하면서 오답을 지워가면 정답을 쉽게 찾을 수 있을 것이다.

문제이해　비교적 평이한 내용의 하나의 주제에 대해서 각각 다른 내용으로 쓰여진 텍스트를 비교해 이해할 수 있는지를 묻는 문제이다. 텍스트를 읽으면서 공통점이나 차이점을 비교하거나 내용을 종합해 문제를 푸는 능력이 필요하다. 먼저 글 전체를 신속하게 읽고, 내용을 부분적으로 체크한 다음, 각 문제의 선택지에서 오답을 소거해 가면서 풀면 정답을 쉽게 찾을 수 있다.

기출문제유형　2011-1회

問題12　次のAとBの文章を読んで、後の問に対する答えとして最もよいものを、1・2・3・4から一つ選びなさい。

A

　今日、多くの国々で、地球環境に配慮した(注)車が求められている。そのような中でガソリンではなく電気で走る自動車が登場したが、まだ値段も高く長距離を走ることも難しい。また、充電する場所も限られるために、電気自動車に乗る人はそれほど多くない。

　しかし、近い将来、それらの問題も技術の進歩によって解決され、やがてはより身近で一般的な乗り物になっていることが考えられる。また、電気自動車は構造が複雑ではないため、一人用または二人用の小型のものならば、個人で製造できる可能性もあるそうだ。数十年後には一人一台電気自動車を持ち、全国どこへでも行ける時代が訪れるかもしれない。

B

　今や自動車は私たちの生活になくてはならないものになっているが、環境への意識が高まるにつれ、車に対する人々の考え方が変化してきている。その結果、電気自動車が、走行時に二酸化炭素を出さず、騒音も少ないことから、環境に優しい車として注目を集め、徐々に利用者も増えている。また、カーシェアリングといって、一台の車を複数の人で使用するというシステムも整ってきている。このような傾向が続けば、個人で車を持つ必要性は薄れてくるだろう。十年後、二十年後はガソリン車が姿を消し、電気をエネルギーとする車を数人で一台利用している、そんな時代が来るかもしれない。

(注)〜に配慮する：〜を大切に思っていろいろ考慮する。

69　AとBのどちらの文章にも触れられている点は何か。

✓　電気自動車所有状況の予測

2　人々の電気自動車に対する関心の高さ

3　今後開発される電気自動車の新機能

4　現在の電気自動車が環境に与える効果

70 AとBの筆者は、車社会の今後の可能性についてどのように考えているか。

1　AもBも、車の台数はさらに増え、人々の生活に不可欠なものになるだろうと考えている。

2　AもBも、車の技術はますます進歩し、環境を意識した車が手軽に利用できるようになるかもしれないと考えている。

3　Aは電気自動車の利用者が増えると考え、Bは電気自動車の普及に加え利用の仕方も変化するだろうと考えている。

4　Aは電気自動車の技術が向上すると考え、Bは将来個人で電気自動車を所有することになるだろうと考えている。

해석

A

　오늘날 많은 나라에서 지구 환경을 배려한(주) 자동차가 요구되고 있다. 그 가운데 휘발유가 아닌 전기로 달리는 자동차가 등장했지만, 여전히 가격도 비싸고 장거리를 달리기도 어렵다. 또한 충전 장소도 한정되어 있기 때문에 전기 자동차를 타는 사람은 그리 많지 않다.

　그러나 가까운 장래에 그러한 문제도 기술의 진보에 의해 해결되고, 결국 더 가까이에서 일반적인 이동수단이 될 것으로 생각된다. 또한 전기 자동차는 구조가 복잡하지 않기 때문에, 1인 또는 2인용의 작은 것이라면 개인이 제조할 가능성도 있다고 한다. 수십 년 후에는 한 사람에 한 대의 전기 자동차를 가져 전국 어디든지 갈 수 있는 시대가 올 지도 모른다.

B

　이제 자동차는 우리 생활에서 없어서는 안 될 것이 되었지만, 환경에 대한 의식이 높아지면서 자동차에 대한 사람들의 생각이 변하고 있다. 그 결과, 전기 자동차가 주행 시에 이산화탄소를 만들지 않고 소음도 적기 때문에 친환경 자동차로 주목을 받아 점차 이용자도 늘고 있다. 또한 카쉐어링이라고 해서 한 대의 자동차를 여러 사람이 사용하는 시스템도 갖추어지고 있다. 이 같은 경향이 계속된다면 개인이 차량을 가질 필요성은 없어지게 될 것이다. 십 년 후, 이십 년 후에는 휘발유 자동차가 모습을 감추고, 전기를 에너지로 하는 차를 몇 명이서 한 대를 이용하는 그런 시대가 올지도 모른다.

(주) ～に配慮する : ～을 소중히 생각해서 여러 가지 고려하다

69 A와 B의 두 문장에서 언급된 점은 무엇인가?
1　전기 자동차 소유 상황의 예측
2　사람들의 전기 자동차에 대한 높은 관심
3　향후 개발될 전기 자동차의 새로운 기능
4　현재 전기 자동차가 환경에 미치는 효과

해설

공략TIP1번을 적용해서 우선 A텍스트를 가지고 확인을 해보면, 맨 마지막 문장에서 「数十年後には一人一台電気自動車を持ち」라고 되어 있으므로, 선택지 1번이 정답이다. 2번 선택지에는 「関心の高さ」라고 되어 있지만, 본문에는 「乗る人はそれほど多くない」로 되어 있으므로 오답이다. 3번의 「新機能」에 대한 언급은 없었고, 더불어 4번 선택지의 「環境に与える効果」에 관한 부분 역시 없었으므로 오답이다.

[70] A와 B의 필자는 자동차 사회의 미래의 가능성에 대해 어떻게 생각하고 있는가?
 1 A도 B도 자동차의 대수는 더욱 늘어나고 사람들의 생활에 필수적인 것이 될 것이라고 생각하고
   있다.
 2 A도 B도 자동차 기술은 점점 발전하여 환경을 의식한 차량이 손쉽게 이용할 수 있게 될지도 모른
   다고 생각하고 있다.
 3 A는 전기 자동차 이용자가 늘어날 것으로 생각하고, B는 전기 자동차의 보급에 더해 이용방법도
   변화할 것이라고 생각하고 있다.
 4 A는 전기 자동차의 기술이 향상될 것이라 생각하고, B는 미래에 개인이 전기 자동차를 소유하게
   될 것이라 생각하고 있다.

해설

A텍스트에 대한 내용만으로 오답을 지워보면, 「人々の生活に不可欠なもの」라는 언급은 본문에 없기 때
문에 오답이 된다. 2번의 경우 「車の技術はますます進歩し、環境を意識した車が手軽に利用でき
る」라고 되어 있는데, 이미 「電気自動車」가 등장했기 때문에 오답이 된다. 3번 「電気自動車の利用者が
増える」는 본문에 「数十年後には一人一台電気自動車を持ち」라는 부분과 이어지므로 정답이 될 수
있다. B에 대한 내용은 본문에 카쉐어링에 대해 언급하면서 전기에너지 차를 몇 명이서 한 대를 이용하게
될 것이라고 했으므로 역시 정답이다. 4번의 경우 본문에 「問題も技術の進歩によって解決され」라고
되어 있어 정답인 것 같지만, B텍스트에서 개인이 차량을 가질 필요성은 없어질 것이라고 했기 때문에 오답
이다. 따라서 A와 B의 내용이 다 일치하는 3번이 정답이 된다.

비법 TIP

통합 이해의 경우 한 가지 주제에 대한 다른 의견이 담긴 A, B 두 개의 텍스트가 자
주 출제된다. 지금까지 출제된 문제를 살펴보면 텍스트에 관해 출제되는 문제에 정
해진 패턴을 찾을 수 있다. 따라서 먼저 문제의 패턴을 확인하고 그에 맞는 TIP을 제
시하고자 한다.

▶텍스트 구조상 첫 번째 문제는 하나의 텍스트를 먼저 읽고 소거 가능!!

우선 첫 번째 문제의 경우에는 「Aの内容に合っているものはなにか / AとBで
触れているものはなにか / AとBで触れていないものはなにか」등과 같이 내
용과 관련된 문제가 출제된다. 이 경우 A와 B의 텍스트를 다 읽어야만 할 것 같지만,
사실 두 텍스트를 다 읽을 필요는 없다. 먼저 첫 번째 텍스트만 읽거나, 둘 중 하나의
텍스트만 읽고 선택지에서 오답을 최대한 소거한 뒤, 남은 선택지를 텍스트에서 확
인하면 된다. 단, 최근 2013년과 2014년 기출 패턴을 보면, N1과 비슷하게 첫 번째
문제의 경우 「AとBが共通して取り上げているのはどのような若者か」와 같
이 두 텍스트를 모두 읽어야 풀 수 있는 문제가 출제되고 있다. 따라서 우선 A텍스트
의 서론 부분을 먼저 읽고, 선택지에서 최대한 오답을 지운 후, B텍스트와 남은 선택
지를 비교해서 답을 선택하는 것이 좋다.

▶ 먼저 읽은 텍스트의 정보로도 충분히 소거는 가능하다!

두 번째 문제 역시 「AとBの内容と合っているものはなにか」와 같이 출제되는
경우가 많은데, 선택지는 보통 「Aは~、Bは~」라고 제시된다. A텍스트를 읽었다면
A텍스트의 내용만으로 비교해서 오답을 지워가면 정답을 찾을 수 있다. 또는 A텍스

트 내용만으로 소거하다가 헷갈리는 내용은 B텍스트의 마지막 부분을 읽고 확인하면 된다. 이 부분은 TIP에 조금만 신경을 쓴다면, 정답을 맞추기 어렵지 않을 것이다. 또한, 최근에는 N1의 유형과 비슷하게 출제되는 만큼 N1으로 올라가는 관문으로써 더더욱 TIP을 확실하게 익혀둬야 할 파트이다.

문제이해 논리전개가 비교적 분명한 900자 정도의 긴 텍스트를 읽고 텍스트가 전하려고 하는 전체적인 주장이나 의견을 파악할 수 있는가를 묻는 문제이다.

기출문제유형 2011-1회

　私は食べ物については好き嫌いが多いが、研究テーマや人間関係についてはあまり好き嫌いがない。ところが、いろいろな人と話をしていると、意外に好き嫌いがあるという人が多い。この研究は嫌いとか、この人は好きじゃないとかよく耳にする。しかし、どんな研究にも視点を変えれば学ぶところは必ずあるし、人間も同様に、悪い面もあればいい面もある。やって損をするという研究は非常にまれであるし、つきあって損をするという人間も非常に少ない。

　科学者や技術者であるなら、発見につながるあらゆる可能性にアンテナを伸ばすべきで、そのためには、好き嫌いがあってはいけないように思う。研究の幅や、発見につながる可能性を大きく狭めて(注1)しまう。

　ところで、そもそも(注2)好き嫌いとは何だろうか？

　自分の研究分野は、理系であることには間違いない。しかし自分でも、理由があって理系の道を選んだとは思えない。単なる偶然の積み重なりの結果なのだ。

　「自分の好みや得手不得手(注3)で選んだ」とあとから言うのは、その偶然の選択に何らかの理由を与えないと、あとで悔やむことになるからだと思う。たとえば、理系の道を選んで思ったような成果を上げられなかったとき、「なぜ文系の道を選ばなかったのか」と思うような後悔である。遠い過去にさかのぼっていちいち後悔していては、その時点の目の前の問題に力を注げず、前向きに生きていくことはできない。

　そう考えると、好き嫌いや感情というものは、偶然の積み重なりで進んでいく人生を自分なりに納得するためにあるようなものと言えるのではないか。好き嫌いや感情は、無意識のうちに、自分を守るために、自分を納得させるために、都合よく持つものなのだろう。

　感情や好き嫌いは元来(注4)人間に備わっているものであるというのは間違いないが、人間は、十分な理由がないまま行った自らの行動を、納得し、正当化する(注5)ためにも、感情や好き嫌いを用いる。人間は、他の動物にはない、そんな感情や好き嫌いの利用方法を身につけているのかもしれない。

(石黒浩『ロボットとは何か─人の心をを映す鏡』による)

(注1) 狭める:狭くする

(注2) そもそも:もともと

(注3) 得手不得手:得意不得意

(注4) 元来:初めから

(注5) 正当化する:ここでは、間違っていなかったと思う

71 <u>好き嫌いがあってはいけない</u>と筆者が考えているのはなぜか。

1　どんな研究であっても、役に立つ新しい発見につなげられるから

✓　どんなことでも、自分の研究に役立つものがあるかもしれないから

3　好き嫌いで判断することによって、悪い面に気づきにくくなるから

4　嫌いなことには、自分が気づかない重要なことが隠されているから

72 筆者は、どうして理系に進んだのか。

1　文系が得意ではなかったから

2　自分の気持ちに従ったから

3　特に嫌いではなかったから

✓　たまたまそうなったから

73 筆者は、好き嫌いとは人間にとってどのようなものだと考えているか。

1　自分がこれからとる行動を決める時のきっかけになるもの

2　自分が前向きに生きていくために意識的に利用しているもの

3　自分の研究や仕事がうまくいくように普段は抑えているもの

✓　自分の行動や選択が間違っていなかったと思うために用いるもの

해석

　나는 음식에 대해서는 호불호가 많지만, 연구 주제와 인간관계에 대해서는 그다지 호불호가 없다. 그런데 여러 사람과 이야기를 하고 있으면 의외로 호불호가 있다는 사람이 많다. 이 연구는 싫다든가, 이 사람은 좋아하지 않는다든가 자주 듣는다. 그러나 어떤 연구도 관점을 바꾸면 배울 점은 반드시 있고, 인간도 마찬가지로 나쁜 면도 있으면 좋은 면도 있다. 해서 손해를 보는 연구는 매우 드물고, 사귀어서 손해를 입는 인간도 매우 적다.

　과학자나 기술자라면, 발견으로 이어지는 모든 가능성에 안테나를 세워야만 하고, 그러기 위해서는 <u>호불호가 있어서는 안 된다고 생각한다.</u> 연구의 폭이나 발견으로 이어질 가능성을 크게 좁혀(주1) 버린다.

　그런데 원래(주2) 호불호란 무엇일까?

　나의 연구 분야는 이공계인 것에는 틀림없다. 그러나 스스로도 이유가 있어서 이과의 길을 택했다고는 생각하지 않는다. 단순한 우연이 쌓인 결과인 것이다.

　"자신의 취향이나 특기와 서투름(주3)으로 선택했다"라고 나중에 말하는 것은, 그 우연한 선택에 어떤 이유를 주지 않으면 나중에 후회하게 되기 때문이라고 생각한다. 예를 들어, 이과의 길을 선택해서 생각한 만큼 성과를 거두지 못했을 때, "왜 문과의 길을 선택하지 않았을까"와 같은 후회 말이다. 먼 과거로 거슬러 올라가 일일이 후회해서는 그 시점의 눈앞의 문제에 힘을 쏟을 수 없고 긍정적으로 살아갈 수 없다.

　그렇게 생각해보면 좋고 싫음이나 감정이라는 것은 우연의 반복으로 살아가는 인생을 자기 나름대로 이해하기 위한 것이라고 해도 되지는 않을까. 좋고 싫음과 감정은 무의식 중에 자신을 보호하기 위해서, 자신을 설득하기 위해서 자신에게 좋은 쪽으로 갖는 것일 것이다 .

　감정이나 호불호는 원래(주4) 인간이 갖추고 있는 것임에는 의심의 여지가 없지만, 인간은 충분한 이유가 없는 채 행한 자신의 행동을 이해하고 정당화하기(주5) 위해서도 감정이나 호불호를 사용한다. 인간은 다른 동물에게는 없는 그런 감정이나 호불호의 이용 방법을 습득하고 있는 것인지도 모른다.

(이시구로 히로시 "로봇이란 무엇인가 – 사람의 마음을 비추는 거울" 중에서)

(주1) 狭める : 좁게 하다
(주2) 正当化する : 원래
(주3) 得手不得手 : 특기 서툼
(주4) 元来 : 처음부터
(주5) 正当化する : 여기에서는 잘못하지 않았다고 생각함

71 호불호가 있어서는 안 된다고 필자가 생각하고 있는 것은 어째서인가?
　1 어떤 연구라도 유용한 새로운 발견으로 이어지기 때문에
　2 어떤 일이라도 자신의 연구에 도움되는 것이 있을지도 모르기 때문에
　3 좋고 싫음으로 판단함으로써 나쁜 면에 깨닫기 어렵게 되기 때문에
　4 싫은 것에는 자신이 눈치채지 못한 중요한 것이 숨겨져 있기 때문에

해설

밑줄 앞부분의 「発見につながるあらゆる可能性にアンテナを伸ばすべきで」와 밑줄의 뒷부분인 「研究の幅や、発見につながる可能性を大きく狭めてしまう。」에서 보았을 때, 1번 선택지는 「どんな研究であっても」라고 제한을 두었기에 정답이 될 수 없다. 3번의 경우 본문에 「悪い面に気づきにくくなるから」라는 언급이 없으며, 4번 선택지의 「自分が気づかない重要なことが隠されているから」 역시 언급이 없다. 선택지 2번 「どんなことでも自分の研究に役立つものがあるかもしれないから」는 모든 것에 가능성을 열어 두어야 연구의 폭을 넓히고 새로운 발견을 할 수 있다는 본문의 내용과 이어지므로 정답이 된다.

72 필자는 왜 이과에 진학한 것인가?
　1 문과가 특기가 아니기 때문에
　2 자신의 기분에 따랐기 때문에
　3 특히 싫어하지 않았기 때문에
　4 우연히 그렇게 되었기 때문에

해설

두 번째 단락을 보면 「自分でも、理由があって理系の道を選んだとは思えない。単なる偶然の積み重なりの結果なのだ」라는 것으로 보아 선택지 4번이 정답이 된다.

73 필자는 좋고 싫음은 인간에게 어떤 것이라고 생각하는가?
　1 자신이 앞으로 취할 행동을 결정할 때의 계기가 되는 것
　2 자신이 긍정적으로 살아가기 위해서 의식적으로 이용하고 있는 것
　3 자신의 연구와 일이 순조롭게 진행되도록 평소에는 자제하고 있는 것
　4 자신의 행동이나 선택이 잘못되지 않았다고 생각하기 위해서 이용하는 것

마지막 단락의「人間は、十分な理由がないまま行った自らの行動を、納得し、正当化するためにも、感情や好き嫌いを用いる」라는 필자의 의견과 맞는 내용을 찾으면 된다. 먼저, 앞으로 취할 행동에 대한 것이 아니라 과거 행동에 대한 것이므로 1번 선택지는 오답이다. 또 좋고 싫음은 정당화가 목적이므로 2번 선택지 역시 오답이다. 3번 선택지는 언급이 전혀 없으므로 오답이다. 선택지 4번에서「間違っていなかったと思う」는「納得し、正当化する」와 같은 의미이므로 정답이 된다.

비법 TIP

주장 이해의 텍스트에는 주요 내용에 밑줄이 쳐져 있는 경우가 많은데, 이에 대한 문제를 중문 텍스트 문제를 풀었던 방법으로 풀려고 하다가 막혀서 포기하는 학습자가 많이 있다. 주장 이해에서 첫 번째 문제로 밑줄 관련 문제가 나오면, 이것은 맨마지막에 푸는 것이 더 효율적이다. 단, 텍스트 안의 밑줄에 ①, ②와 같이 번호가 표시되어 있는 경우에는 중문 텍스트와 같은 성질의 문제이므로, 각 단락의 순서대로 문제를 풀어가면 된다.

▶ 읽기 전에 글의 출처를 확인하면 주장을 좀 더 명확하게 파악할 수 있다!

글을 읽을 때 제목을 모르는 상태에서 무작정 읽게 되면 무슨 이야기를 하고자 하는지 주제를 잡기가 힘들다. 특히 주장 이해의 경우 더욱 그렇게 되기 쉬우므로, 글의 출처를 먼저 확인하면 저자가 지금부터 어떤 주장을 하고자 하는지 내용을 좀 더 파악하기 쉽다.

▶ 밑줄 문제는 맨 마지막에 풀어라!

주장이해의 경우 텍스트에 밑줄이 쳐져 있어 이 문제를 먼저 풀려고 하다 막혀서 포기하는 학습자가 많다. 그러나 여기서 기억해야 할 것은, 이 밑줄은 중문텍스트에서 보아왔던 밑줄과 다르다는 사실이다. 주장이해의 밑줄은 글의 주요 포인트가 되는 어휘에 밑줄이 쳐져 있는데, 첫 번째 문제가 이 부분에 관한 문제라고 하더라도 맨 마지막에 푸는 것이 좋다. 텍스트를 다 읽고 전체적인 내용을 이해한 다음 다른 문제를 풀고, 다시 첫 번째 단락으로 돌아와서 한번 더 읽고 이 부분의 문제를 푸는 것이 좋다. 단, 밑줄에 중문 텍스트처럼 ①, ②번과 같이 번호가 표시되어 있는 경우에는 밑줄의 앞뒤 2줄 이내에 힌트가 있다는 사실을 명심해야 한다.

▶ 저자의 주장이나 의견을 명확하게 체크할 것!

문제의 명칭이 주장이해인 만큼 주장을 나타내는 표현들을 명확하게 체크해 두는 것이 중요하다. 특히「～はずだ ～일 것이다」「～に違いない ～임이 틀림없다」「～ではないだろうか ～은/는 아닐까」「～と思う ～라고 생각한다」「～と考える / 考えられる ～라고 생각된다」「～に他ならない (다름아닌) 바로 ～이다, 그것 외엔 없다」등과 같은 표현에 주의해야 한다.

① ～思うに　생각건데

・私が思うに～　내가 생각하건대～

② ～ではなかろうか(ないだろうか)　～은/는 아닐까

・そんな肝を冷やす経験をした人は少なくないのではなかろうか。

그런 간담을 서늘하게 한 경험을 하는 사람은 적지 않을까?

③ ～ではないか(＝じゃないか)　～ 아닌가

[A는 A이다]라는 사안에 [～아닌가]를 덧붙여서 저자가 독자로 하여금 다시 확인을 하거나 사실

을 인정하도록 하는 뉘앙스의 문형이다.

・憲法というのは改正されるのが当たり前ではないか。

헌법이라는 것은 개정되는 것이 당연한 것이 아닌가.

④ ～問題ではないか　～문제가 아닐까

・体が薬に慣れてしまう、耐性化してしまうのが問題ではないか。

몸이 약에 익숙해 버리는 내성화 해버리는 것이 문제가 아닐까.

⑤ ～と言わざるを得ない　～라고 하지 않을 수 없다

・これでは、むしろ休暇を取るべきだと言わざるを得ません。

이래서는 오히려 휴가를 취해야 한다고 말하지 않을 수 없습니다.

<table>
<tr><td>문제14</td><td>**정보 검색**</td><td>2문제</td></tr>
</table>

문제이해　광고, 팸플릿, 정보지, 비즈니스문서 등 정보를 담고 있는 700자 정도의 글에서 필요한 정보를 검색해내는 문제이다. 전체의 내용을 다 읽고 이해하는 것보다는, 문제에서 요구하는 목적이나 과제에 대한 내용을 텍스트 안에서 파악하는 것이 중요하다. 예를 들어, 여행 팸플릿을 보고 문제에 제시된 조건에 맞는 여행을 선택하거나, 아르바이트 모집광고에서 전체를 다 읽는 것이 아니라 자신이 필요한 조건이나 정보를 찾아내는 등, 텍스트 전체를 읽기 보다는 그 안에서 필요한 정보를 얼마만큼 정확하게 찾아내는가가 중요한 문제이다.

기출문제유형　2011-1회

問題14　次のページは、A社とB社の海外引越サービスの案内である。下の問いに対する答えとして最もよいものを、1・2・3・4から一つ選びなさい。

74　チャンさんは来月帰国する際に、A社を利用して引越する予定である。荷物が10箱以上あるのでなるべく安い料金で送りたいが、そのうち帰国後すぐに使うものが入った5箱は料金が少し高くてもいいので早く着くように送りたい。チャンさんはどうしたらいいか。
1　急ぐものはプラン①で、その他のものはプラン②で送る。
2　急ぐものはプラン①で、その他のものはプラン③で送る。
3　急ぐものはプラン④で、その他のものはプラン②で送る。
4　急ぐものはプラン④で、その他のものはプラン③で送る。

75　会社員の有田さんは3ヶ月後に海外支店に転勤することになった。一緒に行く家族は外国での生活が初めてなので、日本語で対応してもらえて、なるべく楽なプランを利用したいと思っている。有田さんはA、B両社のどのプランを検討したらいいか。
1　A社のプラン①とB社のプランⅢ
2　A社のプラン①とB社のプランⅣ
3　A社のプラン②とB社のプランⅢ
4　A社のプラン②とB社のプランⅣ

A社　海外引越サービスプラン比較

	プラン①	プラン②
こんな方に	・荷物が多い方 ・手間をかけたくない方	・荷物が少ない方 ・手間をかけたくない方
荷造り	当社スタッフが行います	当社スタッフが行います
荷物量	Mサイズ10箱以上	Mサイズ10箱未満
料金	1箱12,000円～	1箱15,000円～
	プラン③	プラン④
こんな方に	・予算を抑えたい方 ・必要なサービスだけ利用したい方	・荷物が少ない方 ・早く荷物を受け取りたい方
荷造り	お客様ご自身で行ってください	お客様ご自身で行ってください
荷物量	Mサイズ5箱以上	Mサイズ5箱まで
料金	1箱10,000円～	1箱15,000円～

・料金には、荷物の日本でのお引き取り、輸出入税関手続き、海外でのお届け費用を含みます。

・プラン①は、海外での荷物のお届けの際に日本語がわかるスタッフがうかがうので安心です。

・プラン④のみ、他のプランに追加してのご利用が可能です。

B社　海外引越サービスプラン診断

　　お客様の状況やご希望に合わせて、最適なプランをお選びします。

　　(以下はすべて、当社のスタッフが荷造りからお手伝いする「らくらくプラン」になります。)

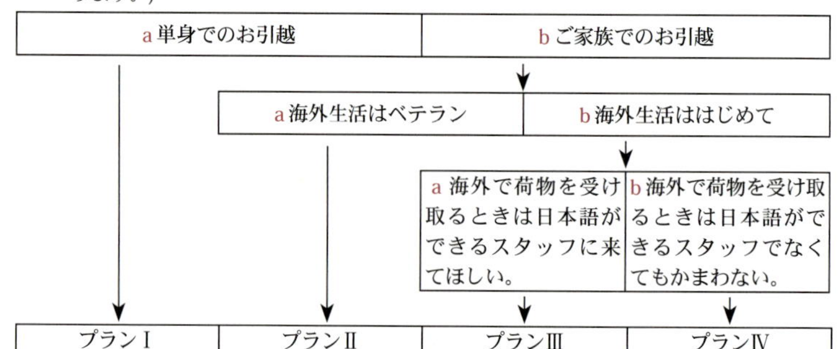

・以上の診断結果だけではなく、各プランの詳しい内容をご確認のうえ、お申し込みください。

・プランⅢ、Ⅳをお申し込みのお客様は、当社主催「海外生活情報セミナー」にご招待いたします。

문제 14 다음 페이지는 A 사와 B 사의 해외 이사 서비스 안내이다. 아래의 질문에 대한 대답으로 가장 좋은 것을 1·2·3·4에서 하나를 고르시오.

A사 해외이사 서비스 플랜 비교

	플랜①	플랜②
이런 분에게	•짐이 많은 분 •번거롭고 싶지 않은 분	•짐이 적은 분 • 번거롭고 싶지 않은 분
포장	당사 직원이 진행합니다	당사 직원이 진행합니다
짐의 양	M사이즈 10상자 이상	M사이즈 10상자 미만
요금	1상자 12,000엔~	1상자 15,000엔~
	플랜③	플랜④
이런 분에게	•예산을 줄이고 싶은 분 •필요한 서비스만을 이용하고 싶은 분	•짐이 적은 분 •빨리 짐을 받고 싶은 분
포장	고객님이 직접 해야 합니다	고객님이 직접 해야 합니다
짐의 양	M사이즈 5상자 이상	M사이즈 5상자까지
요금	1 상자 10,000엔~	1상자 15,000엔~

• 요금에는 일본에서의 짐 인수, 수출입 세관 절차, 해외 배송 비용을 포함합니다.
•플랜①은, 해외에서 물품 배송 시 일본어가 가능한 직원이 찾아 뵈어 안심하실 수 있습니다.
•플랜④만 다른 플랜에 추가하여 이용이 가능합니다.

B사 해외이사 서비스 플랜 비교

고객의 상황이나 희망에 맞추어 최적의 플랜을 선택합니다.
(이하는 모두 당시의 스텝이 짐 포장부터 돕는「리쿠리쿠 플랜」입니다.)

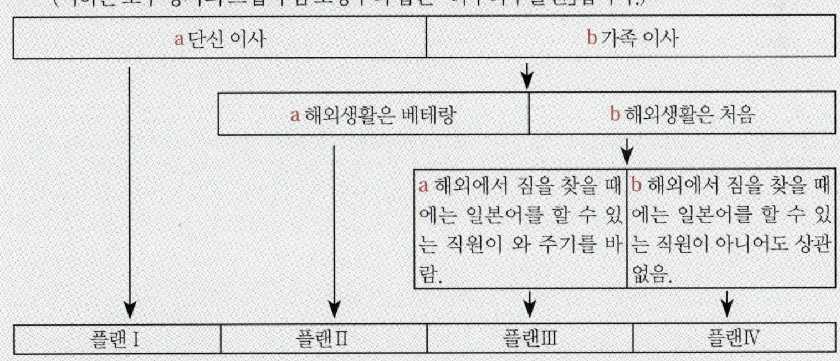

• 이상의 진단 결과뿐만아니라, 각 플랜의 자세한 내용을 확인한 후, 신청해 주세요.
• 플랜Ⅲ, Ⅳ를 신청하시는 고객남은 당사 주최「해외생활정보세미나」에 초대합니다.

[74] 장 씨는 다음달 귀국할 때 A사를 이용하여 이사할 예정이다. 짐이 10상자 이상이기 때문에 가능한 한 저렴한 요금으로 보내고 싶은데, 그 중 귀국 후 바로 사용할 물건이 들어간 5박스는 요금이 조금 비싸도 괜찮으니 빨리 도착하게 보내고 싶다. 장씨는 어떻게 하면 좋은가?
　1　서두르는 것은 플랜①로, 다른 것은 플랜②로 보낸다.
　2　서두르는 것은 플랜①로, 다른 것은 플랜③으로 보낸다.
　3　서두르는 것은 플랜④로, 다른 것은 플랜②로 보낸다.
　4　서두르는 것은 플랜④로, 다른 것은 플랜③으로 보낸다.

해설
조건을 정리해보면, 우선 5상자만 보낼 예정이므로 「荷物が少ない方 / 早く荷物を受け取りたい方」가 있는 플랜④가 적합하다. 따라서 선택지 1번과 2번은 오답이 된다. 그리고 나머지 짐은 「なるべく安い料金で送りたい」의 조건으로 보았을 때 「予算を抑えたい方」라고 되어 있는 플랜③이 적절하므로 정답은 4번이다.

[75] 직장인 아리타 씨는 3개월 뒤에 해외 지사로 전근가게 되었다. 함께 가는 가족은 외국에서의 생활이 처음이기 때문에 일본어로 응대받는, 가급적 편안한 서비스를 이용하고 싶다고 생각하고 있다. 아리타 씨는 A, B 두 회사의 어떤 계획을 검토하면 좋을까.
　1　A 사의 플랜①과 B 사의 플랜Ⅲ
　2　A 사의 플랜①과 B 사의 플랜Ⅳ
　3　A 사의 플랜 ②와 B 사의 플랜Ⅲ
　4　A 사의 플랜 ②와 B 사의 플랜Ⅳ

해설
아리타 씨가 원하는 조건을 정리해보면 「日本語で対応してもらえて」와 「楽なプラン」이다. 우선 A회사의 플랜 비교 표를 보면 「プラン①は、海外での荷物のお届けの際に日本語がわかるスタッフがうかがうので安心です」라는 부분이 첫 번째 조건과 맞으므로 A회사의 플랜①이 정답이 되므로, 우선 선택지 3번과4번은 오답으로 삭제한다. 그리고 B회사의 플랜진단을 보면 우선 「bご家族でのお引越」⇒「b海外生活ははじめて」⇒「a日本語ができるスタッフにきてほしい」로 보아 플랜Ⅲ로 진단된다. 따라서, A회사는 플랜①, B회사는 플랜Ⅲ을 검토하는 것이 적당하므로 정답은 1번이 된다.

비법 TIP
이 문제의 경우 문장을 얼마만큼 정확하게 다 읽는가는 중요하지 않다. 오히려 다 읽지 않은 상태에서 원하는 정보를 파악할 수 있는가가 중요하다. 원하는 정보를 파악해 내기 위해서는 무엇이 필요한지를 먼저 알아야 한다.

▶ 문제를 먼저 체크해 무엇이 필요한지를 파악한다!
내용을 보기 전에 문제를 먼저 읽고 내가 알고 있는 정보는 무엇인지, 조건은 무엇인지, 무엇을 원하는지를 먼저 파악해야 한다. 그리고 그에 맞추어 본문에서 읽어야 할 부분을 찾아야 한다. 「応募条件を満たしている」를 묻는 문제라면 본문에서 「조건」이 쓰여 있는 부분을 봐야 할 것이다.

▶ 내용을 다 읽는 것이 아니라 소제목으로 읽을 부분을 파악한다!
조건을 보고 소제목 중에서 어느 부분을 읽어야 할지를 판단하는 것이 중요하다.

書名	日本語辞書
編著者名	日本語研究グループ
定価	10,000万円(セット、税込み)
発行元	日本会
発行日	2016年4月5日
予約特別価格	9,000円
予約受付	2016年3月5日
お届け	発行日の一か月前にご希望先へお届けします。
お申し込み	日本会のホームページで承ります。

(書店での申し込みは受け付けられませんのでご注意ください。)

예를 들어 위와 같은 글에서 「書名」「編著者名」「定価」「発行元」「発売日」가 소제목이 될 것이다. 더불어 만약 문제가 「この辞書をなるべく安く買いたいときは、どうすればいいのか。」라고 되어 있다면 소제목 중에서 「予約特別価格」라고 되어 있는 부분부터 읽고 그 부분에 맞는 선택지를 찾으면 된다.

▶ 정보검색도 단락별로 문제를 푼다!

내용이해에서와 같이 이 문제의 경우도 단락별로 문제가 출제되는 경우가 많다. 만약 표에서 첫 번째 문제가 출제되는 경우, 두 번째 문제는 전체 텍스트의 설명부분인 아래에서 출제되므로 그에 맞춰서 오답을 소거해가면 정답이 남는다.

▶ 주요사항을 나타내는 표시나 「なお / また」는 주의!

영화관에 「소인 4000원」이라고 쓰여 있는 것을 볼 때, 정작 소인이 몇 살까지인지는 ( )로 표시를 해서 따로 추가 표시를 하는 경우가 있다. 또는 주요 사항은 내용과 표시를 달리하기 위해 「* / ( )/ [ ]/「」/注意/ そのほか」 등과 같이 표시하거나, 「なお / また」를 사용해서 강조를 하기도 한다. 이 부분이 정답과 연관되어 있는 경우가 많기 때문에 가능하면 미리 체크해 두는 것이 중요하다.

▶ 문제에 「必ず / しなければならない」를 묻는 경우에는!

만약 문제에 「必ず / しなければならない」의 어휘가 사용되었다면, 본문 내용에서 제시되는 정보와 대체할 수 있는 것은 없다는 의미가 된다. 따라서 본문에 반드시 언급되어야 하는 부분이고, 「または / あるいは / それとも」 등과 같은 표현은 오히려 오답이 되므로 주의해서 살펴봐야 한다.

✳ JLPT 기출 어휘 체크

2015-1회

真剣に 진지하게	取り組む 몰두하다
応用 응용	誤用 오용
総合受付 종합접수	鉢植えの花 화분의 꽃
褒める 칭찬하다	刷り込む 새기다, 박아 넣다
メリットとデメリット 장/단점	行きつ戻りつ 왔다 갔다(하는 모양)
身振り 몸짓	もやもやする 개운치 않다, 떨떠름하다
思考力が向上する 사고력이 향상되다	製品を選択する 제품을 선택하다
好調な売れ行き 순조로운 매출	好印象を持つ 좋은 인상을 갖다
織り込む (다른 실을) 섞어 짜다, (다른 사물) 집어넣다	奥底にしまいこむ 마음속 깊이 간직하다
特性 특성	老化 노화
より分ける 분류하다	枠組み 틀, 사물의 짜임새
死守する 사수하다	大胆に 대담하게
指摘する 지적하다	よそ者 외지인
おおむね 대체로, 대강	仲間に入れる 동료로 넣다
適当に決める 적당히 결정하다	馴染む 친숙해지다
突き詰める 추구하다	羨ましい 부럽다
丁寧に説明する 정성스럽게 설명하다	いい加減に 적당히, 대충
努力が実る 노력이 결실을 맺다	目新しい形 새로운 모양
好感を持つ 호감을 갖다	材料がそろう 재료가 갖추어지다
先着順 선착순	悪天候により 악천후로 인해

2014-1회

ありのまま 있는 그대로	ごまんと 얼마든지
スラスラと思い出す 술술 생각나다	つきましては 따라서는
つらい恋愛 괴로운 연애	どれほどすばらしいか 얼마나 훌륭한 것인가

どんどん忘れていく 자꾸 잊어버리다	にもかかわらず 그럼에도 불구하고
ばらばらに 뿔뿔이	ふと気づく 문득 깨닫다
ふれ合う 서로 접하다	ベース 기반, 바탕
まぶた 눈꺼풀	よく言えば 좋게 말하면
価格が下がる 가격이 내려가다	家事を助けてくれる 집안일을 도와주다
家庭向け 가정용	感覚の順応 감각의 순응
減衰 감쇠	勘違い 착각
強く惹かれる 강하게 끌리다	健全さ 건전성, 건전함
見知らぬ 낯선	考えを極める 생각을 다하다
駆け抜けていったとしても 앞질러 갔다고 해도	多機能 다기능
淡白 담백함	当たり前 당연, 당연함
大胆に 대담하게	対象範囲 대상 범위
対戦する 대전하다	到底できない 도저히 할 수 없다
鈍い 둔하다, 무디다	了解してもらっている 양해 받고 있다
裏打ちする 뒷받침하다	糸口さえ見つかれば 실마리만 발견되면
面倒な仕事 귀찮은 일	明瞭性 선명도
目標を定める 목표를 정하다	物心ついたとき 철이 들었을 때
反映させる 반영시키다	歩みを刻んでいくことだ 발걸음을 새겨가는 것이다
負担する 부담하다	思い返す 회상하다, 재고하다
社会的な自己 사회적인 자기	生きる限り 사는 한
成績を収める 성과를 거두다	消失する 손실되다
数分もしないうちに 몇 분도 지나지 않아	手順 절차
出くわす (우연히) 만나다, 맞닥뜨리다	瞬間的に 순간적으로
述べるならば 말하자면	悪く言えば 나쁘게 말하면
余裕が欲しい 여유를 원하다	渦巻く 소용돌이 치다
宛先 받는 사람	旺盛な 왕성한
違いを感じる 차이를 느끼다	慰められる 위로받다
違和感 위화감	異文化に接する 다른 문화를 접하다
人との関係を保つ 사람과의 관계를 유지하다	一気にダッシュする 단번에 돌진하다
刺激をもたらす 자극을 초래하다	自分を演じる 자신을 연기하다

自分自身を除く 자신을 제외하다	負担する 부담하다
著しい場合 현저한 경우	積極的に 적극적으로
適応する 적응하다	適切な態度 적절한 태도
証明される 증명되다	提案 제안
制約する 제약하다	繰り返す 반복하다
指導する 지도하다	指示にも 지시에도
次につなげる 다음으로 연결하다	最低限の保証 최소한의 보장
充実する 충실히 하다	取り巻く 둘러싸다
取り急ぐ 서두르다	幅の広さ 폭 넓이
何かしら 어쩐지, 왜 그런지	好むと好まざるとに関わらず 좋든 싫든 상관없이

2014-2회

何よりも 무엇보다도	向き合う 마주대하다
期日 기일	関心が寄せられる 관심이 집중되다
帰省 귀성	友好的 우호적
事柄によっては 일(사항)에 따라서는	歯車 톱니바퀴, 전체 구성 요소, 요원
噛み合う 서로 다투다, 맞물리다, (의견) 일치하다	見いだす 찾아내다, 발견하다
究める 깊이 연구하다, 끝까지 밝히다	突き進める (장애를 무릅쓰고) 돌진하다
結びつく 밀접한 관계를 갖다, 한패가 되다	奥底に 깊은 곳, 마음속
賛同する 찬동하다, 찬성하다	手にする 손에 들다, 입수하다
見合う 균형이 맞다, 서로 살펴보다	利口 영리함, 요령이 좋음, (생각, 행동) 빈틈없음
快い 상쾌하다, 시원하다, 호의적이다	果てしなく 끝없이, 한없이
湧き出る (물) 솟아 나오다, (감정) 북받치다	指摘する 지적하다
穏やかに 순탄하게, 잔잔히	成長を促す 성장을 촉진하다
安易な選択 안이한 선택	相場 시세, 시가
モチベーション 의욕, 동기 부여	ひいては (한층 더) 나아가서는
臨時 임시	ゴミの分別 쓰레기 분류
急病 급병	組み込む 짜 넣다, 편성하다
対応の仕方 대응방법	創造する 창조하다
心を打つ 마음을 울리다	半ば 절반, 중간

真摯な 진지한	みみっちい 인색하다, 쩨쩨하다
まさに 이제 막, 하마터면	

アイデアを生かす 아이디어를 살리다	アプローチを経る 접근을 거치다
おのずと 저절로	～がピークでした ~이 최고조였습니다
ジャンル 장르	そっくりだ 똑 닮았다
チャンスを逃す 기회를 놓치다	なんらか 무엇인가 좀, 어떠한
のっている (궤도에) 올라 있다	ノルマを課する 할당량을 부과하다
簡略化する 간략화하다	感心する 감탄하다
改良案 개선안	個性 개성
客の好みを調べる 고객의 취향을 조사하다	検討する 검토하다
見つけ出す 알아내다	考慮せずに 고려하지 않고
曲線を描く 곡선을 그리다	困難にぶつかる 어려움에 부딪히다
貢献する 공헌하다, 이바지하다	構造 구조
極端に少なくなる 극단적으로 줄다	記憶力を高める 기억력을 높이다
能力を養う 능력을 기르다	断然と 단연코
当然である 당연하다	対象を知る 대상을 알다
大抵 대개	裏面に印刷する 뒷면에 인쇄하다
迷い 방황, 망설임	負担になる 부담이 되다
分割払い 할부	飛躍的 비약적인
非効率極まりない 비효율적이기 짝이 없다	思い込む 굳게 믿다
辞典を受け取る 사전을 건네 받다	仕組み 구조
上手に克服する 잘 극복하다	上昇 상승
商品を宣伝する 제품을 선전하다	税込み 세금 포함
小金を稼ぐため 푼돈을 벌기 위해	素直に思えば 솔직하게 생각하면
送付先 송부처	受付 접수
承る 접수하다	時間を調節する 시간을 조절하다
余裕がある 여유가 있다	逆に 반대로
歪められる 뒤틀어지다	優れた点 뛰어난 점

柔軟に生きる方法 유연하게 사는 법
引き合い (증거, 참고) 예로 인용함

人生が劣っている 인생이 뒤떨어지고 있다
一括払い 일시불

一助 일조, 얼마간의 도움
自分らしい人生 자신다운 인생

自分を追い込む 자신을 몰아세우다
載る 실리다

全額を支払う 전액을 지불하다
絶好調 최고의 상태

精一杯 한껏
制約する 제약하다

足を運ぶ 발길을 옮기다
尊重する 존중하다

中身 속, 내용물, 알맹이
支給する 지급하다

指定口座 지정 계좌
振り込む 송금하다

進歩する 진보하다
添付 첨부

他にも 그 밖에도
特別価格 특별 가격

把握する 파악하다
学生の反応 학생들의 반응

好評を得る 호평을 얻다
惑わされる 현혹되다

確認する 확인하다
回数 횟수

2013-2회

ありとあらゆる 온갖, 모든
ありのまま 있는 그대로

コツ 요령
その都度 그때마다

それぞれ 각각
たった一言で 단 한마디로

費用の割に 비용보다
〜にかかわる ~에 관련되다

〜に到達する ~에 도달하다
ハマる 푹 빠지다

べたべた 끈적끈적
やがてこうなるだろう 머잖아 이렇게 될 것이다

簡潔に 간결하게
改善される 개선되다

掲示 게시
見つめ直す 다시 돌아보다

見極める 파악하다
軽々と超える 가볍게 넘다

苦手だ 골칫거리다, 서투르다, 잘 못하다
空想 공상

貢献する 공헌하다, 이바지하다
誇りをかける 자부심을 걸다

構成する 구성하다
根性がない 근성이 없다, 끈기가 없다

脳を刺激する 뇌를 자극하다
多額の国家予算を使う 막대한 국가 예산을 사용하다

当惑気味に　당황하는 기색으로

大げさなことはあまり言いたくない　과장된 것은 별로 말하고 싶지 않다

途方もない　터무니없다

突き詰める　규명하다

突拍子もない　뜬금없다

涼しげ　시원함

列挙する　열거하다

論戦が戦わされている　논쟁이 벌어지고 있다

臨む　임하다

夢はとどまらず　꿈은 그치지 않고

保守的　보수적

保護者　보호자

不明瞭だ　불분명하다

否定的な意見　부정적인 의견

体内に吸収される　체내에 흡수되다

分別する　분별하다, 분류하다

体温調節　체온 조절

詳しい　자세하다

成果を活かすためにも　성과를 살리기 위해서라도

笑顔　미소, 웃는 얼굴

受け止める　받아들이다

受け取る　수취하다, (그대로) 받아들이다

時の流れに沿って　시간의 흐름에 따라

身近で　가까이에서

慎重だ　신중하다

実用的な利益　실질적인 이익

心に去来する　마음에 오가다

言い換える　바꾸어 말하다

予測　예측

役割をうまく果たせない　역할을 잘 완수할 수 없다

延長線上に浮かぶ　연장 선상에 떠오르다

要旨　요지

優先されなければならない　우선되어야 한다

応募条件を満たす　응모 조건을 충족하다

疑問を感じ始める　의문을 느끼기 시작하다

人間生活の向上　인간 생활의 향상

日ごろから　평소부터

一角　일각

言い換える　바꾸어 말하다

的確に語る　정확하게 말하다

展示する　전시하다

定着する　정착하다

早急に　조속히

注意深く　주의 깊게

蒸発する　증발한다

池　연못

直結する　직결되다

進歩が遅い　진보가 늦다

創造　창조

処理になる　처리하게 되다

徹底　철저

取り寄せる　주문하다

判断　판단

膨大な　엄청난

編集　편집

解釈ができる　해석이 가능하다

許される 허용되다	呟く 중얼거리다
現実からかけ離れる 현실에서 동떨어지다	確度が高い 정확도가 높다
幻想的 환상적	希薄 희박함

2012-1회

あこがれを持っている 동경하고 있다	勝手に 마음대로
くい止める 막다, 저지하다	ご遠慮ください 삼가 주십시오
すくすくと伸びる 무럭무럭 성장하다	まったく驚きだ 완전히 놀라운 일이다
わくわくしながら 두근거리며, 가슴 설레며	強い関心を払う 강한 관심을 두다
開催 개최	見守ってくれる 지켜주다, 지켜보다
決して友達を作ろうとは 결코 친구를 사귀려고	繋がり 연결
孤独に 고독하게	攻撃する 공격하다
過剰なまでに 과도하게까지	気がする 생각이 들다
寄付される 기부되다	耐える 견디다
内包される 내포되다	単純化する 단순화하다
踏ん張る 분발하다	対象で 대상으로
繋がっている 이어져 있다, 연결되어 있다	道具 도구
導入する 도입하다	同居 동거
同様に 마찬가지로	絡みあう 얽히다
目指している 목표로 하고 있다	迷わず 망설임 없이
薄っぺら 어설픈	絆をつくる 유대감을 만들다
壁にぶつかる 벽에 충돌하다, 벽에 부딪히다	不機嫌になる 기분이 나빠지다
負担を軽減する 부담을 줄이다	父宛に 아버지 앞으로
分析学 분석학	秘する 감추다, 숨기다
思い込みを抱いて 믿음을 가지고	思い知らす 깨우치다, 알게 되다
生かしたまま 살린 채	選抜 선발
声高に 시끄럽게, 큰 소리로	勢い 기세
洗練される 세련되다	衰退する 쇠퇴하다
手がかり 단서	昇華させる 승화시키다
心の使い 마음의 사용	躍起になり 혈안이 되어

要素 요소	用いられる 사용되다
優秀な人材 우수한 인재	偽物 위조품
柔らかい 부드럽다	育児 육아
介護 간호	育児参加を促す 육아 참여를 독려하다
引っ込む 틀어박히다	引退する 은퇴하다
切り捨てる 잘라 버리다	証拠として 증거로서
提供 제공	組織 조직
存在感が薄れる 존재감이 희미해지다	知能 지능
指定 지정	進化 진화
取り組まずに 열심히 하지 않고, 임하지 않고	特徴 특징
飽きが来ない 싫증이 나지 않는다	幅広い事由 폭 넓은 사유
切り捨てる 잘라 버리다	何気なく 아무렇지도 않게
互いに 서로	獲得 획득
後押しする 밀어 주다	休暇を取る 휴가를 내다, 휴식을 취하다

アイデアを提案する 아이디어를 제안하다	あわただしい生活 분주한 생활
ギャップ 격차, 차이	ごろごろ出てくる 데굴데굴 굴러 나오다
すでに 이미	スムーズな運営 원활한 운영
そうすることで 그렇게 하는 것으로	チャンスを得る 기회를 얻다
普段生活する 평소 생활하다	ぽつんと生まれる 덩그러니 태어나다
まさに 이제 막, 하마터면	ゆがみがない 왜곡이 없다
覚悟ができない 각오할 수 없다	掲載する 게재하다, 싣다
見方を広げる 견해를 넓히다	苦難の道 고난의 길
故障かどうか 고장인지 어떤지	過程 과정
筋が通っている 일리가 있다	根拠 근거
寄り道 지나가는 길에 들림, 돌아가는 길	内部 내부
短縮する 단축하다	凍る 얼다
動機づける 동기 부여하다	冷えない 식지 않다
分厚い 두껍다	使いこなし 잘 다룸, 잘 활용함

思い込み 굳은 믿음, 깊이 마음먹음	思わぬ 뜻밖의
成否を決める 성공 여부를 결정하다	所有する 소유하다
素質の影響が強い 소질의 영향이 강하다	素晴らしい 훌륭하다
収納する 수납하다	需要 수요
身の回り 신변	厳守を求める 엄수를 요구하다
逆に 반대로	逆算してみる 역산해 보다
揺れる 흔들리다	運営する 운영하다
萎縮する 위축되다	依頼 의뢰
一気に 단번에	一歩を踏み出す 한 걸음을 내딛다
日々 매일	入れ替えたからといって 바꿔 넣었다고 해서
再び 다시, 재차	適性 적성
転じる 바뀌다, 바꾸다	点検 점검
照明 조명	矛盾がない 모순이 없다
目を向ける 눈을 돌리다, 관심을 갖다	問い合わせる 문의하다
物欲にかられる 물욕에 휩싸이다	迷惑になる 폐가 되다
発言を避けること 발언을 피할 것	範囲 범위
弁解 변명	普及 보급
従来 기존, 종래	住み慣れる 정들다
振動がある 진동이 있다	集合場所 집합 장소
滞在できる 체류할 수 있다	焦げる 타다, 검게 그을리다
充電する 충전하다	就いている職業 종사하고 있는 직업
側面 측면	嘆く 탄식하다
恒常性 항상성	画期的 획기적인
後ろ向きの姿勢 소극적인 자세	後戻りをしてしまう 퇴보해 버리다

2011-1회

～を捉える ～을/를 파악하다	アクセルをふかす 액셀을 고속 회전시키다
あと一歩 앞으로 한걸음	あなどれない 무시할 수 없다
ご利用いただければ幸いです 이용해 주시면 감사하겠습니다	遡る (시간) 거슬러 올라가다

しょげかえる 몹시 기가 죽다, 풀이 죽다	ハードルを低くする 기준을 낮게 하다
まれである 드물다	もう一度 다시 한 번
やがてはより身近で 머지않아 더 가까이서	改善 개선
見た目 외형	契約が結べない 계약을 맺지 못하다
固定される 고정되다	恐怖 공포
矯正 교정	購入 구매
技術 기술	単身 독신, 단신
対応する 대응하다	都合よく 때마침
力を注げず 힘을 쏟지 못하고	糸口 실마리
目をそらす 외면하다, 시선을 돌리다	目を向ける 눈을 돌리다, 관심을 두다
配慮する 배려하다	普段抑える 평소 자제하다
普遍的な 보편적인	複雑 복잡
不揃いな 불규칙한, 가지런하지 않은	費やす 소비하다
比較 비교	捨てつつある 버리고 있다
向上を妨げる 향상을 방해하다	仕組み 구조
傷 상처, 흠	徐々に 천천히
掃きだす 쓸어내다	騒音も少ない 소음도 적다
損をする 손해를 보다	時代が訪れる 시대가 찾아 오다
身のこなし 몸놀림	深度で 심도있게, 깊이
予算を抑える 예산을 줄이다	偶然の積み重ね 우연의 반복
遠い過去に 먼 과거에	危険を察知する 위험을 감지하다
耳にする (우연히) 들다	引き取る 물러가다, 일을 인수하다
備わる 갖추다, 갖고 있다	刺激を与える 자극을 주다
積み重なり 겹겹이 쌓여	転勤する 전근하다
前向き 긍정적	節約 절약
製造できる 제조할 수 있다	繰り返す 반복하다
注目を集める 주목을 끌다	走行 주행
指導を受ける 지도를 받다	進歩によって 발전으로 인해
最適な 최적의	追加購入 추가 구입
出現 출현, 나타남	充実感を得られる 성취감을 얻을 수 있다

充電する 충전하다	取り除く 제거하다, 없애다
特殊だ 특수하다	破壊 파괴
何気なく 아무렇지도 않게	荷造り 포장, 짐 꾸리기
悔やむ 후회하다	回路 회로

あわてふためく 매우 당황하다	こつこつと 꾸준히
コントロールする 제어하다, 조절하다	シグナル 신호
すれ違い 엇갈림	ただいま 지금, 방금
限りなく似ている 한없이 비슷하다	わくわくする 두근거리다
ふるまい 행동	ぼんやりと 멍하니, 어렴풋이, 흐릿하게
めぐりあえる 우연히 만나다	もしくは 또는
感激する 감격하다	減速が抑えられる 감속이 억제되다
格別 각별함	見知らぬ 낯선
結実する 결실을 맺다	季節ごとに 계절마다
恐れ多くて 송구하여	共同作業 공동 작업
過程 과정	観察する 관찰하다, 지켜보다
記憶に残す 기억에 남다	鍛える 단련하다, 다듬다
力を抜く 힘을 빼다	敏感に 민감하게
反発する 반발하다	反射を作り上げる 반사를 만들어 내다
歩きなれる 걷는데 익숙해지다	歩幅 보폭
付近 부근	飼い主 주인
省略する 생략하다	消耗が激しい 소모가 심하다
手段 수단	水準を満たす 수준을 충족하다
瞬間 순간	習得的 습득적
時刻に 시간에, 시각에	挨拶 인사
言いつけ 고자질, 명령, 지시	円滑に 원활하게
余計な力は使わない 불필요한 힘은 사용하지 않다	葉書 엽서
威嚇する 위협하다	引き渡せる 인도하다, 건네주다
一気に 단번에, 단숨에	一晩 하룻밤

刺激として 자극으로서	雑踏 혼잡함, 붐빔
適応できる 적응할 수 있다	情報を交換する 정보를 교환하다
情報源 출처, 정보원	静的 정적
遭遇する 조우하다	調節する 조절하다
足をはこぶ 발길을 옮기다	振り返る 되돌아보다
集団 집단	締め切り 마감
追いつけない 따라잡을 수 없다	追い付かず 따라가지 못하고
退屈する 지루하다	投函する 투함하다, 우체통에 넣다
平素 평소	暴れ出す 날뛰기 시작하다
表現性 표현성	乏しい 부족하다, 모자라다
寒さに耐える 추위를 견디다	解放される 해방되다, 풀려나다
解釈 해석	行為 행위
好奇心 호기심	滑らかに 부드럽게
横取りする 가로 채다	希望に添えない 원하는 대로 해 주지 못하다

2010-1회

印象を強める 인상을 강화하다	清潔な 깨끗한
さわやか 상쾌함	関係を築く 관계를 구축하다
吸い取られる 흡수되다	乾燥 건조
地帯 지대	販売を開始する 판매를 개시하다
用紙の配布 용지 배포	相当する 상당하다
装置 장치	いずれ 어느 쪽, 어차피, 조만간
不要になる 불필요하게 되다	意図的な 의도적인
きわめて 매우	ほかのねらい 다른 목적
クラッシュする 충돌하다, 부딪치다	うなずきながら 고개를 끄덕이며
会話に加わる 대화에 참여하다	独占する 독점하다
敬意を払う 경의를 표하다	話を振る 화제를 제공하다
つくづく思う 곰곰이 생각하다	大勢で話す 여럿이서 이야기하다
慎重に 신중하게	ニーズに沿う 요구에 따르다
納得できる 납득할 수 있다	簡略化する 간략화하다

要点をおさえる　요점을 파악하다	快適さ　쾌적함
拡大される　확대되다	転職　이직, 전직
それほど本気ではない　그렇게 진심은 아니다	格別な面白さ　각별한 재미
充実する　충실하다	～と言われてしまえばそれまでだ ～라고 한다면 거기까지다
平凡な　평범한	職業　직업
胸を張る　가슴을 펴다	人脈が広がる　인맥이 넓어지다
自己を磨く　자기를 갈고 닦다	的確に　정확히
漫然と　멍하니, 건성으로	核心が見えなくなる　핵심이 보이지 않게 되다
抵抗感　거부감	心境　심경
気恥ずかしい　창피하다, 멋쩍다	恐れる　두려워하다, 무서워하다
～に越したことはない　～보다 나은 것은 없다	得意技　특기
よほど　상당히	わざわざ　일부러
バリア　장벽	換算する　환산하다
そうすれば　그렇게 하면	限だからこそ　한계이기 때문에
堂々と　당당하게	スムーズに進める　부드럽게 진행하다
除く　제외하다	抽選　추첨
必着で　필착으로, 꼭 도착해야 함	点検作業　점검 작업
大変有意義だった　매우 의미 있었다	指導　지도

2010-2회

システムを取り入れる　시스템을 도입하다	こんなはずではなかった　이런 것이 아니었다
ご不明な点　궁금하신 점, 불분명한 점	サボる　게을리하다, 빼먹다
しきりに　자꾸	すらすら解ける　술술 풀리다
その逆も　그 반대도	メリット　장점
やや　약간	ゆっくり歩む　천천히 걷다
わずかながらも　조금이나마	～を仕上げる　～을/를 마무리하다
居心地　기분	引きだせる　찾을 수 있다
決定　결정	経験が豊富だ　경험이 풍부하다
枯れ木　고목	攻略する　공략하다

貢献できる 공헌할 수 있다	肯定的 긍정적
寄付 기부	緊張感を覚える 긴장감을 느끼다
金融 금융	当日限り 당일 한정
到底 도저히, 아무래도, 결국	独特な 독특한
理屈 이론	理想が崩れる 이상이 무너지다
募金 모금	目をつける 주시하다, 지켜보다, 노리다
問題を片付ける 문제를 처리하다	返金する 갚다, 빌린 돈을 돌려주다
反発する 반발하다	配達希望日 배달 희망일
服装 복장	本番 실전
腐る 부패하다	素直に 솔직하게
手軽さ 간편함	安楽さ 안락함
完璧でない 완벽하지 않다	優れている 뛰어나다
一抹 일말	一斉に 일제히
姿を振り返る 모습을 되돌아보다	自分を抑える 자신을 자제하다
障害をクリアする 장애를 헤쳐 나가다	節約 절약
提示 제시	条件付き 조건부
助言 조언	増加を防ぐ 증가를 방지하다
支援する 지원하다	持参する 지참하다
珍しい 드물다	集団 집단
採用方針 채용 방침	追われている 쫓기고 있다
蓄積される 축적되다	取り戻す 되찾다
通信販売 통신 판매	膨大な 방대한, 막대한
豊富な 풍부한	合同 합동
悔しい思いをする 억울한 일을 겪다	休憩時間 휴식시간
休養 휴양	

1 독해에서 많이 보이는 문형

- ☐ ます형 + がたい ~하기 어렵다
- ☐ ます형 ~かけの / ~かける ~하다 만, ~하기 시작하다
- ☐ ~かぎりではない ~범위에 들지 않다
- ☐ ~かぎり(は) ~한(은)
- ☐ ~おそれがある ~할 우려가 있다
- ☐ ~に限らず / ~ばかりか / ~だけではなく / ~ばかりではなく / ~どころか~すら / ~にとどまらず ~뿐만 아니라, ~은/는 커녕, ~에 그치지 않고
- ☐ ます형 + ~得る/得る ~할 수 있다
- ☐ ます형 + ~得ない ~할 수 없다
- ☐ ~て以来 ~한 이래
- ☐ ~上に ~에 더하여, 게다가
- ☐ ~反面 ~하는 반면
- ☐ ~はもちろん / ~はもとより ~은 물론, ~은 말할 것도 없이
- ☐ ます형 + ~がちだ (걸핏하면) ~의 경향이 많음, ~하기 십상이다
- ☐ ~かねる ~하기 어렵다 (윤 ~できない)
- ☐ ~ことから (객관적인 사유·유래) ~때문에
- ☐ ~をきっかけに (우연한 일) ~을 계기로
  ~をきっかけとして ~을 계기로 (새롭게 시작)
  ~を契機として / ~を機に ~을 계기로 (지금까지와는 다른 변화)
- ☐ かねて 진작부터, 전부터
- ☐ ます형 + かねない ~할지도 모른다
- ☐ ~ことだ ~해야 한다, ~하는 것이 좋다
- ☐ ~際には ~즈음에는, ~때에는
- ☐ ~にはあたらない / ~には及ばない / ~までもない ~할 것까지는 없다, ~할 필요는 없다
- ☐ ~ことになっている ~하기로 되어있다
- ☐ ~ことには ~면(가정)
- ☐ ~しかない ~할 수밖에 없다
- ☐ ~よりほか~ない ~밖에 ~할 수 없다

□ ～ずにはおかない (화자의 강한 의지) ~하지 않을 수 없다

□ ～ないではおかない ~하지 않을 수 없다

□ ～ずにはいられない (자기 감정을 억제하지 못함) ~하지 않을 수 없다, ~하지 않고는 견딜 수 없다

□ ～ざるをえない (마지못해) ~하지 않을 수 없다

□ ～というものだ ~라는 것이다

□ ～というより ~라기 보다

□ ～というと ~라고 하면

□ ～といえば ~라고 하면

□ ～ないことはない ~하지 않는 것은 아니다

□ ～ゆえに(の) ~때문에

□ ～にしたがって / ～につれて ~에 따라서

□ ～にきまっている 반드시 ~이기 마련이다

□ ～に違いない / ～に相違ない ~임에 틀림없다

□ ～に限る ~이 제일이다

□ ～につけても ~에 관련해서도

□ ～にせよ ~라고 해도

□ ～にしても ~도 역시

□ ～にしろ ~들, ~도

□ ～によれば ~에 의하면

□ ～に渡る ~에 걸치다

□ ～における ~에 있어서

□ ～においては ~에 있어서는(시간), ~에서(장소)

□ ～べき ~해야 할, ~할 만한

□ ～べきではない ~해서는 안 되다

2 독해에서 많이 보이는 유의표현

□ きわめて 상당히, 매우	≒	非常に 매우 정말로
□ 話を振る 화제를 제공하다	≒	話す機会を与える 말할 기회를 주다
□ 潜んでいる 숨어 있다	≒	隠れている 숨어 있다
□ 要点をおさえる 요점을 파악하다	≒	要点をつかむ 요점을 파악하다
□ 胸を張って 가슴을 펴고, 당당히	≒	自信を持って 자신감을 갖고
□ バリア 장벽	≒	障害となるもの 장애가 되는 것
□ 堂々と 당당하게	≒	自信のある様子で 자신있는 모습으로

□ 提示する 제시하다	≒	見せる 보여주다
□ しきりに 자주	≒	何度も 몇 번이나
□ 一抹の 아주 약간	≒	ほんの少しの 아주 조금
□ 連結する 연결하다	≒	結びつける 연결 짓다
□ うろ覚え 어렴풋한 기억	≒	はっきりと覚えていないこと 확실히 기억하지 않는 것
□ 購入する 구입하다	≒	買う 사다
□ ～を察知する ～을 알아차리다	≒	～に気がつく ～을/를 알아차리다
□ ハードル 허들	≒	基準 기준
□ あなどれない 무시할 수 없다	≒	軽視できない 괄시할 수 없다
□ 糸口 실마리	≒	きっかけ 계기
□ そもそも 원래부터, 본디	≒	もともと 원래, 본디
□ 元来 원래, 본디	≒	初めから 처음부터
□ 序列をつける 서열을 매기다	≒	順番をつける 순번을 매기다
□ ふるまい 행동	≒	行動 행동
□ 手がかり 실마리	≒	ヒント 힌트
□ 何気なく 무심코	≒	深く考えずに無意識的に 깊게 생각하지 않고 무의식적으로
□ ファクター 요소	≒	要素 요소
□ 躍起になる 기를 쓰다	≒	必死になる 필사적으로 하다
□ 衰退する 쇠퇴하다	≒	衰える/弱くなる 쇠퇴되다, 약해지다
□ 筋が通っている / 理屈が立っている 이치에 맞다, 이야기의 앞뒤가 맞다	≒	矛盾がない 모순이 없다
□ 知覚する 지각하다	≒	感じ取る 감지하다
□ かつ 또한(⊕ また), 또, 그 위에	≒	そのうえ 게다가
□ 成否 성사 여부	≒	うまくいくかいかないか 잘 될지 안 될지
□ 読みつくす 다 읽다	≒	すべて読む 모두 읽다
□ 使いこなす 잘 다루다	≒	すべて使う 모두 사용하다
□ 弁解 변명	≒	言い訳 변명(⊕ 口実 구실)
□ ゆえに 그러므로, 따라서	≒	だから 그래서
□ 不遇な 불우한	≒	恵まれない 불우하다
□ 制約する 제약하다	≒	制限する 제한하다
□ 絶好調の 절정의, 최상의 컨디션	≒	非常に調子がいい 컨디션이 매우 좋다

おのずと 저절로 ≒ 自然と 자연스레, 저절로

断然と 단연코 ≒ 必ず 꼭, 반드시

ジャンル 장르 ≒ 科目 과목

なんらかの 그 어떤 것 ≒ 何かの 무언가의

飛躍的に 비약적으로 ≒ 大幅に 대폭으로

突き詰めて 골똘히 ≒ 徹底的に 철저하게

見極める 속속들이 알다, 판별하다 ≒ 十分に観察し確かめる

충분히 관찰하여 확인하다

ありとあらゆる 온갖, 모든 ≒ すべての 모든

ハマる 푹 빠지다 ≒ 夢中になる 열중하다, 푹 빠지다

幻想的 환상적 ≒ 現実から離れている

현실에서 동떨어져 있다

途方もない 터무니없다 ≒ とんでもない 당치도 않다

もたらす 초래하다 ≒ 生み出す 창출하다, 만들어내다

大胆に 대담하게 ≒ 思い切って 과감히, 큰맘 먹고

ベース 베이스 ≒ 土台 토대

見知らぬ 알지 못하는, 낯선 ≒ 見たことがない 본 적이 없다

3 독해에서 많이 사용되는 접속사 및 부사

① 화제 전환

さて 그런데

ところで 그런데

ときに 때마침

話題をかえて 화제를 바꾸며

それはさておき 그것은 어쨌든, 그것은 그렇다 하고, 그것은 하여간

それはそうと 그건 그렇고

② 결과, 결론

つまり 결국, 다시 말하자면

要するに 요약하자면

一言でいえば 한마디로 하자면

簡単にいえば 간단하게 말하자면

結論として 결론으로서

結論的に 결론적으로

- 言い換えれば 바꾸어 말하자면
- そのあげく 그 끝내
- ついに 드디어, 마침내
- とうとう 마침내, 결국
- したがって 따라서
- それゆえ 그러므로
- それで 그래서
- そのため 그렇기 때문에
- その結果 그 결과
- そんな理由で 그 이유로
- そういうわけで 그런 연유로
- だから 그래서
- というわけで 여차한 이유로
- このようなわけで 이와 같은 이유로

③ 조건

- そうすれば 그렇게 한다면(유 そうしたら / そうすると)
- それなら 그러하면
- このようにして 이리하여
- こうして 이리하여
- そうしたところで 그렇게 한들
- それにしても 그렇다고 치더라도
- だからといって 그렇다고 해서
- そうはいっても 그렇다고는 해도
- 〜とはいうものの 〜라고는 하지만
- 〜とはいえ 〜라고는 하나
- 〜かといって 그렇다고

④ 과정

- すると 그러자, 그러면
- そこで 그런데, 한데
- それで 그래서, 그런 까닭으로
- それでは 그래서는
- それなら 그렇다면
- そしたら 그렇다면, 그러면
- じゃ 그렇다면, 그럼

⑤ 이유

- □ なぜなら 왜냐하면
- □ なぜかと言えば 왜인가 하면
- □ だって 하지만, 그러나(+ ～もん ~인걸)
- □ というのは 왜냐하면
- □ それは 그것은

⑥ 병렬, 첨가

- □ また 또, 또한
- □ および 및, 또
- □ ならびに 및(㈜ かつ)
- □ これから 앞으로, 이제부터
- □ もうひとつ (조금) 더, 이 위에 또(㈜ さらに)
- □ そのうえ 게다가
- □ さらにいうと 더 말하자면
- □ そこで 그런데
- □ それに 게다가, 더욱이
- □ おまけに 그 위에, 게다가
- □ しかも 게다가, 더구나
- □ ただ 다만, 단지(㈜ ただし)
- □ もっとも (무엇보나도) 가장
- □ ちなみに 덧붙여 (말하면), 이와 관련하여(㈜ ついでにいえば)
- □ それどころか 그러기는 커녕, 오히려
- □ それに関連して 그것에 관련해서
- □ それにつけて 그것에 관련해서

⑦ 설명

- □ 実際のところ 사실
- □ 事実 사실
- □ 実は 실은
- □ まことに 정말로, 대단히
- □ 以て 따라서
- □ すなわち 바꾸어 말하자면
- □ つまり 즉, 요컨대
- □ ということは 결국은
- □ いわゆる 소위, 이른바

⑧ 평가

- □ もちろん 물론, 말할 것도 없이
- □ なるほど (남의 주장에 맞장구치며) 정말, 과연
- □ かえって 도리어, 오히려, 반대로
- □ とにかく 하여간, 좌우간(㊡ ともかく)
- □ なおさら 더욱더
- □ まして 더구나, 하물며(㊡ なおさら)
- □ 何_{なに}より 무엇보다
- □ どっちみち 어떻든, 어차피(㊡ どのみち / いずれにしても)

⑨ 대비, 비교

- □ または 또는, 혹은, 그게 아니면(㊡ あるいは)
- □ どちらも 어느 쪽도
- □ それとも 그렇지 않으면
- □ むしろ 차라리, 오히려
- □ というよりは 그렇다기보다는
- □ そのかわりに 그 대신에
- □ 一方_{いっぽう} 한편
- □ 逆_{ぎゃく}に 도리어, 오히려
- □ 反対_{はんたい}に 반대로
- □ ～に対_{たい}して ～에 비하여

⑩ 예기치 않은

- □ だが 그러나
- □ しかしながら 그러나
- □ ところが 그랬던, 그런데
- □ それを 그걸(㊡ そのものを)
- □ そのくせ 그러면서
- □ 意外_{いがい}にも 의외로
- □ 案外_{あんがい} 뜻밖에, 예상 외
- □ それにもかかわらず 그럼에도 불구하고
- □ それどころか 그뿐 아니라, 그러기는 커녕(오히려)
- □ それにしても (그건) 그렇다 치더라도
- □ それにしては 그것을 생각한다면, 그런데 비해서는

⑪ 예시

- □ たとえば 예를 들면
- □ 例えて見れば 비유해보면
- □ 他の例では 다른 사례에서는
- □ いわば 이른바
- □ さらに大切なことは 더욱 더 중요한 것은
- □ とりわけ 특히, 유난히 그 중에서도 (유 特別)
- □ 現に 실제로, 지금
- □ 〜のように ~와 같이

청해편

● 문제 유형별 설명 및 비법 TIP
 기출 어휘 체크
 JLPT 완벽대비

문제 유형별
설명 및 비법 TIP

문제1 과제 이해 5문제

문제이해

과제 이해는 주어진 장면에서 과제를 이해하여 그 장면을 해결하기 위한 정보를 선택하는 문제이다. 주로 학교나 회사 또는 그 외의 장소에서 지시나 부탁, 조언을 하는 장면인 경우가 많고, 선택지는 메모나 체크 리스트 등 실제 커뮤니케이션 상황에서 접하기 쉬운 형식으로 제시된다. 과제를 명확하게 하기 위해서는 상황 설명과 질문이 음성으로 제시되기 전에 선택지를 먼저 체크하는 것이 중요하다.

> **문제 푸는 순서**
>
> **선택지 확인 → 상황설명, 질문 → 대화문 → 질문 반복 → 정답 체크**
>
> ① 인쇄된 선택지를 먼저 확인한다.
> ② 상황설명과 질문을 듣고 이어서 대화문을 듣는다.
> ③ 대화문을 들으며 4개의 인쇄된 선택지에서 맞는 내용을 고른다.
> ④ 다시 한 번 질문을 들으며 답을 확인한다.
> ⑤ 질문을 들려준 후, 몇 초 동안 정답을 체크할 시간이 주어진다.

유형1 会社で、女の人と男の人が話しています。女の人はこれから何をしますか。

女：先輩、来週、海外出張なんですが、特にしておいたほうがいいことって、あります
　　か。
男：会議の資料は準備できてるんだよね。　1번 선택지 제시
女：はい。　1번 선택지 소거
男：会社のパンフレット、持った？　2번 선택지 제시
女：あっ、そうだ。うっかりしてました。　깜빡하고 있었으므로 앞으로 할 일 → 2번 선택지 정답
男：それと、名刺は多めに持っていったほうがいいよ。前に足りなくなって、あわて
　　て向こうでコピーしたことがあるから。　3번 선택지 제시
女：あっ、それは私も一度失敗したことがあるので、今回はばっちりです。
男：あと、電子辞書は持ってたよね。　4번 선택지 제시　확실합니다라고 했으므로 3번 선택지 소거
女：はい、大丈夫です。　준비가 된 상태이므로 4번선택지 소거

女の人はこれから何をしますか。

1　しりょうをじゅんびする
✓ パンフレットを用意する
3　めいしを注文する
4　電子じしょを買う

해석

회사에서 여자와 남자가 이야기하고 있습니다. 여자는 앞으로 무엇을 합니까?

여 : 선배, 다음 주 해외 출장인데 특히 해두는 편이 좋은 일이 있을까요?
남 : 회의 자료 준비는 해두었지?
여 : 예.
남 : 회사 팸플릿은 가지고 있지?
여 : 아, 맞다. 깜빡하고 있었어요.
남 : 그리고, 명함은 조금 많이 가져가는 편이 좋아. 전에 부족해져서 황급히 거기서 복사한 적이
　　있으니까.
여 : 아, 그건 저도 한 번 실패한 적이 있으니깐 이번은 틀림없습니다.
남 : 그리고 전자사전은 갖고 있지?.
여 : 네, 괜찮습니다.

여자는 앞으로 무엇을 합니까?
1　자료를 준비한다
2　팸플릿을 준비한다
3　명함을 주문한다
4　전자 사전을 산다

女の人はこのあとまず何をしなければなりませんか。
　✔ しりょうをかくにんする
　2　メールでしりょうを送る
　3　けいたい電話にれんらくする
　4　会議に出席する

회사에서 남자와 여자가 이야기하고 있습니다. 여자는 이후에 먼저 무엇을 해야 합니까?

남：내일 히가시 사무소와의 사전 미팅 말인데, 내가 그 전에 다른 회의가 잡혀서 조금 늦을 지도
　　몰라. 그때에는 미안하지만 먼저 이야기를 진행해 주지 않겠어?
여：아, 네. 지난 회의의 다음부터 하면 될까요?
남：응, 메일로 자료가 와 있었는데 특히 바뀐 부분이라든지 하는 건 없었어. 하지만 확인은 해 둬.
여：네? 제게는 메일이 오지 않았습니다만,
남：응? 그래? 그럼 서둘러서 보낼게.
여：부탁 드립니다. 바로 봐 두겠습니다.
남：그렇게 늦어지는 일은 없을 거라 생각하지만, 무슨 일이 있으면 휴대전화로 연락하고. 그럼 잘
　　부탁해.

여자는 이후에 먼저 무엇을 해야 합니까?
　1　자료를 확인한다
　2　이메일로 자료를 보낸다
　3　휴대폰에 연락을 한다
　4　회의에 참석한다

과제 이해의 경우 처음 시험지를 받고 문제 설명과 예시 문제가 나오는 2분 45초 동안 선택지를 먼저 체크한 뒤, 대화문을 들으면서 선택지에서 오답을 하나씩 지워가면서 문제를 푸는 것이 좋다. N2의 경우 선택지에 제시된 어휘가 대부분 대화문에 그대로 출제되므로 선택지를 얼마만큼 빠르게 파악했는지가 중요하다.

▶ 선택지의 어휘를 미리 살펴라!

N2의 경우 선택지에 있는 어휘를 그대로 사용하거나 유사표현을 사용해서 대화를 이끌어 가기 때문에, 미리 선택지에 있는 어휘를 잘 정리해 놓는 것이 정답을 찾는 데 도움이 된다. 예를 들어 대화문에 「追加する 추가하다」가 제시된 경우에는 대화문에 유의표현인 「付け加える 덧붙이다」가 나오는지, 선택지에 「削除する 삭제하다」가 나왔다면 대화문에는 「除く 제거하다」가 나오는지 주의해서 듣는 것이 좋다.

▶ 장소를 파악하여 예상하라!

기출문제를 살펴보면 주로 학교나 회사, 호텔이나 레스토랑 등에서 이루어지는 대화문이 많았다. 그냥 들으면 모두 같은 내용을 묻는 것 같지만, 대화가 이루어지는 장소 별로 공략법이 조금씩 다르다.

① 학교

대화가 학교에서 이루어지는 경우, 부탁이나 의뢰하는 장면인 경우가 많다. 따라서 「〜ていただけますか / 〜てください / 〜ていただけると助かる」등과 같은 표현들이 나오는지 주의해서 듣는 것이 좋다. 그리고 보통 「男の人は何をしますか」와 같이 문제가 제시되면 주로 행동의 대상자인 「男の人」의 이야기에 집중하기 마련이지만, 오히려 부탁이나 의뢰를 하는 상대방의 이야기를 잘 들어야 정답을 찾기가 쉽다.

② 회사

회사 장면인 경우, 의뢰하거나 확인하는 경우가 많다. 회의 자료나 거래처 연락 등 앞으로 있을 상황에 대해 의뢰를 하거나, 이미 의뢰한 것에 대한 확인을 하는 장면이 많이 등장한다. 따라서 상태 표현인 「もう〜てある」「まだ〜ている」등에 주의해야 한다.

③ 그 밖 사례

최근 기출 문제를 살펴보면 전화 상황에 대한 대화문이 자주 출제된다. 특히 「부재중 전화 메시지」관련 문제가 많이 출제되는데, 메시지를 듣고 「何をしなければなりませんか / 何をしますか / どうしますか」등과 같이 메시지에 남겨진 과제에 대해 묻는 문제가 자주 출제된다. 이 경우에는 주로 용건이 메시지의 앞부분에 나와 있으니 기억을 해둬야 한다.

▶ まず / 最初 / 先に 등이 나오면 순서를 묻는 문제이다!

〈유형1〉 このあと男の人はまず何をしなければなりませんか。
このあと / これから + まず / はじめに / 先に

문제에「まず / 最初 / 先に」등과 같이 순서에 관련된 부사가 나오면, 먼저 해야 할 일이 무엇인지 묻는 문제이다. 따라서 문제 해결을 위해 가장 먼저 해야할 일이 무엇인지 찾아야하므로, 순서를 나타내는 부사나 문형 등이 사용된 선택지를 골라야한다.

순서를 나타내는 부사

- 真っ先に (제일 먼저)
- あらかじめ (미리)
- とりあえず (우선)
- とにかく (어쨌든)
- すぐ(に)・ただちに・さっさと (바로)

순서를 나타내는 문형

- 次は〜が必要ね(다음은 〜가 필요하네)
- ます형+次第(〜하는 대로)
- あとで(나중에)
- 〜たら(〜하면)
- それより(그것 보다)
- なにより(무엇보다)

그 밖의 표현

- 急いで (서둘러서)
- 至急 (시급히)

문제이해 포인트 이해는 회화문 음성이 나오기 전에 제시된 선택지를 바탕으로 중요 포인트에 집중해서 들을 수 있는가를 묻는 문제이다. 이 문제는 상황설명과 질문을 먼저 제시하고, 선택지를 읽을 수 있는 시간을 주는 점이 포인트다. 지금까지 출제된 문제들을 살펴보면 장소가 학교인 경우에는「就職する会社を選んだ理由」「どうして怒っていますか」「どうしてアルバイトを変えたか」등과 같이 이유를 묻는 문제가 대부분이었고, 회사의 경우에는「新しい商品についてどうしたらいいのか」「新しい仕事のどんなところがいいのか」「新入社員のどんなところに驚いたか」등과 같이 이유나 구체적인 내용을 묻는 문제가 자주 출제되었다. 즉, 화자의 심정이나 사건의 이유 등을 이해할 수 있는지를 묻는 문제가 출제된다.

> **문제 푸는 순서**
>
> **상황설명, 질문 확인 → 선택지를 읽을 시간 18초 → 대화문 듣기 → 질문 반복**
> ①상황설명과 질문을 듣는다.
> ②18초라는 시간 동안 질문을 생각하면서 선택지의 문장을 체크한다.
> ③대화문을 들으면서 선택지를 확인하고 오답을 지워간다.
> ④다시 한번 질문을 들으면서 확인한다.

기출문제유형 2011-1회

유형1 男の学生と女の学生が話しています。男の学生はどうして昨日となりの部屋の人に怒られたといっていますか。

> 男：昨日、アパートの隣の部屋の人に怒られちゃったんだよ。
> 女：えっ、どうして？大きな音で音楽でも聞いてたの。 → 1번 선택지 제시
> 男：いや、ドアの音がね。昨日は帰りが遅くなっちゃったから、注意して閉めたつもりだったんだけど。隣、赤ちゃんがいるんだよね。
> 부정적인 답변이므로 1번 소거   2번 선택지 정답
>
> 女：そうなんだ。
> 男：遅い時間には特に気をつけてるんだ。テレビの音だって小さめにするようにしてるんだけどなあ。友達が来たときなんかも、話し声が大きくなりすぎないようにしてるし。 → 3번과 4번 선택지는 예로 들고 있는 것이므로 둘 다 삭제
> 女：そう。昨日はきっとなんかタイミングが悪かったんでしょうね。

男の学生はどうして昨日となりの部屋の人に怒られたといっていますか。

   1　音楽がうるさかったから

   2　ドアの音が大きかったから

   3　話し声がうるさかったから

   4　テレビの音が大きかったから

해석

남학생과 여학생이 이야기하고 있습니다. 남학생은 왜 어제 옆집 사람에게 혼났다고 말하고 있습니까?

남 : 어제 아파트 옆집 사람에게 혼났어.

여 : 어? 왜? 큰 소리로 음악이라도 들은 거야?

남 : 아니, 문 소리 때문에. 어제 귀가가 늦어져서 조심해서 문을 닫는다고 했는데. 옆집에 아기가 있거든.

여 : 그렇구나.

남 : 늦은 시간에는 특히 조심하고 있어. TV 소리도 작게 하도록 하고 있고. 아, 친구가 왔을 때도 말소리가 너무 커지지 않도록 하고 있고.

여 : 그래. 어제는 분명 뭔가 타이밍이 나빴던 거야.

남학생은 왜 어제 옆집 사람에게 혼났다고 말하고 있습니까?

   1　음악이 시끄러웠기 때문에

   2　문 소리가 컸기 때문에

   3　이야기 소리가 시끄러웠기 때문에

   4　TV 소리가 컸기 때문에

[유형2] 男の人と女の人がある店について話しています。男の人は、この店の何がいいと言っていますか。

男：最近、面白い店見つけたんだ。駅の近くの食堂なんだけど。

女：どんな店？

男：夕飯（ゆうはん）とか一人で食べに入ることあるじゃない？普通なら、空いてるテーブルに案内されて一人で食べるでしょう？でも、そこは仮に空いているテーブルがあっても、もう誰かいるところに案内されるんだ。혼자 먹는 것이 아니기 때문에 1번 선택지 소거

女：ええ、変わってるね。それって、知らない人と向かい合って食べるってことでしょう？緊張しない？　다른 사람과 같이 먹는다고 했으므로 3번 선택지 정답

男：僕も最初そう思ったけど、意外と楽しいんだよね。初めての人とでも結構しゃべれちゃうし、食べながらだから、リラクスして話せるのかな。3번 선택지 다시 확인

女：へえー、で、何しゃべるの？会社の話とか？

男：いや、料理の味はどうかとか、天気がどうとか。ちょっとした話なんだけどね。

女：そうなんだ。회사 이야기는 하지 않는다고 했으므로 4번은 소거

男の人は、この店の何がいいと言っていますか。

   1　一人でゆっくり食べられること

   2　おいしい料理が食べられること　→ 대화 내용에 제시되지 않았음

   3　他の客と話しながら食べられること

4 仕事の情報が得られること

> 남자와 여자가 어느 가게에 대해 이야기하고 있습니다. 남자는 이 가게의 무엇이 좋다고 말하고 있습니까?
>
> 남 : 최근에 재미있는 가게 찾아냈어. 역 근처의 식당인데.
> 여 : 어떤 가게?
> 남 : 저녁이라든가 혼자 먹으러 들어가는 일이 있잖아? 보통이라면 비어있는 테이블로 안내되어 혼자 먹게 되잖아. 하지만 거기는 만약 빈 테이블이 있어도 다른 사람이 있는 곳으로 안내하는 거야.
> 여 : 와~ 특이하구나. 그렇다는 건 모르는 사람과 마주 보고 먹는다는 말이지? 긴장되지 않아?
> 남 : 나도 처음엔 그렇게 생각했는데, 의외로 즐겁더라고. 처음 보는 사람과도 꽤 이야기하게 되고, 먹으면서니까 편하게 말할 수 있는 건가.
> 여 : 아~ 그래서 무슨 얘기해? 회사 이야기라든지?
> 남 : 아니, 요리의 맛은 어떤지, 날씨가 어떤지, 대수롭지 않은 이야기지만.
> 여 : 그렇구나.

남자는 이 가게의 무엇이 좋다고 말하고 있습니까?
1 혼자서 천천히 먹을 수 있는 점
2 맛있는 요리를 먹을 수 있는 점
3 다른 손님과 이야기하면서 먹을 수 있는 점
4 일에 대한 정보를 얻을 수 있는 점

비법 TIP

포인트 이해의 경우 상황설명과 질문 음성 다음 대화문이 나오기까지 18초라는 시간이 주어진다. 이 시간을 얼마만큼 잘 이용하는가가 관건이다.

▶ 반드시 문제를 듣고 선택지를 읽어라!

학습자 중에는 과제 이해에서 했던 것처럼 문제를 듣지 않고 무작정 선택지를 읽기 시작하는 경우도 있다. 예를 들어 1)寝坊したから 2)バスが来なかったから 3)電車で降りられなかったから 4)バスが事故にあったから라는 선택지가 있는 경우, 문제를 모른 채로 선택지를 읽고 정리하는 것 보다는「男の人はどうして遅刻しましたか」라는 질문에서「遅刻」라는 포인트 어휘를 듣고 선택지를 정리하는 것이 앞으로 나올 스토리를 유추하기에 더 유리하다.

▶ 18초는 선택지를 정리하는데 사용해라!

포인트 이해 문제의 특징은 문제 제시 후 18초라는 시간이 주어진다는 점이다. 이 시간 동안에 얼마만큼 효율적으로 선택지를 잘 정리하는지가 이 문제의 점수를 좌우한다. 따라서 반드시 이 18초라는 시간은 위에서 예로 들었던 선택지를 1)寝坊 2)バス 3)降りられなかった 4)事故 처럼 정리하는 시간으로 사용해야 한다.

▶ 독백인 경우와 대화문인 경우, 들어야 할 부분이 다르다!

포인트 이해의 경우 독백과 대화문으로 제시되는 경우가 있다. 대화문인 경우는 당사자가 이유를 말하는 내용이 많아「実は〜 / それが〜」로 시작하는 부분을 주의해서 들어야 한다. 그러나 독백인 경우 대부분 이야기의 첫 부분과 끝부분에 주제를 언급하거나,「しかし / でも / だけど」등과 같은 역접의 접속사를 사용해서 주장을 강조하는 경우가 있다.

▶ 부탁하는 대상을 거듭 확인하는 문제는 의도파악이 중요하다!

부탁이나 의뢰 장면에 대한 문제의 경우, 부탁을 받는 쪽의 이야기보다 부탁이나 의뢰를 하는 쪽의 이야기를 잘 들으면 정답을 찾기 쉽다. 그러나 문제 마지막 부분에서「男の人はどう考えているでしょうか。男の人です。」와 같이 대상자를 거듭 확인하는 경우에는 문제의 의도를 잘 파악해야 한다. 두 사람의 대화내용이 헷갈려 오해하기 쉬운 문제이므로 이때에는 거듭 언급되는 대상의 이야기에만 귀를 기울이는 것이 좋다.

▶ 간혹 출제되는 〈何が〜一番 / 大事 / 大切 / ポイント / もっとも〉를 묻는 문제에 주의!

N2의 경우 N1과 같이 〈가장, 제일〉인 이유를 묻는 문제가 있는데, 자주 출제되는 유형은 아니지만 어떻게 풀어야 할지는 알고 있는 것이 좋다. 이 경우에는 제일을 나타내는「なにより / いちばん / もっとも」등과 같은 어휘가 있는 선택지를 찾아야 한다.

▶ 금액, 시간 계산 문제는 별도 문제!

이전 시험과 비교해서 금액이나 시간 계산 문제가 출제되는 빈도가 줄었는데, 예를 들어 입장료의 금액을 묻거나, 약속시간을 묻는 문제가 간혹 출제되고 있다. 간단한 요령만 파악해 두면 되는데, 금액을 묻는 경우, 구입하는 입장권이 총 몇 명분인지에 주의해서 들어야 한다. 또, 금액이 나왔을 경우에는 다 더하거나 할인율을 생각해서 곱하면 된다. 시간을 묻는 문제의 경우 대부분 약속시간인 경우가 많기 때문에 약속을 하는 대상에 집중에서 들으면 된다.

문제3 **개요 이해** **5문제**

문제이해

개요 이해는 정해진 대화문을 듣고 화자의 의도나 주장 등을 이해할 수 있는가를 묻는 문제이다. 이 문제의 경우 질문과 선택지가 표시되어 있지 않은데, 일부분을 듣고 답을 선택하는 것이 아니라 대화문 전체를 듣고 이해할 수 있는지를 묻기 때문에 학습자들이 많이 힘들어하는 문제이다. 그러나 지금까지 출제된 문제들을 살펴보면 몇 가지 유형으로 나뉘는 것을 알 수 있다. 그 유형과 방법만 익힌다면 충분히 해답을 찾을 수 있다.

문제 푸는 순서

상황설명 → 대화문 → 질문 → 선택지 제시(음성)

① 상황설명을 듣는다.
② 대화문을 듣는다.
③ 질문을 듣는다.
④ 4개의 선택지가 음성으로 제시된다. 가장 적절한 것을 고른다.

기출문제유형 2011-1회

テレビで医者がインタビューに答えています。 → 독백 버전 (테마를 묻는 문제)

女：先生、最近目の不調を訴える人が増えているようですが。
男：ええ、そうですね。現在はテレビやパソコン、ゲームのように目を疲れさせるものがたくさんありますからね。楽しいからつい時間を忘れてしまうんですよね。でも、目の健康を考えれば、できる限り、目に負担のかからない生活をする必要があります。例えば、パソコンを使う時間を決めるとか、暗いところで画面を見ないなど、普段から気をつけることが大切です。

医者は何の話をしていますか。

1 子どもの視力の低下 → 아이에 관한 이야기는 없었으므로 소거

2 目の治療にかかる時間 → 시간에 관한 언급 역시 없었으므로 소거

3 目の検査の必要性 → 검사의 필요성에 관한 언급도 없었으므로 소거

✔ 目を疲れさせない方法

비법 TIP ▶ 우선 상황설명만으로 문제 유추!

이 문제는 음성이 나오기 전에 어떤 내용에 집중해서 들어야 할지를 파악하면 반은 성공했다고 볼 수 있다. 상황설명 다음에 문제를 들려주는 과제 이해와 포인트 이해에 비해 문제를 미리 들려주지 않아, 흔히 학습자들은 대화 내용을 무작위로 받아 적는 오류를 범하곤 한다. 받아 적기 위해서라도 포인트를 잡아야 하기 때문에 무엇을 묻는 문제인지를 먼저 파악할 필요가 있다.

유형1 　목적, 부탁을 묻는 문제 (何をしに来ましたか / お願いは何ですか)

주로 특정 장소에 한 사람이 찾아와서 이루어지는 대화문인 경우가 많은데, 「先生と男の学生が話しています」와 같이 두 사람이 등장하거나, 「玄関で話しています」와 같이 특정 장소에서 대화가 이루어지거나, 대화문의 첫 시작이 노크 소리나 벨소리로 시작하는 경우 찾아온 목적이나 부탁을 묻는 문제가 출제된다. 따라서 방문한 사람의 이야기를 주의해서 듣는 것이 중요하다.

──────── 기출패턴 ────────

첫문장　　女の人と男の人が玄関で話しています。
질문　　　男の人は何をしに来ましたか。

유형2 　테마, 주제를 묻는 문제 → 主な内容 / 何について〜

상황설명 내용에는 부재중 메시지나 인터뷰, 안내방송, 대학교 강의 등 독백이 많다. 주요 테마를 묻는 문제이므로 발화자의 대화 첫 마디, 또는 마지막 결론 부분의 이야기가 포인트가 된다. 이 문제는 전체적인 주제를 묻는 유형으로 받아 적기보다는 전체적인 내용을 들으려고 노력하는 것이 더 중요하다. 선택지 1번에서 4번까지를 잘 들어보면 본문과 관련된 것은 1개뿐으로 그것이 정답이고, 나머지 3개는 내용과 전혀 상관없는 문장이 나오는 경우가 많다.

――――― 기출패턴 ―――――

| 첫문장 | 大学の先生が授業で話しています。 |
| 질문 | **先生の話の主な内容はなんですか。** |

| 첫문장 | テレビで医者がインタビューに答えています。 |
| 질문 | **医者は何の話をしていますか。** |

| 첫문장 | 大学で先生が話しています。 |
| 질문 | **先生は何について話していますか。** |

유형3 — **견해를 묻는 문제 → ～どう思っていますか**

주제에 관한 당사자의 생각을 묻는 문제로, 상황설명 내용 중에는 「～について」라는 주제가 제시되거나, 회사에서의 대화문으로 출제되는 경우가 대부분이다. 그리고 제시된 주제에 관해 찬성인지 반대인지, 또는 긍정적인지 부정적인지 등과 같이 의견을 묻는 경우가 많다. 구체적인 정보에 관해 묻는 경우도 있으니 주의해서 들어야 한다. 화자는 자신의 주장을 강조하기 위해 역접의 접속사를 사용하는 경우가 많으므로 「しかし / でも / けれども」 등의 접속사에 주의해야 한다.

――――― 기출패턴 ―――――

| 첫문장 | レポーターが女の人に野菜について聞いています。(野菜) |
| 질문 | **女の人は野菜についてどう思っていますか。** |

| 첫문장 | テレビでサッカー選手が今シーズンを振り返って話しています。(今シーズン) |
| 질문 | **この選手は、今シーズンはどうだったと言っていますか。** |

| 첫문장 | 会社で男の人と女の人が話しています。(장소 − 会社) |
| 질문 | **女の人は、転勤つにいてどう思っていますか。** |

문제이해 즉시 응답은 제목에서 알 수 있듯이 질문 등 짧은 발화를 듣고 자연스럽게 이어지는 응답을 선택하는 문제이다. 힌트가 전혀 없어 온전히 음성에 집중해서 풀어야 하는 문제이므로, 쉬운 듯하지만 의외로 많이 틀리는 부분이기 때문에 평소 듣는 연습을 많이 해두는 것이 중요하다.

> **문제 푸는 순서**
>
> **짧은 발화 → 선택지 확인 (음성)**
>
> ① 질문 등의 짧은 발화를 듣는다.
> ② 그 발화에 대한 3가지의 선택지가 음성으로 제시된다. 제시된 발화에 대해 가장 적절한 응답을 선택한다.

기출문제유형 2011-1회

男 : 昨日デパートで、たまたま高校のときの先生に会ったんだ。
女 : 1 ✓ へえ、偶然だね。 → たまたま＝偶然
　　 2 時々だからね。 → 자주 만나는 것이 아니므로 소거
　　 3 わざわざ会ったんだね。 → 일부러 만난 것이 아니므로 소거

해석

> 남:어제 백화점에서 우연히 고등학교 때 선생님을 만났어.
> 여:1 와, 우연이네.
> 　 2 가끔이니까.
> 　 3 일부러 만난 거구나.

비법 TIP ▶ **간단한 노트 필기, 오답 소거!**

질문을 듣고 자연스러운 응답을 찾아야 하기 때문에 질문을 잘 듣는 것이 중요하다. 그러기 위해서는 질문을 간단하게 메모하는 편이 좋다. 예를 들어, 「明日、中学のときのクラス会だったよね。行くんでしょ？」라고 하면 "내일, 가니?" 정도로 메모해서 나중에 선택지를 들었을 때 그에 맞는 응답을 찾을 수 있도록 하는 것이다. 무조건 다 받아 적는 것이 아니라 필요한 단어들을 자신만이 알아볼 수 있도록 적는 것이 중요하다. 질문지가 짧아 받아 적다가 선택지를 놓칠 수도 있으니, 중요하다고 생각되는 단어만 2~3개 정도 적어 두고 선택지를 들으면서 그 옆에 OX 또는 △를 표시하면서 오답을 지워가는 것이 중요하다.

▶ 질문에 등장하는 어휘가 선택지에도 제시된다고 해서 다 정답은 아니다!

실제 대화에서도 "내일 오세요." 라는 질문에 "네 갑니다." 라는 대응만 있는 것이 아니라, "글쎄요, 아직 생각 중입니다." 또는 " 내일은 좀 바빠서" 등과 같이 다양한 응답이 있는 것처럼 즉시응답 역시 그렇다는 사실을 알아야 한다.

예를 들어

女：山田君、来るの遅いよ。もう 時間ぎりぎりだよ。
男：1　また遅いの？
　　2　あと３０分残りだよ。
　　✓3　ごめんね。寝坊しちゃって。

위와 같이「遅い 늦다」라는 어휘가 질문과 선택지에 거듭 나오지만, 이미 도착한 이후의 이야기이므로「또 늦어?」라는 질문은 정답이 될 수 없다. 지각은 면했지만 늦게 온 것에 대해 변명을 하는 응답인 3번이 정답이 된다.

▶ 질문을 정확하게 들었으면 그에 맞는 응답을 형식적으로 잘 찾는 것이 중요하다!

① 의문사에 관한 대답을 찾아야 한다

「だれ→사람 / いつ→시기 / 何時→시간 / どうやって→방법」등과 같이 의문사에 맞는 대답을 찾아야 한다. 더불어 의문사는 대체로 시제와 함께 출제되는 경우가 많기 때문에 시제도 같이 봐서 찾아야 한다. (과거 → 과거형 / 현재 → 현재, 미래형)

Q : いつ日本へいらっしゃいましたか。
　　　기간　　　　　　　과거형
A: 3か月前にまいりました。
　　　기간　　　　과거형

단,「田中さん、会うのいつ以来だったけ。」(2015년1회 기출)에서와 같이「いつ」라는 의문사가 있다고 해서 꼭 의문사에 관한 문제는 아니므로 문장의 내용을 잘 확인할 필요가 있다. 여기에서는 의문사 뒤에 오는「以来だったけ。」가 포인트로, 정답은「大学の卒業式じゃない。」이었다.

② 행동을 하는 사람이 누구인가

행동을 하는 사람이 누구인지에 따라 답변이 바뀌어야 하기 때문에 행동의 대상을
정확하게 판단해야 한다.

발화	て형+ください・いただけませんか て형+くれない・もらえない てほしい 존경어 (행동의 대상이 相手) 〜たらどう (いかがですか？)	(さ)せて+ください・いただけません (さ)せて+くれない・もらえない (さ)せてほしい 겸양어 (행동의 대상이 私) ます형+ましょうか / 의지형+か (제가) 〜해드릴까요/ (내가) 〜해줄까
응답	はい / いいえ 등과 같이 부탁 받은 행동 에 관한 답변이 있어야 한다.	상대방에게 부탁하는 표현 お願いします。(수락의 의미) 〜するわけにはいきません (거절의 의미)

③ 사건 및 행위의 발생 여부

사건이 일어났는지, 아직 일어나지 않았는지, 또는 행위가 이루어졌는지 아니면 아
직 이루어지지 않았는지에 따라서 답변이 달라져야 된다.

> 女：テレビで見たかったドラマやってる。宿題早く終わらせとけばよかった。
> 男：✓1　まだ、だいぶ残ってるの。
> 　　　2　じゃあ、ゆっくり見られるね。
> 　　　3　昨日、終わらせといて良かったね。

위의 A의 말에서 포인트는「〜とけばよかった 〜해 두었으면 좋았을 텐데」라는
부분이다. 하지 못한 일이나 하지 않은 일을 후회하거나 반성할 때 사용하는 표현이
므로 A는 아직 숙제를 하지 못했음을 알 수 있다. 따라서 선택지에서 숙제를 하지 못
한 내용을 찾아야 한다. 2번 선택지는 숙제를 끝내지 못해 텔레비전을 볼 수 없는데
「見られるね」라는 표현이 있어 오답이고, 3번 선택지는「終わらせといて良かっ
た」라고 했으므로 오답이다. 아직 숙제를 다 하지 못한 A에게 B는 숙제가 얼마나
남았는지를 물어보는 것이 가장 자연스러우므로, 선택지 1번이 정답이 된다.

▶ 발화 문장의 뒤에 오는 어휘를 잘 들어라!

영어 듣기 문제의 경우 보통 앞에 나오는 두 단어를 잘 들어야 한다고 하는데, 이는
영어는 주어와 서술부(동사, 형용사 등)가 앞에 위치하고 있기 때문이다. 그러나 일
본어의 경우 서술부, 즉 동사나 형용사가 문장의 뒷부분에 위치하고 있어, 즉시응답
의 발화 문장에 적절한 대답을 찾기 위해서는 발화 문장 뒷부분에 오는 서술어에 맞
춰 답을 찾는 것이 중요하다. 예를 들어,「田中君が風邪で休んだ日の授業のノー
トとっといたよ。」(2015-1회 기출)라는 문장에 대한 대답을 찾기 위해 필요한 부
분은「風邪で休んだ日」가 아니라「授業のノートとっといよ。」로, 정답을 찾는
포인트가 된다.

문제이해　종합 이해는 과제 이해나 포인트 이해보다 더 복잡하고 정보량이 많은 텍스트에 대한 이해를 묻는 문제이다. 예를 들어, 발화자가 3명인 회화나, 2종류의 음성 텍스트 (예, 뉴스와 그에 대한 대화를 듣는 문제)를 듣고 대화 내용을 바탕으로 정답을 고르는 문제가 출제된다.

문제 푸는 순서

1번/2번　상황설명 → 대화문 → 질문 → 선택지 (음성)
3번　　　상황설명 → 대화문 → 질문 → 선택지 (인쇄)

① 상황설명을 듣는다. (질문은 나오지 않음)
② 긴 대화문을 듣는다.
③ 질문을 듣는다. 1번과 2번은 1개의 텍스트에 대해서 1개의 질문이, 3번은 1개의 텍스트에 2개의 질문이 나온다.
④ 1번, 2번에서는 선택지가 음성으로 제시된다. 3번에서는 선택지가 시험지에 인쇄되어 있다. 각각 4개의 선택지 중에서 가장 적절한 정답을 고른다.

1번 문제

기출문제유형　2011-1회

電子辞書売り場で留学生と販売員が話しています。

女：あのう、電子辞書を探してるんですけど。なるべく安いもので、日本語の勉強に使いたいと思って。
　　　　　　　　　　　　　　　　　　　　　　　　　　　　1번 조건　　2번 조건
男：そうですか。えーと、それでは、こちらの❶一番の辞書がもっとも安い商品になっていますが。機能はあまり多くありません。こちらの❷二番は漢字字典に漢字認識機能が付いてて、人気があります。
女：漢字の認識機能？
男：はい。大体の形しか覚えていない漢字でも簡単に調べることができるんです。❸三番も同じ機能が付いていて、後、カタカナ語辞典も充実しているタイプですね。後は少し高くなりますけど、この❹四番はさらに単語の発音も聞けるようになっていて、人気ありますよ。　→ 한자 인식 기능이 없는 1번 사전 소거
女：うん。漢字認識機能はよさそうですよね。発音は聞けなくてもいいんですけど。カタカナ語辞典あったら便利ですね。じゃ、これにします。　　　　발음은 필요없으므로 4번 소거
　　　　　　　→ 가타가나 사전이 필요하므로 3번이 정답

메모 예시

사려는 전자사전의 조건 →
싸고 일본어 공부에 사용할 수 있는 것
❶ 가장 쌈, 기능은 적음
❷ 한자사전, 한자인식 기능
❸ 한자사전, 한자인식 기능, 가타카나 사전
❹ 가장 비쌈, 한자사전, 한자인식 기능, 가타카나 사전, 발음 청취 가능

留学生はどの電子辞書を買うことにしましたか。

1　一番の電子辞書

　　2　二番の電子辞書
　　3　三番の電子辞書
　　4　四番の電子辞書

전자사전 매장에서 유학생과 점원이 이야기하고 있습니다.

여 : 저, 전자사전을 찾고 있는데요. 되도록 저렴한 것으로, 일본어 공부에 사용하려고 합니다.
남 : 그래요? 음, 그럼 이쪽의 1번 사전이 가장 싼 상품입니다만. 기능은 그다지 많지 않습니다. 여기 2번 사전은 한자사전에 한자 인식 기능이 붙어있어 인기가 있습니다.
여 : 한자 인식 기능?
남 : 네. 대략적인 모양밖에 생각나지 않는 한자도 쉽게 찾아볼 수 있습니다. 3번도 같은 기능이 있고, 그리고 가타카나 사전도 갖추고 있는 타입입니다. 다음은 조금 비싸집니다만, 이 4번은 거기다 단어의 발음도 들을 수 있게 되어 있어 인기가 있습니다.
여 : 음, 한자 인식 기능은 좋을 것 같네요. 발음은 듣지 않아도 좋은데. 가타카나 사전 있으면 편리하겠네요. 그럼 이것으로 할게요.

유학생은 어느 전자사전을 구입하기로 결정했습니까?
　　1　1번 전자사전
　　2　2번 전자사전
　　3　3번 전자사전
　　4　4번 전자사전

비법 TIP

▶ 대화자가 원하는 조건을 먼저 정리한다!

종합 이해 1번 문제의 경우, 발화자가 무언가를 선택하는 장면이 나오고 그 대상을 선택하기 위한 조건이 제시되는데, 먼저 그 조건을 정리하는 것이 중요하다. 예를 들어, 도서관에서 CD를 빌리기 위해서는「子供のころ歌ったような歌を聞かせたい」(2010년1회), 학교야외학습을 선택하기 위해서는「人数　８０人ぐらい／バスで１時間」(2010년－2회), 치과를 선택하기 위해서는「会社帰りに行ける／待ち時間が少ない／短期間」(2013년－1회) 등과 같이 조건이 제시되므로, 조건들을 먼저 확인해두면 대상을 선택하기 쉬워진다.

▶ 조건에 맞는 4가지 선택 대상들에 관한 설명을 체크한다!

야외학습 장소, 대출용 CD, 유학생이 듣는 수업, 치과 이름 등과 같이 대화자가 선택하기 위한 조건이 순서대로 설명과 함께 제시되면, 당사자의 대답과 사전 조건에 맞춰 답을 소거해 가면 된다.

▶ 고유명사에 너무 연연하지 말 것!

선택지는 4가지가 주어지며 고유명사로 이루어진 경우가 많다. 학습자들은 주로 이 고유명사에서 헤매는 경우가 많은데, 이는 함정이다.「山田歯科医院」이라는 선택지가 제시된 경우 여기서 중요한 부분은「歯科」이며「山田」는 그다지 중요한 어휘가 아니라는 사실을 인식해야 한다.

상황설명문	大学で、男の学生と女の学生が、授業案内を見ながら、授業について話しています。
질문문	女の学生は、どの授業を受ける事にしますか。
상황설명문	デパートで店員と客が話しています。
질문문	客はどのカバンを買いますか。
상황설명문	大学で、女の学生と男の学生が話しています。
질문문	女の学生は最初にどこで本を探しますか。

2번 문제

기출문제유형 2011-1회

家族三人がペットについて話しています。

子：ねえねえ、僕、犬飼いたいんだ。飼ってもいい？
父：うん。犬か？　아이의 의견
母：だめだめ。犬って家族と一緒なのよ。一度飼ったら、途中でやめるわけにはいかないよ。　엄마의 의견
子：僕がちゃんと世話するから。
母：でもね、前ほしいほしいって言って飼った金魚だって、結局今誰が餌をあげてる？　→ 엄마가 반대하는 이유
子：お母さん。だって、金魚って、一緒に遊べないから。今度こそちゃんと世話するから。お願い。
父：うん。まあ、お父さんは犬を飼うことには賛成だよ。遊び相手になってくれるだろうし。　아빠의 의견　→ 찬성하는 이유
子：本当？
父：うん。でも、一つ条件があるんだ。
子：条件？　→ 조건이 달려 있음
父：うん。まず、金魚の世話をちゃんとすること。それができたら飼ってもいいよ。金魚の世話ができないのに、犬の世話ができるはずないからな。
子：分かった。僕、頑張って世話するよ。それからお母さんもいいでしょう？
母：そうね。しょうがないわね。

메모 예시

반려동물에 대해
아이: 강아지를 키우고 싶음
엄마: 반대, 가족과 마찬가지임, 결국 동의
아빠: 찬성, 조건
(금붕어를 잘 돌볼 것)

両親はどうすることに決めましたか。
1 世話が大変なので、犬は飼わない。
2 すでに金魚がいるので、犬は飼わない。
3 子供が一緒に遊べるので、すぐに犬を飼う。
✔ 子供に金魚の世話ができたら、犬を飼う。
강아지는 키우기로 했으므로 1번과 2번은 소거, 조건이 있으므로 정답은 4번

부모는 어떻게 하기로 결정했습니까?
  1 돌보기 힘들기 때문에 개는 키우지 않는다.
  2 이미 금붕어가 있기 때문에 개는 키우지 않는다.
  3 아이가 함께 놀 수 있으므로 바로 개를 키운다.
  4 아이가 금붕어를 돌볼 수 있으면 개를 키운다.

비법 TIP

▶ 발화자는 3명!

이 문제의 경우 발화자가 3명인 대화문이 자주 출제되는데, 주로「父 / 母 / 子ども」
「母 / 兄 / 妹」「上司 / 男 / 女」등과 같은 그룹으로 나오는 경우가 많다. N2의 경우,
예전에는 가족회의가 자주 출제되었으나, 최근에는 학교나 회사에서의 회의도 자주
출제되고 있다.

▶ 묻고자 하는 내용은 회의의 결론!

이 문제는 3명의 발화자가 어떠한 주제에 대해서 회의를 하여 내린 결과에 대해서
묻는 문제이다. 기출문제를 살펴보면 의외로 신변에서 자주 있을 만한 주제들이 출
제되었으며,「선생님과 조사방법에 관한 회의」「집에서 모친과 남매가 휴대전화를
보면서 회의」「대학교 동아리에서 무엇을 할 것인지에 관한 회의」「남동생의 유학
기간에 관한 회의」등에 관련된 회의의 결과를 묻는 문제들이 많았다.

▶ 세 사람의 의견을 각각 수렴해서 마지막에 결정!

회의를 이끌어가기 위해서는 진행자가 필요한데, 회사에서는 직위가 높은 사람, 학
교에서는 교수나 선생님, 가정에서는 부모님이 그 역할을 담당하는 경우가 많다. 그

러나 N2에서는 가족회의나 주관적인 일에 관한 결정인 경우가 대부분이기 때문에, 진행자 없이 세 사람의 일반적인 대화로 진행되기도 한다. 따라서 세 사람의 의견을 각각 정리하는 것이 중요하다. 더불어 각각의 의견을 어떻게 수렴해서 결론을 내리는지를 확인해야 하기 때문에 마지막 부분을 잘 들어야 한다.

기출패턴

상황설명문	母親と姉と弟が語学留学について話しています。
질문문	**弟は何週間のコースに申し込みますか。**
상황설명문	海外でホームステイをする予定の息子が両親とお土産について話しています。
질문문	**息子はどんなお土産を探すことにしましたか。**
상황설명문	会社で、女の課長と若い社員2人が食事について話しています。
질문문	**3人はどの店に行くことにしましたか。**

3번 문제

기출문제유형 `2011-1회`

ラジオでプレゼントするＣＤの紹介をしています。

女1 ：ええ、では、番組からの今日のプレゼントです。今日はＣＤを四枚ご用意しました。それぞれ一枚、四名の方にプレゼントします。今からご紹介しますので、ぜひご応募くださいね。ええ、❶一番目はクラシックの曲をピアノで演奏したものです。静かな曲が多いので、私は夜寝る前によく聴いてるんですよ。次、❷二番目は、世界の民俗音楽をその地域の太鼓で力強く演奏したもので、聴いていると力が湧いてきます。❸三番目は年代別に流行った歌を集めたＣＤで、聴いているとその時代を思い出しますね。そして、最後、❹四番目は、私が最近出したＣＤです。最近、子供が生まれたので、子供に歌って聞かせたい曲ばかりを集めて作ってみました。

男 ：へえ、この人って、歌も歌うんだね。知らなかった。

女2 ：本当だね。私。応募してみようかな。

男 ：えっ、この人の歌、聞いてみたいの？

女2 ：そうじゃなくて、私、最近夜眠れないのよ。だから、この人も寝る前に聞いてるって言ってたし。

男 ：ああ、そっちね。じゃ、僕も応募しようかな。カラオケでよく上司が歌ってる昔の歌っていい曲が多いんだよね。ＣＤもらえるんだったら、聞いてみたいな。

女2 ：そうなんだ。太鼓習ってるから、そっちにすると思った。

메모 예시

❶번 CD: 클래식 피아노 곡, 조용해서 자기 전에 듣기 좋음
❷번 CD: 세계 민속 음악, 북, 힘이 솟아남
❸번 CD: 연대별 유행가, 그 시절이 떠오름
❹번 CD: 최근 발매된 DJ 의 CD, 아이에게 들려주고 싶은 곡

여자: 잠을 잘 못잠, 자기 전에 들을 것
남자: 상사가 즐겨 부르는 옛날 노래

DJ가 낸 CD가 아니므로 4번 소거
자기 전에 듣는 것 1번 CD
옛날노래 3번 CD

質問1　女の人はどのＣＤに応募したいと言っていますか？

✔　1　1番のＣＤ

2　2番のＣＤ

3　3番のＣＤ

4　4番のＣＤ

質問2　男の人はどのＣＤに応募したいと言っていますか？

1　1番のＣＤ

2　2番のＣＤ

✔　3　3番のＣＤ

4　4番のＣＤ

라디오에서 선물하는 CD 소개를 하고 있습니다.

여1 : 자 ,그럼 프로그램에서 드리는 오늘의 선물입니다. 오늘은 CD를 4장 준비했습니다. 각각 한 장씩, 네 분께 선물하겠습니다. 지금부터 소개해 드릴 테니 꼭 응모해주세요. 그럼, 첫 번째는 클래식 곡을 피아노로 연주한 것입니다. 조용한 곡이 많아, 저는 밤에 자기 전에 잘 듣고 있습니다. 다음 두 번째는 세계의 민속음악을 그 지역의 북으로 힘차게 연주한 것으로, 듣고 있으면 힘이 솟아납니다. 세 번째는 연대별로 유행했던 노래들을 모아서 CD로, 듣고 있으면 그 시대를 떠올리게 됩니다. 그리고 마지막 네 번째는 제가 최근 낸 CD입니다. 최근에 아이가 태어났기 때문에 아이에게 노래를 들려주고 싶은 곡만을 모아 만들어 보았습니다.

남　: 우와,이 사람은 노래도 부르는구나. 몰랐네.

여2 : 정말이네. 나, 응모 해 볼까.

남　: 어? 이 사람의 노래, 들어보고 싶어?

여2 : 그게 아니라 나, 요즘 밤에 잘 못 자거든. 그래서, 이 사람도 자기 전에 듣는다고 말했으니깐.

남　: 아, 그 쪽이구나. 그럼 나도 응모해볼까. 노래방에서 상사가 자주 부르는 옛날 노래들 좋은 곡이 많더라. CD 받을 수 있다면 들어보고 싶어.

여2 : 그렇구나. 북을 배우고 있어서 그 쪽으로 할 줄 알았는데.

질문 1 여자는 어느 CD에 응모하고 싶다고 말하고 있습니까?

1　1번 CD

2　2번 CD

3　3번 CD

4　4번 CD

질문 2 남자는 어느 CD에 응모하고 싶다고 말하고 있습니까?

1　1번 CD

2　2번 CD

3　3번 CD

4　4번 CD

비법 TIP ▶ 시험지에 인쇄된 선택지에 내용을 정리!

문제 3번의 경우 선택지가 문제 1, 2번과 달리 시험지에 인쇄되어 있는데, 첫 번째 화자가 각 선택지에 대해서 설명을 할 때, 중요 내용을 간단히 정리해 나가지 않으면 문제를 풀기 어려워진다. 따라서 각 보기에 대한 내용을 자신만이 알아볼 수 있게 메모해 두는 것이 좋다.

▶ 대화를 나누는 남자와 여자가 선택하는 내용에 주의!

선택지를 설명하는 내용이 끝나면 남자와 여자가 각 선택지 중 어느 것을 선택할 것인가에 대해서 대화를 나누고, 각각 선택한 것에 대해서 묻는 문제가 2문제 출제된다. 특히「捨てがたいけど 버리기 힘들지만」등과 같이 애매한 표현들에 주의해서 들어야 한다.

▶ 남자가 선택하는 것은? 여자가 선택하는 것은?

이전 기출문제의 경우「男の人が〜」「女の人が〜」처럼 같은 패턴으로 남자가 선택한 것, 여자가 선택한 것에 관한 것을 묻는 문제가 대부분이었다. 하지만 최근에는 「男の人と女の人は最初にどの会場へ行きますか」「もし時間があれば男の人は1人でどの会場へ行きますか。」등과 같이 문제가 다른 패턴으로 제시되는 경우도 있으니 주의해서 챙겨 둬야 한다.

기출패턴

상황설명	二人の女の人がラジオを聞いています。
질문	明日のデートに、どんな色の服を着て行くといいですか？ 今日の夜は、どんな色の物を着て寝るといいですか。
상황설명	農業のイベント会場でアナウンスを聞いたあと、男の人と女の人が話しています。
질문	女の人はこのあとどの会場に行きますか。 男の人はこのあとどの会場に行きますか。
상황설명	夫婦がラジオの天気予報を聞いて話しています。
질문	二人は金曜日になにをすることにしましたか。 二人は土曜日になにをすることにしましたか。

공통 비법 `TIP` 종합 이해의 문제1번과 2번은 선택지가 음성으로 제시되고 문제3번은 시험지에 인쇄되어 있다는 점이 다르고 묻고자 하는 내용도 다르지만, 문제를 풀기 위한 기본적인 방식은 같다.

▶ 간단하게 적는 연습을 해라!!

선택지가 음성으로 제시되는 문제1번과 2번도 선택지가 시험지에 인쇄되는 문제 3번도 선택지에 대한 설명을 반드시 간단하게 적어야 정답을 고를 수 있다.

親子三人が遊園地へ行く計画を立てています。

5-4

母：今日、遊園地の無料チケットをもらったのよ。
父：お、遊園地か。いいねえ。じゃあ、今度の日曜日に三人で行こうか？
母：休日だと込むだろうから早い時間に行ったほうがいいかもね。
子：ねえねえ、僕、来週の月曜日、学校お休みだよ！
母：あら、そうだったわね。月曜日なら平日だし、空いてそうね。ねえ、仕事、休めないの？
父：うーん、今ちょっと忙しいから難しいなあ……。
子：でも休みの日は乗り物のるのにもすごく待たされるって言ってたよ。空いている日のほうがたくさん遊べていいと思う。
母：そうよねえ、しかたない。じゃあ、お母さんと二人で行こうか？お父さん抜きで空いてる遊園地で、思いっ切り楽しんじゃお！
父：おい、そんな……。うーむ、わかった。何とか休みを取らせてもらうよ。
子：やったあ！

메모 예시

무료티켓
아빠: 일요일에 셋이서 가자
엄마: 휴일은 붐비니 이른 시간에 가자
아이: 다음주 월요일 학교 쉬는 날
엄마: 평일은 한가할 것이다
아빠: 회사를 쉬는 것은 어려움
엄마: 아이와 둘이서 가자
아빠: 휴가를 내 보겠음

遊園地へはいつ、何人で行きますか？

1 休日に3人で行く
2 休日に2人で行く
3 ✓ 平日に3人で行く
4 平日に2人で行く

▶ 고유명사에 연연하지 말 것!

선택하는 것이 시계일 경우에는 브랜드명 4가지가 제시될 수도 있고, 아르바이트를 선택한다면 모집광고와 회사명이 4곳 제시될 수도 있다. 소설일 경우에는 소설 제목이 4가지 제시될 수도 있다. 고유명사는 무시하기 힘든 부분이지만, 그렇다고 너무 연연할 필요는 없다. 고유명사가 헷갈리면 ABCD 또는 1234 등 학습자가 자유롭게 표기하고 조건을 잘 정리하면 문제를 쉽게 풀 수 있다.

▶ 간단하게 OX 표시는 기본!

청해는 전체 내용을 필기하기보다는 인쇄되어 있는 선택지랑 비교하며 소거를 해 가는 것이 중요하다. 종합 이해의 문제 1번과 2번처럼 선택지가 시험지에 인쇄되어 있지 않고 음성으로 제시되는 경우에는 먼저 선택지의 내용을 간단하게 메모한 뒤, 메모한 내용에 반응이 긍정적인지 부정적인지 OX로 표시하면서 오답을 소거해 가는 것이 중요하다.

❋JLPT 기출 어휘 체크 ★

2015-1회

<ruby>塾<rt>じゅく</rt></ruby>	학원	<ruby>配<rt></rt></ruby>る	배포하다, 나눠주다
<ruby>加<rt>くわ</rt></ruby>える	더하다, 추가하다	<ruby>職員<rt>しょくいん</rt></ruby>	직원, 공무원
<ruby>開催<rt>かいさい</rt></ruby>	개최	<ruby>一斉<rt>いっせい</rt></ruby>に	일제히, 동시에
<ruby>取<rt>と</rt></ruby>り<ruby>替<rt>か</rt></ruby>える	(새것으로) 바꾸다	<ruby>庭<rt>にわ</rt></ruby>	정원
<ruby>支援<rt>しえん</rt></ruby>	지원	<ruby>雑草<rt>ざっそう</rt></ruby>	잡초
<ruby>得意<rt>とくい</rt></ruby>だ	특히 잘하다	<ruby>取<rt>と</rt></ruby>り<ruby>掛<rt>か</rt></ruby>かる	착수하다, 시작하다
<ruby>観光<rt>かんこう</rt></ruby>	관광	<ruby>課長<rt>かちょう</rt></ruby>	과장
<ruby>相談<rt>そうだん</rt></ruby>	상담	<ruby>気<rt>き</rt></ruby>が<ruby>利<rt>き</rt></ruby>く	눈치가 빠르다
～<ruby>際<rt>さい</rt></ruby>に	~즈음해서	<ruby>秘書<rt>ひしょ</rt></ruby>	비서
<ruby>喜<rt>よろこ</rt></ruby>ぶ	기뻐하다	<ruby>調整<rt>ちょうせい</rt></ruby>	조정
<ruby>宅配便<rt>たくはいびん</rt></ruby>	택배편	<ruby>指定<rt>してい</rt></ruby>	지정
<ruby>恐縮<rt>きょうしゅく</rt></ruby>です	죄송합니다, 황송합니다	<ruby>論文<rt>ろんぶん</rt></ruby>	논문
<ruby>現状<rt>げんじょう</rt></ruby>	상황, 현상	<ruby>構成<rt>こうせい</rt></ruby>	구성
<ruby>扱<rt>あつか</rt></ruby>う	다루다, 취급하다	<ruby>遡<rt>さかのぼ</rt></ruby>る	(시간) 거슬러 올라가다
<ruby>収集<rt>しゅうしゅう</rt></ruby>する	수집하다	<ruby>取<rt>と</rt></ruby>り<ruby>組<rt>く</rt></ruby>む	몰두하다
<ruby>提案<rt>ていあん</rt></ruby>	제안	<ruby>解消<rt>かいしょう</rt></ruby>	해소
<ruby>余裕<rt>よゆう</rt></ruby>	여유	<ruby>上達<rt>じょうたつ</rt></ruby>する	(실력·솜씨) 늘다, 향상되다
<ruby>派手<rt>はで</rt></ruby>すぎる	너무 화려하다	<ruby>苦戦<rt>くせん</rt></ruby>する	고전하다
<ruby>愛着<rt>あいちゃく</rt></ruby>がわく	애착이 생기다	<ruby>器用<rt>きよう</rt></ruby>だ	손재주가 좋다, 요령이 있다
<ruby>合宿<rt>がっしゅく</rt></ruby>	합숙	ざわざわする	술렁거리다
<ruby>深夜<rt>しんや</rt></ruby>	심야	<ruby>転職<rt>てんしょく</rt></ruby>	이직, 전직
よっぽど	상당히	<ruby>追<rt>お</rt></ruby>いつく	따라잡다
<ruby>売<rt>う</rt></ruby>れ<ruby>行<rt>ゆ</rt></ruby>き	팔림새	<ruby>報告<rt>ほうこく</rt></ruby>	보고
<ruby>好調<rt>こうちょう</rt></ruby>だ	아주 좋다	<ruby>収穫<rt>しゅうかく</rt></ruby>	수확
<ruby>目<rt>め</rt></ruby>を<ruby>向<rt>む</rt></ruby>ける	눈을 돌리다, 관심을 갖다	<ruby>見直<rt>みなお</rt></ruby>す	고치다, 수정하다

定年 (ていねん)	정년	やり甲斐 (がい)	하는 보람
気付き (きづき)	깨달음	張り切る (はりきる)	긴장하다, 힘이 넘치다
思う存分 (おもうぞんぶん)	마음껏	欲張り (よくばり)	욕심쟁이
放す (はなす)	풀어놓다, 놓아주다	退職 (たいしょく)	퇴직
のんびり過ごす (すごす)	느긋하게 보내다	取り寄せる (とりよせる)	(주문) 들여오다, 배달시키다
祝い (いわい)	축하인사, 축하선물	原産 (げんさん)	원산
乾燥 (かんそう)	건조	枯れる (かれる)	시들다, 마르다

2015-2회

～に適する (てき)	~에 적합하다	ぱらぱら読む (よ)	(책) 획획 읽다
やり甲斐 (がい)	하는 보람	介護 (かいご)	간호
居づらい (い)	(장소에) 있는 것이 거북하다	乾燥 (かんそう)	건조
犬を放す (いぬ・はな)	개를 풀어놓다	見通し (みとおし)	전망, 예측
繋ぐ (つな)	연결하다, (관계) 이어가다	枯れる (か)	(식물) 말라죽다
苦戦する (くせん)	고전하다	恐縮です (きょうしゅく)	죄송합니다, 황송합니다
広々とする (ひろびろ)	널찍하다	気が利く (き・き)	눈치가 빠르다
気を落とす (き・お)	낙심하다	気付き (きづ)	깨달음
器用だ (きよう)	손재주가 좋다, 요령이 있다	～し切れない (き)	다 ~하지 못하다
宅配便 (たくはいびん)	택배편	導く (みちび)	이끌다, 안내를 하다
売れ行き (う・ゆ)	팔림새	目を向ける (め・む)	눈을 돌리다, 관심을 갖다
上達する (じょうたつ)	(실력, 솜씨) 늘다, 향상되다	上回る (うわまわ)	웃돌다
遡る (さかのぼ)	(시간) 거슬러 올라가다	素敵だ (すてき)	멋있다
手間がかかる (て・ま)	(일하는데 드는) 시간이 걸리다, 수고스럽다	収集する (しゅうしゅう)	수집하다
塾 (じゅく)	학원	食料品 (しょくりょうひん)	식료품
深夜 (しんや)	심야	楽観的 (らっかんてき)	낙관적
養成 (ようせい)	양성	余裕ができる (よゆう)	여유가 생기다
欲張り過ぎる (よくば・す)	지나치게 욕심이 많다	元同僚 (もとどうりょう)	이전 동료
音声が出る (おんせい・で)	음성이 나오다	一斉に (いっせい)	일제히, 동시에
雑草 (ざっそう)	잡초	張り切る (は・き)	긴장하다, 힘이 넘치다

転職	이직, 전직	接する	접하다
早速	즉각, 즉시	取り掛かる	착수하다, 시작하다
取り寄せる	(주문, 말) 가져오게 하다	取り替える	새것으로 바꾸다
打ち合わせ	사전 미팅	退職祝い	퇴직 축하
派手すぎる	너무 화려하다	解消できる	해소할 수 있다
好調だ	아주 좋다		

いじる	만지작거리다, 만지다	しょんぼりする	풀이 죽다
横に	옆에	ほっとする	안심하다
感覚	감각	講義	강의
開店時間	개점 시간	負担にならない	부담이 되지 않다
雇う	고용하다	関心を持つ	관심을 갖다
広告	광고	急増する	급증하다
納品を希望する	납품을 희망하다	道具を扱う	도구를 다루다
頭を撫でる	머리를 쓰다듬다	買い替える	새로 사 바꾸다
目指す	지향하다, 목표하다, 노리다	味わう	맛보다, 음미하다
半数以上	과반수	反応	반응
発表資料	발표 자료	転換する	전환하다
並べ替え	재정렬	報告書	보고서
部屋の隅	방구석	飛び回る	날아다니다, 뛰어다니다
飼う	(동물) 기르다, 키우다	常識を破る	상식을 깨다
赤色の容器	빨간색의 용기	性能	성능
秀才	수재	手伝ってほしい	도왔으면 좋겠다
実感が持てる	실감이 나다	研修会	연수회
医療関連	의료 관련	敵から	적으로부터
前提	전제	情況が一転する	정황이 일변하다
提示する	제시하다	製造の依頼	제조 의뢰
注文を取る	주문을 받다	主要	주요
増加傾向	증가 경향	持ち運び	운반

指導を任せる	지도를 맡기다	知識や経験	지식이나 경험
取り組む	몰두하다	討論	토론
通訳	통역	賢い	현명하다, 똑똑하다
形式	형식	和やかな雰囲気	부드러운 분위기
会計	회계, 계산		

早まる	(시기) 빨라지다	増やす	늘리다
計画書	계획서	項目	항목
分析	분석	手品	마술, 속임수
実質	실질	衣装	의상
使用許可	사용 허가	駐車場	주차장
手続き	절차	申請	신청
範囲	범위	追加	추가
試作品	시작품, 샘플	ボリューム	볼륨
ターゲット	타깃, 표적, 목표	大盛り	곱빼기
実施	실시	抑える	억제하다
再検討	재검토	介護	간호
焦る	서두르다, 조바심내다	気を使う	신경을 쓰다
考察	고찰	原作	원작
抵抗	저항	たくましい位	강인한 정도
いずれにしても	어찌 되었든 간에	更新	갱신, 경신
継続する	계속하다	精神力	정신력
鍛える	단련하다, 훈련하다	記録	기록
解消	해소	個性	개성
平凡	평범함	生計を立てる	생계를 꾸리다
相応しい	어울리다, 적합하다	知識	지식
程度	정도	繰り返す	반복하다
避ける	피하다	焦り	초조함, 조바심
過度	과도함	支援	지원

貢献	공헌	交流	교류
図る	도모하다, 꾀하다	代謝	대사
法律改正	법률개정	対処法	대처법
要素	요소	目標を達する	목표를 달성하다
得難い	얻기 어렵다	感覚	감각
盛り上がる	(분위기) 고조되다, 무르익다	弱気	약세
観光	관광	海岸	해안
見渡す	조망하다	途中	도중
山頂コース	정상 코스	混雑	혼잡함
快適	쾌적함	送迎	보내고 맞이함
取りかかる	착수하다, 시작하다	入れ替える	바꿔 넣다

2013-1회

素敵だ	멋지다	お金が絡む	돈이 얽히다
お洒落だ	멋스럽다	お天気が崩れる	날씨가 나빠지다
お互い	서로, 상호	きちんと	제대로
じっくり目を通す	곰곰이 훑어보다	ニヤニヤする	히죽히죽거리다
混雑する	혼잡하다	まとめる	정리하다, 종합하다
わたし宛	내 앞	監督	감독
激しい	심하다, 격하다	苦情	고충, 불평, 클레임
具体的に	구체적으로	納品	납품
曇り	흐림	対応	대응
大抵	대개, 대강	憧れる	(대상) 동경하다
中断する	중단하다	雷が鳴る	천둥이 치다
立場	입장	目立つ	눈에 띄다
反映する	반영하다	変更が生じる	변경이 생기다
普及	보급	事故の処理	사고처리
渋滞	정체, 체증	先に延ばす	나중으로 미루다
選考	(시험) 전형	説得力	설득력
焼ける	타다, 그을리다	話を詰める	이야기를 분명히 해두다

承知しました	알겠습니다	勝敗	승패
視察	시찰	身につける	몸에 익히다, 착용하다
申請用紙	신청 용지	安く済ませたい	싸게 마무리하고 싶다
余裕を持つ	여유를 갖다	役割	역할
意外で	뜻밖이고	姿勢	자세
奨学金	장학금	全部修正する	전부 수정하다
丁寧に分析する	신중하게 분석하다	提案書	제안서
組み立てる	조립하다, 구성하다	操作と検索	조작과 검색
徹底	철저함	追加販売	추가 판매
抽象的	추상적	推薦書	추천서
充実する	충실하다	判断	판단
汗を流す	땀을 흘리다	解説	해설
解消する	해소하다	歓迎会	환영회

2013-2회

避け方	피하는 방법	好感度	호감도
お腹がペコペコだ	배가 고프다	クリアする	통과하다, 뛰어넘다
骨折する	골절되다	日程変更	일정변경
素人	초보자, 아마추어	掲示板	게시판
点検	점검	バランスが偏る	균형이 치우치다
客観的	객관적	見た目	겉보기, 외견
軽い素材	가벼운 소재	過程を絞る	과정을 줄이다
寄付	기부	内側	안쪽
力をいれる	힘을 주다	礼儀作法	예의 범절
立て替える	(돈을) 대신 지불하다	無駄だ	쓸데없다, 헛되다
背負う	짊어지다	補助	보조
福祉	복지	専用	전용
雰囲気がいい	분위기가 좋다	秘密	비밀
常連	단골	消耗	소모
消費者	소비자	速達	속달

手間がかかる	번거롭다, 수고스럽다	手軽に	간편하게
収納	수납	需要が高い	수요가 높다
時間に追われる	시간에 쫓기다	深夜の出発	심야의 출발
予算の問題	예산 문제	予約制	예약제
栄養が取れる	영양을 섭취하다	宛先	수신인, 주소
頑丈に	(몸) 튼튼히, 건강히	腰掛ける	앉다, 걸러 앉다
優勝作品	우승 작품	肉食べ放題	고기 뷔페
一段落する	일단락되다	残りわずか	얼마 남지 않음
精一杯	힘껏, 최대한	注目を浴びる	주목을 받고 있다
差し入れ	수고의 의미로 보낸 음식, 사식	就く	종사하다
後悔する	후회하다	休憩	휴식
吸収する	흡수하다		

2012-1회

履歴書	이력서	成績証明書	성적 증명서
就職活動	취업 활동	書類	서류
天気予報	일기 예보	お勧めする	권하다, 추천하다
お預かりしました	맡았습니다, 접수했습니다	さわやかさ	상쾌함
ふらふらになる	(몸이) 휘청휘청해지다	加える	더하다, 추가하다
強調する	강조하다	開催する	개최하다
健康診断	건강 진단	格好が恥ずかしい	모습이 부끄럽다
見学	견학	経営	경영
苦手だ	서투르다, 잘못하다	担当	담당
対処しきれない	다 대처할 수 없다	登録	등록
領収書	영수증	労働	노동
眠れる	자다, 잠들다	分野	분야
比較する	비교하다	邪魔	방해, 훼방
生み出す	새로 만들어내다	笑わせる	웃기다
小説	소설	騒音	소음
飾りつけ	장식	新企画	새로운 기획

痒い	가렵다	栄養	영양
容器	용기, 그릇	似た格好をしている	닮은꼴을 하고 있다
積極的な印象	적극적인 인상	提出	제출
彫刻	조각	操作が複雑だ	조작이 복잡하다
撒く	(씨앗) 뿌리다	志望	지망
珍しい	드물다	参加費	참가비
採用する	채용하다	替える	바꾸다, 교체하다
通勤	통근	豊富だ	풍부하다
歓迎会	환영회	荒れた天気	거친 날씨
希望する	희망하다		

2012-2회

分類方法	분류 방법	案を作る	방안을 만들다
片付ける	정리하다	提案	제안
代金払い	대금 지불	細かい手続き	세세한 절차
書き加える	덧붙이다	周り	주위
目の間隔	눈의 간격	寄せる感じ	모으는 느낌
活動に先立って	활동에 앞서서	研修	연수
改めて	다시, 재차	譲れない	양보할 수 없다
南向き	남향	新築	신축
広々と	널찍한	文句なし	두말없이
回収	회수	緊張する	긴장하다
食欲がない	식욕이 없다	気分転換	기분 전환
同僚	동료	時代の流れに乗る	시대의 흐름에 타다
順調だ	순조롭다	維持	유지
信頼関係	신뢰 관계	拡大する	확대하다
余裕を持つ	여유를 갖다	仕上がる	완성되다
持ち運び	운반	予算が限られている	예산이 한정되어 있다
製造	제조	販売	판매
減少する	감소하다	習慣	습관

判断する	판단하다	慎重	신중함
言い切れない	단언할 수 없다	否定する	부정하다
態度	태도	次々	잇달아
応募	응모	目標	목표
所属する	소속되다	この辺で	이쯤에서
切り上げる	일단락 짓다, 끝을 맺다	納得できない	납득할 수 없다
気配がない	기미가 없다, 기색이 없다	がらがらだ	텅 비어 있다
厳しい	엄하다, 엄격하다	落ち着いた感じ	차분한 느낌
記事を組む	기사를 짜다	講演をする	강연을 한다
抽選会	추첨회	取材	취재
分担する	분담하다	特集記事	특집 기사

2011-1회

慌てて	황급히	うっかりする	깜빡하다
ぎゅうぎゅうになる	꽉꽉 들어차다	ちょっと物足りない	좀 어딘가 부족하다
できる限り	최대한, 할 수 있는 한	～に目に付く	~에 눈에 띄다
ばっちりだ	문제없다, 확실하다	客観的に	객관적으로
検査	검사	見直す	수정하다, 고치다
硬い表現	딱딱한 표현	怪我	부상, 상처
匂い	냄새	多目に	(평소보다) 많이
独特の匂い	독특한 냄새	目に負担	눈에 부담이 됨
無口	과묵함	味が濃い	맛이 짙다
未満	미만	半額	반값
変更	변경	普段から	평소부터
不調を訴える	부진을 호소하다	体調	몸 상태, 컨디션
膝にのせる	무릎에 올리다	新鮮だ	신선하다
予算オーバー	예산 초과	予算内に収まる	예산 내에 딱 들어맞다
遠く離れる	멀리 멀어지다	日程がかたまり次第	일정이 확정되는 대로
日程を調整する	일정을 조정하다	一通り	대충, 대강
資料	자료	畑で取る	밭에서 따다

転勤	전근	頂く	받다 (もらう의 겸양 표현)
症状	증상	出版記念	출판 기념
治療	치료	派手	화려함
嫌がる	싫어하다	確保	확보
活躍する	활약하다	悔しい	분하다, 후회스럽다

技術的	기술적	大体	대개, 대체로
印刷	인쇄	診察	진찰
ご了承ください	양해해 주세요	しょうがない	어쩔 수 없다, 하는 수 없다
それとなくいう	넌지시 말하다	検索	검색
ふと目に触れる	문득 눈에 띄다	距離を縮める	거리를 좁히다
格好つける	폼을 잡다	肩幅	어깨 폭
結構	꽤, 상당히	競争が激しい	경쟁이 치열하다
両方	양쪽	恋愛	연애
売切れ次第	다 팔리는 대로	目当て	목적, 목표
目印	표시	目指す	지향하다, 목표하다, 노리다
薄い	얇다, 옅다, 연하다	配達	배달
俳優仲間	동료 배우	専門家	전문가
細長い形	길쭉한 모양	率直	솔직함
試行錯誤の結果	시행 착오의 결과	息を止める	숨을 멈추다
実態	실태	我慢する	참다, 인내하다
誤解	오해	欲求	욕구
友達同士	친구끼리	偶然	우연함
柔軟体操	유연 체조	幼稚園	유치원
刺激する	자극하다	丁寧だ	정중하다, 차분하다
題名	제목	提出	제출
早速	당장, 즉각	注意を払う	주의를 기울이다
地図を描く	지도를 그리다	職場	직장
すれ違い	차이, 엇갈림	貼る	부착하다, 붙이다

初対面	첫 대면	出演する	출연하다
退職する	퇴직하다	特徴	특징
評判がいい	평판이 좋다	協力者	협력자
呼吸する	호흡하다	混雑	혼잡함
虫歯	충치		

2010-1회

懐かしい	그립다	恐縮です	죄송합니다
ため息	한숨	キャンセル待ち	대기예약
グラフの値	그래프의 값	ご苦労様	수고하세요
お構いなく	신경 쓰지 마시고	節約	절약
まずい	일이 잘못되다	家賃	집세
距離	거리	空席	공석
壊す	부수다	交流会	교류회
禁煙する	금연하다	断りにくい	거절하다, 어렵다
単調だ	단조롭다	代わりに	대신에
対策を立てる	대책을 세우다	到着	도착
落ち込み	침체	寮	기숙사
流行る	유행하다	魅力	매력
反省点	반성할 점	配達	배달
保護者	보호자	専業	전업
体力がつく	체력이 붙다	思い切って	과감히, 큰맘 먹고
書き出す	쓰기 시작하다	席をはずす	자리를 비우다
受け取る	받다	収入を増やす	수입을 늘리다
収穫	수확	承る	듣다·받다 (聞く·受ける의 겸양어)
実践できる	실천할 수 있다	暗い	어둡다
影響	영향	揺れる	흔들리다
欲張りコース	욕심쟁이 코스	遊園地	유원지
伝言がある	전할 말이 있다	折り返し	곧, 즉각, 다시

提出する	제출하다	組み合わせ	조합
仲直り	화해	診察	진찰
参考文献	참고 문헌	通信販売	통신 판매
避難用	피난용	被害	피해
確かめる	확인하다	候補	후보

確認を入れる	확인하다	資料	자료
前回	전회	修正	수정
好印象	좋은 인상	遅れる	(일정한 시간보다) 늦다, (예정) 더디다
介護施設	간호 시설	簡単に	쉽게, 간단히
移動	이동	散歩	산책
お手伝い	도움	書き込む	적다, 기입하다
研修会	연수회	事前調査	사전 조사
適切だ	적절하다	評判	평판
遅刻	지각	依頼	의뢰
休暇を取る	휴가를 내다	休暇明け	휴가가 끝난 다음
残業	잔업	物を詰める	물건을 채우다
交換	교환	保障期間	보장 기간
対象外	대상 외	危険な場面	위험한 장면
演じる	연기하다	ブーム	붐, 일시적 유행
揃える	갖추다, 가지런히 하다	導く	이끌다, 지도하다
産業	산업	塾に通う	학원에 다니다
指摘する	지적하다	居場所	거처, 자리
否定的	부정적	都合がつかない	형편이 닿지 않다, 짬이 나지 않다
寝坊する	늦잠 자다	人ごみ	인파
助かる	살아나다, 도움이 되다	締め切り	마감
予算	예산	やめざるを得ない	그만둘 수밖에 없다

至急戻る	급히 돌아오다	試食	시식
広告	광고	限定	한정
水に濡れる	물에 젖다	染まる	물들다
触れ合う	(마음) 서로 통하다, 서로 스치다	設備	설비
のんびり	느긋함, 한가로움	寝転がる	(누워) 뒹굴다
見逃す	간과하다, 기회를 놓치다	訓練	훈련
隣	옆, 곁	取り消し	취소

JLPT 완벽 대비

1 축약표현

문어	구어	뜻	예문
~ても/でも	~たって/だって	~이라도	明日だっていい。 내일이라도 괜찮다.
~なければ	~なきゃ/なけりゃ	~않으면	やらなきゃ。 해야만 해.
~なくてはいけない	~なくちゃいけない	~해야만 한다	ここでは帽子を脱がなくちゃいけない。 여기서는 모자를 벗어야만 한다.
~ないといけない	~ないと	~해야만 한다	もうすぐ試験なので、頑張らないと。 이제 곧 시험이니 열심히 해야 한다.
~ては/では	~ちゃ/じゃ	~해서는	遅刻しちゃいけない（てはいけない）。 지각을 해서는 안 된다.
~のではない	~んじゃない	~하지 않아?	少し高いんじゃないか。 조금 비싸지 않은가.
~のだ	~んだ	~인 것이다	どうしたんですか（のですか）。 어떻게 된 것입니까?
~ので	~んで	~때문에	ファクスが壊れてるんで、メールでお願いします。 팩스가 고장났기 때문에, 메일로 부탁 드립니다.
では~	じゃ~	자, 그럼~	じゃ、また明日。 자 그럼 내일 또.
~と/という/というのは	~って	~라고/~라는/~라는 것은	彼女は休むって言いました。 그녀는 쉰다고 말했습니다.
~ている/でいる	~てる/でる	~하고 있다	あそこに座ってる人、誰？ 저기 앉아 있는 사람 누구야?
~ておく/でおく	~とく/どく	~해두다	私に任せといてください。 나에게 맡겨주세요.
~ていく	~てく	~해가다	今後の開発は進めてくことにしました。 향후 계획은 진행해가기로 했습니다.
~てしまう/でしまう	~ちゃう/じゃう	~해 버리다	もう読んじゃったよ。 벌써 읽어 버렸어.
~だろうか	~かなぁ/かしら	~일까	明日晴れるかな/かしら。 내일은 날씨가 좋을까?

① ～(て)ちょうだい　=　～ください　～(해) 주세요
　□ りんごをちょうだい。　=　りんごをください。 사과 주세요.
　□ まってちょうだい。　=　まってください。 기다려 주세요.

② ～かしら / かな　～일까?
　□ 明日は暑いかしら。 내일은 더울까?
　□ 彼は本当に来るかな。 그는 정말 올까?

③ ～さ　～(이)야, ～해
　□ これは、日本語の雑誌さ。 이것은 일본어 잡지야.
　□ そんなことあたりまえさ。 그런 일은 당연해.

④ ほら　자, 봐
　□ ほら、簡単だろう。 자, 봐! 간단하지?

⑤ へえ　와, 우와
　□ へえ。君はたくさん本を持ってるんだなあ。 와, 너는 많은 책을 갖고 있구나.

⑥ ～じゃ　～(라/다)면
　□ 歩いてきたんじゃ、疲れただろう。 걸어서 왔다면 피곤하겠구나.

⑦ ～かい　～야?
　□ ここが君の会社かい。 여기가 너의 회사야?
　□ 君は来年も日本へ行くかい。 너는 내년에도 일본에 가는거야?

⑧ しょっちゅう / よく / たびたび　자주, 종종
　□ 彼は、しょっちゅう私の家へ遊びに来るよ。 그는 자주 우리 집에 놀러와.

⑨ ～なんか　～등등, ～따위
　□ レモンなんか大嫌い。=レモンのようなものは大嫌い。 레몬 따위 정말 싫다.

3　주의해야 할 문법

① ～たかった / ほしかった　～하고 싶었다, ～갖고 싶었다
　□ この間のキャンプー、私も行きたかった。 지난번 캠프, 나도 가고 싶었어.
　□ その人形、私もほしかった。 그 인형 나도 갖고 싶었어.

② 의지형 + としたら / と思ったら～　～하려고 했더니, ～하려고 생각했는데
　□ ねえ、昨日電話をかけようとしたらケイタイが見つからなくて。
　　있잖아, 어제 전화를 걸려고 했더니 휴대전화가 보이지 않아서.

③ ます형 + そうだった / そうになった / そうに見えた
　～할 것 같았다, ～할 것 같이 되었다, ～할 것처럼 보였다

□ 今朝、車にぶつかりそうだったよ。 오늘 아침에 차에 부딪칠 뻔했다.

④ (あやうく / もう少しで) + 기본형ところだった   자칫하면 ~할 뻔했다

　□ あっ、やっと来た！私もう少しで帰るところだったよ。
　　　아! 드디어 왔다. 나 조금만 더 있었으면 돌아갈 뻔했어.

⑤ た형 + はずなのに / はずだけど / はずだが～　분명 ~했었을 텐데

　□ 今日出すレポート、かばんにいれて来たはずなのに。 오늘 낼 리포트 분명 가방에 넣어 왔을텐데…….

⑥ ～ばよかったのに　~했었으면 좋았을 텐데
　□ A: この研修会、山田さんも来られればよかったのにね。
　　　이번 연구회, 야마다씨도 오셨었으면 좋았을 텐데……. (→ 응답 표현으로「～たかった」의 표현이 자주 온다.)
　□ B: 行きたかったんだけどね。 가고 싶었는데 말이야.

　　주의: ～ばいいのに　~하면 좋을 텐데…….
　□ この研修会、山田さんも来ればいいのに。 이 연구회, 야마다씨도 오면 좋을 텐데…….

⑦ 종지형 + っけ　~였던가
　□ この仕事の締め切りって、来週の金曜日でしたっけ？ 이 일의 마감이 다음주 금요일이었던가?

⑧ ない형 + ざるをえない　(어쩔 수 없이) ~하지 않을 수 없다
　□ その計画は予算を考えるとやめざるを得ない。 그 계획은 예산을 생각하면 그만둘 수밖에 없다.

⑨ ます형 + 次第　~하는 대로
　□ 課長に連絡が取り次第、至急戻るように伝えて。
　　　과장님께 연락이 취해지는 대로 시급히 돌아오시도록 전해줘.

JLPT 실전모의테스트 N2

자신의 실력이 어느 정도인지 확인할 수 있도록 임의적으로 만든 채점표입니다. 실제 시험은 상대 평가 방식이므로 약간의 오차가 발생할 수 있습니다.

언어지식 (문자·어휘·문법)

		배점	만점	제1회	
				정답 문항 수	점수
문자·어휘·문법	문제 1	1점×5문항	5		
	문제 2	1점×5문항	5		
	문제 3	1점×5문항	5		
	문제 4	1점×7문항	7		
	문제 5	1점×5문항	5		
	문제 6	1점×5문항	5		
	문제 7	1점×12문항	12		
	문제 8	1점×5문항	5		
	문제 9	2점×5문항	10		
합계			59점		

* **점수 계산법** : 언어지식(문자·어휘·문법) [   ]점÷59×60 = [   ]점

독해

		배점	만점	제1회	
				정답 문항 수	점수
독해	문제 10	2점×5문항	10		
	문제 11	3점×9문항	27		
	문제 12	3점×2문항	6		
	문제 13	3점×3문항	9		
	문제 14	3점×2문항	6		
합계			58점		

* **점수 계산법** : 독해 [   ]점÷58×60 = [   ]점

청해

		배점	만점	제1회	
				정답 문항 수	점수
청해	문제 1	2점×5문항	10		
	문제 2	2점×6문항	12		
	문제 3	2점×5문항	10		
	문제 4	1점×12문항	12		
	문제 5	3점×4문항	12		
합계			56점		

* **점수 계산법** : 청해 [   ]점÷56×60 = [   ]점

N2

言語知識（文字・語彙・文法）・読解

（105分）

注　意
Notes

1. 試験が始まるまで、この問題用紙を開けないでください。
   Do not open this question booklet until the test begins.

2. この問題用紙を持って帰ることはできません。
   Do not take this question booklet with you after the test.

3. 受験番号と名前を下の欄に、受験票と同じように書いてください。
   Write your examinee registration number and name clearly in each box below as written on your test voucher.

4. この問題用紙は、全部で31ページあります。
   This question booklet has 31 pages.

5. 問題には解答番号の 1 、 2 、 3 … が付いています。
   解答は、解答用紙にある同じ番号のところにマークしてください。
   One of the row numbers 1 , 2 , 3 … is given for each question. Mark your answer in the same row of the answer sheet.

受験番号　Examinee Registration Number	

名　前　Name	

問題1 ＿＿＿＿の言葉の読み方として最もよいものを、1・2・3・4から一つ選びなさい。

1 　祖父は会社を父に譲（ゆず）り、隠居生活を楽しんでいる。

　　1 おんきょ　　　　2 いんきょ　　　　3 あんい　　　　4 しんい

2 　彼はけがの痛みが激しいにもかかわらず、サッカーの試合を続けた。

　　1 きびしい　　　　2 はげしい　　　　3 やわらかい　　　4 ふさわしい

3 　部長の機嫌が悪いときはどうすればいいのだろう。

　　1 ぎげん　　　　2 がいげん　　　　3 きげん　　　　4 かいげん

4 　車道（しゃどう）に飛び出してきた自転車と車の接触事故が起きた。

　　1 せつぞく　　　　2 ぜつじょく　　　　3 せっそく　　　　4 せっしょく

5 　クリームチーズはバターのようにパンに塗って食べることができます。

　　1 とって　　　　2 ぬって　　　　3 はって　　　　4 ほって

問題2 ＿＿＿＿ の言葉を漢字で書くとき、最もよいものを、1・2・3・4から一つ選びなさい。

6 寒いせいか、手があれてカサカサしている。

1 汚れて　　　　2 慌れて　　　　3 晴れて　　　　4 雲れて

7 新しい市長は、改革（かいかく）にそっせんして取り組んでいる。

1 率先　　　　2 卒先　　　　3 幸先　　　　4 祖先

8 経験にとぼしい彼が採用（さいよう）できるはずがない。

1 空しい　　　　2 険しい　　　　3 乏しい　　　　4 怪しい

9 子供の頃は人ときょうそうしなくていいって散々言われてきたのに、今は全然違う。

1 境争　　　　2 境走　　　　3 競走　　　　4 競争

10 会社はおうふくで、2時間もかかるところにある。

1 往復　　　　2 往腹　　　　3 横福　　　　4 横幅

問題3 (　　　　)に入れるのに最もよいものを、1・2・3・4から一つ選びなさい。

11 乾電池を交換中にうっかり新品と使用 (　　　　) を一緒にしてしまったことは
ありませんか。

1 付き　　　　　2 掛け　　　　　3 済み　　　　　4 切れ

12 今度の展示会には (　　　　) 発表の商品が展示されるということで、世界の注
目を集めている。

1 非　　　　　2 未　　　　　3 少　　　　　4 既

13 この市民会館は、銀座駅徒歩1分、また有楽町駅徒歩3分と (　　　　) 方面か
らアクセスできる。

1 諸　　　　　2 初　　　　　3 多　　　　　4 片

14 学生たちに卒業式の案内を郵送したが、参加者は50％ (　　　　) にとどまって
いる。

1 弱　　　　　2 越　　　　　3 割　　　　　4 状

15 自慢の作り (　　　　) カスタードがたっぷり詰まったパイシューをご賞味くだ
さい。

1 おき　　　　　2 あまり　　　　　3 向け　　　　　4 立て

問題4 （　　　　）に入れるのに最もよいものを、1・2・3・4から一つ選びなさい。

16 あなたが勝手にして起こした問題だけど、先生としての（　　　）が立たないから私が指示したことにしておいてあげるよ。

1 顔　　　　　　2 歯　　　　　　3 目　　　　　　4 眉

17 主婦を（　　　）に新商品のアンケート調査をした。

1 対症　　　　　2 対照　　　　　3 対称　　　　　4 対象

18 鈴木先生がついに沈黙を（　　　）しゃべり出しました。

1 破って　　　　2 壊して　　　　3 守って　　　　4 捨てて

19 この広告は平凡で（　　　）が欠けている。

1 インパクト　　2 ダメージ　　　3 ショック　　　4 イメージ

20 今週から梅雨らしい。（　　　）とした日が続くそうだ。

1 じめじめ　　　2 うとうと　　　3 しくしく　　　4 めそめそ

21 この集まりは年を（　　　）方もけっこういらっしゃいます。

1 とった　　　　2 こした　　　　3 すごした　　　4 めしあげた

22 小林君は念願のレギュラー選手に選ばれて（　　　）試合に出る。

1 打ち切って　　2 張り切って　　3 踏み切って　　4 使い切って

問題5 ______ の言葉に意味が最も近いものを、1・2・3・4から一つ選びなさい。

23 今日中に宿題をさっさと済ませて出かけましょう。

1 全て　　　　　　2 完璧に　　　　　　3 早く　　　　　　4 みんなで

24 このビルはしっかりしているから、地震のときも安心できる。

1 頑丈だ　　　　　2 強力だ　　　　　　3 最適だ　　　　　4 安定だ

25 私は容姿にコンプレックスがある。

1 特徴（とくちょう）　2 自身（じしん）　　3 劣等感（れっとうかん）　4 こだわり

26 この村の人は比較的長生きだ。

1 特別に　　　　　2 割合に　　　　　　3 非常に　　　　　4 意外に

27 かばんの中身をあらためさせていただきます。

1 調べさせて　　　　　　　　　2 入れ替えさせて

3 きれいにさせて　　　　　　　4 報告させて

問題6 次の言葉の使い方として最もよいものを、1・2・3・4から一つ選びなさい。

28 差別

1 外国人の多くは、まず外見の違いから不当な差別を受ける。

2 今お腹が空いているから、そのパンを差別して欲しい。

3 先に来た人から4人ずつ差別してグループを作ってもらいました。

4 彼は、英語と日本語を差別して通訳できるのですごいと思う。

29 相応

1 月の引力は地球の6分の1に相応する。

2 この試合を相応する人は少ないだろう。

3 砂糖と相応のしょうゆを入れてください。

4 会社に貢献した人には相応した待遇を与えるべきだ。

30 あきれる

1 時間にルーズな彼女には本当にあきれた。

2 給料日の前日でおにぎりばかり食べて、あきれてしまった。

3 健康診断を控えて何も食べないで水を飲むのもあきれてきた。

4 いくらいいワインといってももう飲みあきれた。

31　適性

1　自分の性格や適性を調べて、今後の進路を考えてみましょう。

2　星リゾートが運営する適性あふれる施設をご案内します。

3　建築物のエネルギー消費適性の向上に関する法律が国会において成立しました。

4　「光」には、たくさんのふしぎでユニークな基本的適性が隠されています。

32　納（おさ）める

1　国民はみんな税金を納（おさ）めるべきだ。

2　その大統領は国民デモを、こころに訴（うった）える演説で、納（おさ）めた。

3　彼はアメリカで法学博士を納（おさ）めたそうだ。

4　彼らはぎりぎりの点数で今日の勝利をやっと納（おさ）めた。

問題7 次の文の( )に入れるのに最もよいものを、1・2・3・4から一つ選びな
さい。

33 国民の熱い応援に（ ）、彼はオリンピックで金メダルをとった。

1 反して 2 向けて 3 応えて 4 加えて

34 A：「明日田中先生の授業は休みだ( )聞いたけど、本当？」
B：「いや、初耳だよ。誰に聞いたの？」

1 とは 2 とか 3 という 4 らしい

35 彼女は英語の成績の( )は、あまり話せないらしい。

1 とおり 2 わりに 3 仮に 4 むしろ

36 (ニュースで)
新発売の携帯は左右どちらからでもクイックコントロールを呼び出すことが可
能なので、片手（ ）快適に操作をすることができ便利です。

1 のみも 2 だけでも 3 ですらも 4 くらいも

37 たとえどんなに難しくても、目標に向かって（ ）。

1 進んでいくどころではない 2 進んでいこうではないか

3 進んでいくわけにはいかない 4 進んでいくではないか

38 (残業の後)
A：「あ、やっぱり終電に間に合わなかった。」
B：「仕方ないね。じゃ、今日はタクシーで（ ）ね。」

1 帰らないですむ 2 帰るようになる

3 帰るしかない 4 帰るにほかならない

39 (電話で)

A：「もしもし、いつもお世話になっております。わたくし光電気の吉村と申しますが、営業部の木村さん、いらっしゃいますか。」

B：「すみませんが、木村はただいま席をはずしておりますが、どのような（　　　）。」

1　ご用件いただけませんか　　　　2　ご用件でいらっしゃいますか

3　ご用件なさいますか　　　　　　4　ご用件にございますか

40 妻：「ねえ、お父さん、最近高志が言うこと聞かないんだけど、一言厳しく言ってくれない。」

夫：「うん。でも、高志ももう大学生だし、彼の考えもあるだろうからあまり口出し（　　　）。」

1　してもいいじゃない　　　　　　2　するのもいいんじゃない

3　しないはずがないんじゃない　　4　しなくてもいいんじゃない

41 社員のみなさん。今年度は（　　　）、社員研修は行うことになりましたので、来週から3週間スケジュールをあけておいてください。

1　新入社員といい、中途入社といい　　2　新入社員にせよ、中途入社にせよ

3　新入社員なり、中途入社なり　　　　4　新入社員とか、中途入社とか

42 友人が注意してくれなかったら、もう少しで（　　　）。

1　騙すところだった　　　　　　　2　騙されるところだった

3　騙されたばかりだ　　　　　　　4　騙させられたばかりだ

43 フランスで料理の勉強をしただけあって、彼の料理には何か（　　　）気が
する。

1 異国的なわけがあるような

2 異国的なものがあるような

3 異国的などころではないらしい

4 異国的と言いかねないらしい

44 A：「だれかポスターの文章を書いてくれる人を知りませんか。来月、学校で
コンサートを開くんです。」

B：「ああ、それなら弟に（　　　）くださいませんか。今作家を目指して
勉強をしているんです。」

1 書かせてやって　　　　　　　　2 書かれてやって

3 書かせてもらって　　　　　　　4 書かれてもらって

問題8 次の文の ___★___ に入る最もよいものを、1・2・3・4から一つ選びなさい。

45 修理すれば ______ ___★___ 、______ 、______ がいいよ。

1 買い換えたほう　　2 使えない　　　　3 もう古いから　　4 ことはないけど

46 真面目な ______ ___★___ 、______ 、______ と思う。

1 鈴木さんの　　　　2 くるだろう　　　3 ことだから　　　4 決まった時間に

47 その地域に ______ 、______ ___★___ 、______ 苦い顔をした。

1 近接のJRは　　　　　　　　　　　　2 案外
3 乗客が繁盛<ruby>して<rt>はんじょう</rt></ruby>　　　　　　　　　4 新しい鉄道ができ

48 大統領夫妻の ______ ___★___ ______ ______ 流れています。

1 噂が　　　　　　　2 めぐって　　　　3 様々な　　　　　4 突然の離婚を

49 先生：「田中君、吉田君に新しく進める論文の件、聞いた？」
田中：「はい、先生。でも、彼はいつも ______ ______ ___★___ ______ 大変
　　　でした。」

1 聞き返さず　　　　　　　　　　　　2 話し方をするから
3 あいまいな　　　　　　　　　　　　4 にはいられなくて

問題9 次の文章を読んで、文章全体の内容を考えて、 50 から 54 の中に入る
最もよいものを、1・2・3・4から一つ選びなさい。

　新しい教材を手にして、決意を燃えていた日本語学習。そろそろ 50 のではあ
りませんか？ 学習時間が取れなかった理由は、たくさんあることと思います。

　でも残念ながら、言い訳をいくらあつめても、何も生まれてはきません。厳しい
ようですが、「時間がない」は「怠けもの」のいつもの口ぐせです。ビジネスの世
界では、「仕事は一番忙しいヤツに頼め」が常識。有能な人には重要な仕事があつ
まります。「時間がない」を連発する人に、責任ある仕事は任せられません。1日24
時間は、だれにでも 51 。ほんとうに忙しい人ほど、黙って時間をやりくりして
います。

　これまでに、数多くの語学学習者にお会いしてきましたが、一番伸びないタイプ
は自分に 52 をする人です。机に向かい、まとまった時間を取ることだけが日本
語学習ではありません。5分、10分の「細切れ時間」を集めることが大切です。細切
れ時間の代表は、「通勤・通学時間」「移動時間」「待ち時間」です。朝起きてか
ら、寝るまでの生活を分析してみましょう。

　細切れ時間なら、案外あることに気付くはずです。「こうした時間の作り方で
は、効果が少ないのでは？」と思う方もいるかもしれません。 53 、効果の大きさ
の大小はあるとしても、効果のない日本語学習はないのです。自分の置かれた環境
の中で、できる限り工夫していくことが大切です。

　細切れ時間を活用する習慣をつけるには、学習時間を記録することが効果的で
す。記録は、今日一日、自分がどれだけ日本語に接したかという事実です。事実を
記録すると、ネガティブな「時間がない」という気持ちから、ポジティブな「時間
を作る」という気持ちに自分を 54 。

50

1 ペースが追いついた　　　　2 ペースが乱れてきた
3 ペースが落ち着いた　　　　4 ペースに追い越した

51

1 当然です　　　2 意外です　　　3 同じです　　　4 思う通りです

52

1 条件　　　2 証拠　　　3 言い訳　　　4 文句

53

1 そのうえ　　　2 そこで　　　3 しかし　　　4 それどころか

54

1 取り返すことができるだろう
2 振りかえることができるだろう
3 切り替えることができます
4 記録をすることができます

問題10　次の(1)から(5)の文章を読んで、後の問いに対する答えとして最もよいものを、1・2・3・4から一つ選びなさい。

(1)

仮面は「にせものの顔」である。仮面は顔を隠すのに使うことができるので、犯罪者に使われることが多い。また仮面は踊りや演劇でも使われる。たとえば古代ギリシャの劇では、俳優は大げさな表情の仮面をつけていた。俳優や踊り手が演じている人物を観客が見分けられるようにするためだ。興味深い現代の仮面の使い方は、俳優の訓練のためのものである。研修生たちに仮面をつけることを許可すると、顔を見せているときよりも自信を持って演技するという。彼らは、仮面に隠れているので本当の自分を誰も見ることができないと信じているのかもしれない。

55　現代の仮面の効果に合っているのは何か。

1　どろぼうや強盗が顔を見られないようにする。

2　観客が演じている俳優を区別する。

3　観客が仮面の表情を見て楽しむ。

4　演技の練習で堂々と演技をすることができる。

(2)

以下は、ある旅館に届いたメールである。

東西旅館

ご担当者様

　7月10日に、貴旅館のホームページから宿泊の予約をし、その際、可否（か ひ）についてはメールで連絡いただけるという返信メールをいただきました。

　しかし、まだメールをいただいておりません。予約番号は1311で、宿泊希望日は2016年10月1日〜3日（2泊）、人数は3名（大人2名、子ども1名）、部屋の数は禁煙（きんえん）ルームで一部屋を予約しました。

　出発の日時があまり残ってないので、取り急ぎ、ご確認いただけますでしょうか。

　なお、予約時には夕食の時間は18時にお願いしていましたが、飛行機の時間が変更になり、19時に変更してください。

　よろしくお願いいたします。

山下美穂

56　このメールが最も伝えたいことは何か。

　1　予約ができているか知らせてほしい。

　2　予約内容に変更がないか確認してほしい。

　3　予約情報に不備がないか調べてほしい。

　4　予約時に希望した夕食時間を早めてほしい。

(3)

　長期にわたり、日本の大学の変革〔へんかく〕の必要性が、学者や有識者の間で活発に議論されてきた。ところが、現在、議論は棚上げされているようである。なぜなら、大学というところは、本質的に保守的な機関であり、伝統的に古代の叡智〔えいち〕(注)を守ることを主な目的としているので、なかなか大きな変革を実行するに至らない。教授陣は、自分たちが教わってきたことやすでに知っていることを学生に教えようとする。このように、大学では後世に知識を伝えていくことが歴史的に重んじられてきたため、新しい知識の発見は大学の外で行われることが多かったのである。

　(注)叡智〔えいち〕：すぐれた知恵。深く物事の道理に通じる才知

57　この文章で、筆者が言いたいことは何か。

　1　大学では知識の伝達が中心で、知識の発見は少ないこと。

　2　大学という機関は保守的だが、大きな変革を実行していること。

　3　大学を変革する必要について現在でも議論が続いていること。

　4　大学で重要なことは、新しい知識を発見すること。

(4)

　ITの発達は人々の生活を便利にし、時間に余裕を持たせると思われている。その余裕を利用して多くの人々は、社会に出てからも自分の理想的な体重を維持できると思っている。しかし、現実は大きく異なっている。実際、ラッシュアワーに通勤するだけで精一杯で、ジムに行って運動するようにはならないと言う。IT革命（かくめい）は、この問題をさらに悪化させたのだ。以前は、人々は少なくとも立ち上がって職場を歩き回り、他社を訪問することもしばしばあった。しかしメールとインターネットを頻繁に利用することは、会社員が以前ほど自分の足を使わなくなることを意味する。

58　IT革命（かくめい）は、この問題をさらに悪化させたのだとあるが、この問題とは何か。

　1　理想の体型が長く続かないこと。

　2　ラッシュアワーがひどくなったこと。

　3　運動する気力がなくなったこと。

　4　体を動かす機会が少なくなったこと。

(5)

以下は、ある会社が取引先に出したメールである。

（株）木村商社

総務課　佐藤健二様

毎度、ご利用いただきありがとうございます。

さて、先月にご注文いただきました品を、本日、納品明細書（のうひんめいさいしょ）通りに発送いたしました。

なお、「DX―スクリーン」につきましては，誠に申し訳ございませんが、在庫不足のため、２０台のみ発送とさせていただきました。未発送分１０台につきましては入荷（にゅうか）次第（２週間後の予定）発送いたします。

また、本日発送の商品が到着しましたら、一緒にお送りしたスクリーン受取書を確認し、印鑑（いんかん）を押したうえで返信用封筒にてお送りくださるようお願い申し上げます。

（株）クラススクリーン

営業課長　菅野高志

59　このメールでもっとも伝えたいことは何か。

1　納品状況（のうひんじょうきょう）のお知らせと受取返信のお願い

2　未発送のお知らせと商品確認のお願い

3　入荷予定のお知らせと添付（てんぷ）書類確認のお願い

4　在庫状況のお知らせと納品明細書返信のお願い

問題11　次の(1)から(3)の文章を読んで、後の問いに対する答えとして最もよいものを、1・2・3・4から一つ選びなさい。

(1)

①小説作家というのは、非常に用心深い（注1）魚を追っている漁師のようなものである。魚を釣るためには冷静で、腕が良くなければならない。もちろん、ここで魚というのは読者であり、常に読者を引き寄せ、引きつけなければならないのだ。

作家が読者を釣り上げるためのまず第一の道具はタイトルであるが、タイトルは読者の食欲をそそるものでなくてはならない。そうでないと読者は、うんざりしている老練な（注2）魚のように、餌を食べてどこかへ行ってしまうだろう。

しかし、漁師と違って、②作家はただ読者の注意を引くだけではだめである。単に読者の注意を引く以上のことをしなければならない。作家は読者の注意を引きつけておき、しかもその間に読者を楽しませなければ読者は読まなくなってしまうからである。（中略）

小説と無関係な主題、小説と無関係な人生などひとつもない。人生のあらゆる問題のポイントをするどく直接突くのは作家の才能である。というのは、作家の目は物事を新しい角度から深く見る目であり、そして作家の手は物事を意味深く美しく描く手だからである。読者は作家の想像力に引きつけられ、作家が創り出す人生のイメージに心を奪われ、そしてうまくいけば、作家がその一部を成してきた人生と芸術を体験することによって精神的に豊かになる。

（注1）用心深い：ここでは、警戒心の強い。

（注2）老練な：多く経験をつんで、物事に慣れていること

60 ①<u>小説作家</u>の説明として合っているのは何か。

　1　小説の作家は、読者を釣るだけでなく、魚も追わなければならない。

　2　小説の作家は、あまり不幸な結末にならないよう注意しなければならない。

　3　小説の作家は、注意深く読者を釣り上げなければならない。

　4　小説の作家は、タイトルで読者を引き寄せなければならない。

61 ②<u>作家はただ読者の注意を引くだけではだめ</u>とあるが、なぜか。

　1　小説の登場人物や登場場所が不幸な始末になってしまうから。

　2　作家が作り上げた世界と巡り合えることになるから。

　3　注意を引く間、楽しませてあげなければ関心がなくなるから。

　4　読者に取り上げられ、不愉快なことになるから。

62 この文章で著者が一番言いたいことは何か。

　1　読者は自分と無関係な主題、人生などひとつもないと思っている。

　2　読者は作家が創り上げた世界が本当だと信じ切っている。

　3　読者は人生のあらゆる問題を深く自ら解決していく。

　4　読者は作家の想像力で釣られて、作家によって作られた人生を通して成長していく。

(2)

　たいていの人は、大人の時より子どもの時の方がはるかに多くのものを注意深く見ていたのかも知れない。子どもの一日は未知と驚きに満ち、探検をしたい、冒険（ぼうけん）をしたいという望み（のぞ）があるために、私たちの誰もが自分の周りの世界を意識する自然な能力を持っていた。しかし大人になったいま、私たちは新しい考えや新しい状況に刺激を受けにくくなっている。自分の周りにある事物の驚異（きょうい）が目に入らなくなっているのだ。

　私たちの感覚を目覚めさせる第一歩は、子どもの時に持っていた観察の能力を再発見することである。そうするためには、自分がこれから何を見、何を感じようとしているのかを、それが実際に起こる前に予想するのをやめる必要がある。そうした予想は私たちの感じる能力を妨げるのだ。

　友人とハイキングに出かけた時、彼がいきなり振り向いて、「そいつの邪魔をしないように」と言った。驚いて、私は周りを見回した。最後に後ろの木の枝をのぞきこむと、私たちから少しも離れていないところにフクロウの姿が見えた。彼は上を見なくてもそこにフクロウがいることがわかっていたので、どうしてそこにフクロウがいるとわかったのかと尋ねると、「足元を見て」と答えた。足元に目を向けることで、恐ろしい敵（てき）から逃げたネズミの足跡が彼には見えていたのだ。ふだんしっかり目を開けてより多くのものを見ようとすると、これまで気がつかなかった多くの美しい興味深いものに驚くことだろう。

63 筆者によると、大人になってどうなったか。

1 大人になって探検の願望が強くなった。

2 大人になって世界を意識する力を持つようになった。

3 大人になって新しいものにあまり驚かなくなった。

4 大人になって感覚や観察能力が優れるようになった。

64 そうした予想とあるが、何を意味しているか。

1 出来事が起きる前に見ること、感じることを想像すること。

2 自分の周りにある事物の驚異を感じること。

3 何を見、何を感じていたのかを考えること。

4 今まで見ていなかったあらゆる光景と音を感じること。

65 この文章で筆者が最も言いたいことは何か。

1 子どもの時のように注意深くならなければならない。

2 常に足元に注意を払うことで多くのものが見られるようになる。

3 より多くのものを見るのに役立つしるしに気づく必要がある。

4 散歩をするときは、どこであろうと、しっかり目を開けていなさい。

(3)

　「旅は視野を広げる」ということわざを知っているだろうか。これは様々な体験が一人の人間の成長に役立つということを意味する。これはガイド付きの短期の海外旅行に行く場合にも当てはまるが、異なる文化の中で暮らしていく場合にはなおさらである。

　ガイド付きの旅行では、旅行者は普通、自国の人々と共に行動し、自国の言葉を話している。これでは自国の文化を他国に持ち込んでいるのと同じだ。それは、外から①その国を観察する体験を限られたものにしてしまう。

　しかし、異なる社会や文化に入って暮らす人々は、その国の服装や、食べ物、そしてその国の住民の態度や考え方に日々接するのである。その中の多くの物事が文化的に決定されていると気づくまで、悩み、苦しむこともある。そして自分が持っている概念がそこでも通じるとは言えないことにも気付く。その後には自分の頭の中にあった②「正しい」とか「誤り」という認識は意味を失う。

　同じ社会に暮らす人々は、ある程度同じ価値観を持つ必要があり、そうしないと、社会には秩序というものがなくなってしまう。自分の考え方や基本的価値観が通用しないのは不安なものだ。しかし、異国の環境で生活していくには、そこで体験した社会的価値観を通して自分の持つ社会的価値観をもう一度よく考えてみることが要求される。その結果、より深い個人の価値観というものができあがり、これこそが視野を広げることなのである。

66 ①その国を観察する体験を限られたものにしてしまうのはどうしてか。

1 ガイドがいると、全て見る時間が決められているから。

2 ガイドがいると、母国の人と触れ合う機会を逃しているから。

3 ガイドがいると、有名な所にしか行かないから。

4 ガイドがいると、いつもと違う景色や音に気づかないから。

67 ②「正しい」とか「誤り」という認識は意味を失うとあるが、どうしてか。

1 その国の考え方がいつも正しいから。

2 自分が正しいと思っていた考えがその国で正しいとは限らないから。

3 自分の考え方がいつも間違っているから。

4 異なる社会や文化では正しい判断ができなくなるから。

68 この文章で筆者が言いたいことはどんなことか。

1 異国の生活では社会的価値観を全て受け入れ秩序をつくることが重要だ。

2 異なる文化で生活するには自分の考えや価値観を再考することが大切だ。

3 異国の生活ではその国の社会的価値観に注意することが重要だ。

4 異なる文化で生活するには自分の考えや価値観に不安を抱かないことが大切
だ。

問題12 次のＡとＢの文章を読んで、後の問いに対する答えとして最もよいものを、
1・2・3・4から一つ選びなさい。

Ａ

　私たちの生活の中で静けさというものが珍しくなってきている。レストラン
やバー、そして電話で相手を呼び出している時にもBGMが流れている。社会
は私たちの意思にかかわらず、私たちを楽しませようとしているかのようであ
る。このような現代で人々は静けさを求めていると言うかもしれないが、果た
してそうだろうか。人々は家に帰るとテレビのスイッチを入れ、運動中にヘッ
ドフォンで音楽を聴いている。すなわち、音楽を聴きながら自分だけの世界を
作っているのだ。

　インターネットの発達によってコミュニケーションの方法が変化した現代で
は、人との関わりが薄くなってきている。人間的触れ合いを十分持てない中
で、自分たちの生活を音で満たしているのだ。

Ｂ

　大音量でカーステレオをかけて車を乗り回す若者、電車や地下鉄、移動中に
イヤホンで音楽を聴いている若者をよく目にする。　自分の周りに個人的な環
境を作り出そうとしているのだ。動物がそうするように、ライバルに「近づく
な、ここは私のなわばりだ」と警告しているかのようである。　また、胃が食べ
物を欲しがるように、脳自体が音による興奮を求めているとも言える。

　技術の進歩によって、私たちは今どこにいても音と接することが可能となっ
た。しかし本当にこんなことが必要なのだろうか。もし、バランスをとるため
に一定期間の沈黙があれば、私たちはもっと豊かな生活を送れるだろう。

69 ＡとＢに共通して述べられていることは何か。

1 生活の中では聞きたくない音楽も聞いている。

2 現代人は自ら静けさを求めて音楽を聴いている。

3 現代人は個人的な環境を作るために音楽を聞いている。

4 音楽が嫌いな人はいない。

70 音についてＡとＢはどのように述べているか。

1 Ａは現代はコミュニケーションの代わりに音を聞いていると述べ、Ｂは生活のバランスのために音の遮断（しゃだん）が必要だと述べている。

2 Ａは現代の生活には静けさより音が必要だと述べ、Ｂは沈黙（ちんもく）を無くすために音が必要だと述べている。

3 Ａは現代の生活には音は必ず必要なものだと述べ、Ｂは音の遮断（しゃだん）が必要だと述べている。

4 Ａは現代の生活には静けさの代わりに音は必要ではないと述べ、Ｂは音が必要だと述べている。

問題13 次の文章を読んで、後の問いに対する答えとして最もよいものを、1・2・3・4から一つ選びなさい。

　現代社会では、すべての人種は平等だと考えられている、と私たちは言う。唯一（ゆいいつ）の正しい態度は、人種の違いを完全に無視することである、と私たちは子供たちに言う。しかし私たちは嘘をついている。例えば、アジアの漫画本は、確かに私たちの大好きな夢や空想の一部が簡潔に表現されているものの、そこには私たちの本当の想いが現れている。

　つまり、白人の方が優れていて、私たちは白人のようになりたいと思っていることだ。

　まさか、そんな、そんなことがあるはずはないと思うかもしれない。でも、香港（ホンコン）の新聞雑誌の売店に置かれている漫画本では、主人公はみんな、目は丸く、鼻はヨーロッパ人のように真っ直ぐで、髪は金髪（きんぱつ）に描かれている。販売されている漫画本の中で、中国人のような容姿を持つ主人公が登場するものは1冊もない。香港の漫画本の主人公は、議論の余地（よち）もなく白人である。

　東京でも同じような原則が当てはまる。漫画の主人公は背が高く、目が丸く、鼻は真っ直ぐで、髪の毛も金髪であることが多い。日本の漫画家は、目を横の長さよりも縦の長さのほうが大きい卵形に描き、そして鼻のあなを無視して鼻柱（はなばしら）（注1）だけを描くことが多い。こう書くことは顔を出来るだけ白人に近づけるのだ。

　漫画本に見られる南アジア人と白人の人種的な違いはもう少し微妙だが、それでも漫画家たちは必要な調整を加えている。南アジアの漫画－あるいは映画－で、濃い茶色の肌や大きくて目立つインド人の鼻を見ることはめったにない。その代わりに、主人公は男女共、鼻が小さくてピンク色の肌をしている。

　私は決して、これが白人によって押しつけられた一種の意識的な人種差別だと示唆（し）（さ）している（注2）のではない。私たちは自分で自分にそうしているのであり、しかも無意識のうちにそうしているである。

　この問題をじっくり考えているうちに、私は他のアジア人たちがすでに自分自身に問いかけているかもしれないある問題を考えるようになった。つまり、すべての条件が同じならば、自分が白人になりたいと思うかということである。「イエス」と答える人が意外と多いかもしれないし、このように考えてしまう、自分自身でもショックを受けている。誰もが主人公になりたいし、主人公はみな白人なのだ。それで議論は終わりである。

　（注1）鼻柱：鼻の左右のあなを隔てている部分
　（注2）示唆している：それとなく教えている

71 大人たちは子供にどのようなことを教えているのか。

　1 漫画から多くのことが学べる。

　2 日本人は白人になりたがっている。

　3 人種的な偏見は持ってはいけない。

　4 人種や民族に関しては、きれいごとを言うべきではない。

72 そんなこととあるが、その証拠して合っていることは何か。

　1 アジアで出版されている漫画本には、中国人はひとりも登場しない。

　2 私の子供が読む漫画には、中国人らしい登場人物がでている。

　3 香港の街頭で売っている漫画には、中国人らしい登場人物がでてこない。

　4 香港の漫画には, 女性は別として、男性は全員アラブ人のような人物が登場
　　する。

73　本文の主題としてもっとも適当なものは何か。

1　アジア漫画の特徴

2　深刻な問題である人種偏見

3　最近の児童から見える世界観の変化

4　漫画のキャラクターからみる人種問題

問題14　次のページは、「写真コンテスト 応募」の案内である。下の問いに対する答えとして最もよいものを、1・2・3・4から一つ選びなさい。

74　次の四人のうち、現段階で応募できるのは誰か。

1　A4サイズの写真をデジタルフィルムで持っている岩手県の大学に通っている山田さん

2　デジカメで撮った写真をA4サイズに現像して持っている板橋町（いたばしまち）の会社員鈴木さん

3　A4サイズの合成を行った写真を撮った岩手県（いわてけん）に住んでいるチェンさん

4　昨年コンテストに発表したデジタル写真を持っている青木さん

75　このコンテストに応募する際しなければならないことは何か。

1　応募先に作品を送付しなければならない。

2　作品の裏に撮影の日付及び撮影場所を書かなければならない。

3　作品のデジタルデーターを送付しなければならない。

4　本人のオリジナル作品を一人2作品応募しなければならない。

第1回　板橋町東村地区写真コンテスト応募ご案内

　岩手県長岡郡板橋町に位置する東村地区の活性化を図ることを目的に、岩手大学農学部の学生が中心となって東村地区写真コンテストを企画しました。

募集締め切り	2016年2月15日必着 持ち込みの場合は2月15日17時まで
表彰	最優勝賞1点（東村地区の農産物セット・特盛）
優勝賞	2点（東村地区の農産物セット・大盛り）
そのほか	特別賞若干（東村地区の農産物セット・並盛）
応募資格	岩手県に在学・在勤または在住している方ならどなたでも可
応募形態	カラー・白黒問わずサイズはA4版、データでの応募は不可 (*著しい画像加工を行ったもの、合成画像、組み写真不可)

応募規定

・東村地区で2015年11月1日〜2016年1月31日の間に撮影したもの。

・応募者本人が撮影した未発表のオリジナル作品に限り一人2作品までとする。

・応募作品の返却は行いません。

応募方法	下記応募先に送付 作品の裏に氏名、年齢、郵便番号、住所、電話番号を記入してください。 (*撮影場所・撮影年月日を必ず記入すること)
応募先	〒785−333　岩手県長岡郡板橋町1372　写真コンテスト担当者
審査方法	東村地区の住民と学生団体「おむすび」による投票
発表	2016年2月25日東村地区公民館に掲示 また、学生団体「おむすび」ホームページにて提示

その他

・応募いただいた作品は主催者が保管し、今後の 東村地区の広報物に使用する場合があります。

・応募規定に反するものは受け付けません。

・入賞作品については、デジタル撮影の場合はデータを、デジタル以外ではネガまたはポジフィルムを提出いただく場合があります。

・応募の際にいただきました個人情報は、コンテスト運営の必要範囲内でのみ使用します。

N2

聴解

（50分）

注 意

Notes

1. 試験が始まるまで、この問題用紙を開けないでください。
   Do not open this question booklet until the test begins.

2. この問題用紙を持って帰ることはできません。
   Do not take this question booklet with you after the test.

3. 受験番号と名前を下の欄に、受験票と同じように書いて
   ください。
   Write your examinee registration number and name clearly in each box below as
   written on your test voucher.

4. この問題用紙は、全部で13ページあります。
   This question booklet has 13 pages.

5. この問題用紙にメモをとってもかまいません。
   You may make notes in this question booklet.

受験番号　Examinee Registration Number	

名 前　Name	

もんだい
問題 1

問題1では、まず質問を聞いてください。それから話を聞いて、問題用紙の1から4の中から、最もよいものを一つ選んでください。

例

1　先生にメールで聞く

2　友達にメールで聞く

3　けんきゅうしつの前のけいじを見る

4　りょうの前のけいじを見る

1番

1　れんらくさきをさくじょする

2　名前をならべかえる

3　はっぴょうしゃをへんこうする

4　はっぴょうしゃをついかする

2番

1　ゆうびんきょくでしりょうを送る

2　送りさきのじゅうしょを調べる

3　しりょうのとうちゃく時間を調べる

4　田中部長にでんわをかける

3番

1　としょかんへ本を借りに行く

2　女の学生から本を借りる

3　じゅぎょうのノートを見る

4　インターネットで調べる

4番

1　会議にしゅっせきする

2　しりょうをへんこうする

3　しりょうをメールで送る

4　携帯電話にれんらくする

5番

1　しんせいのりゆうしょ

2　ほご者のサイン

3　せいせきしょうめい書

4　がくせいしょうのコピー

もんだい
問題2

問題2では、まず質問を聞いてください。そのあと、問題用紙のせんたくしを読んでください。読む時間があります。それから話を聞いて、問題用紙の1から4の中から、最もよいものを一つ選んでください。

例

1 友達とけんかしたから

2 かみがたが気に入らないから

3 試験があるから

4 頭が痛いから

1番

1 風邪を引いたから

2 しゅっちょうすることになったから

3 バイトをこうたいするから

4 本をまだ読んでいないから

2番

1　二万円でしゅうりしてもらう

2　むりょうでしゅうりしてもらう

3　千円で調べてもらう

4　しゅうりしないで送り返してもらう

3番

1　ともだちとおしゃべりをする

2　一人でかいがいりょこうをする

3　日帰りりょこうのブログを書く

4　新しいともだちに会う

4番

1　ざんぎょうをすること

2　田中君のおみまいに行くこと

3　バレーボール大会にさんかすること

4　田中君の代わりにえいぎょうに行くこと

5番

1　はっそうぶつの量が予定よりも多くなったから

2　しめきりより早く終わらせたいから

3　しめきりに間に合わないかもしれないから

4　アルバイトのよさんが増えたから

6番

1　高校生のそうぞう力を高めること

2　高校生のひょうげん力をみがくこと

3　どくしょの楽しさを感じること

4　本をしゅっぱんすること

もんだい
問題3

問題3では、問題用紙に何もいんさつされていません。この問題は、全体として どんな内容かを聞く問題です。話の前に質問はありません。まず話を聞いてくださ い。それから、質問とせんたくしを聞いて、1から4の中から、最もよいものを一つ 選んでください。

－メモ－

もんだい
問題4

　問題4では、問題用紙に何もいんさつされていません。まず文を聞いてください。それから、それに対する返事を聞いて、1から3の中から、最もよいものを一つ選んでください。

－メモ－

もんだい
問題5

問題5では、長めの話を聞きます。この問題には練習はありません。問題用紙にメモをとってもかまいません。

1番、2番

問題用紙に何もいんさつされていません。まず話を聞いてください。それから、質問とせんたくしを聞いて、1から4の中から、最もよいものを一つ選んでください。

－メモ－

3番
^{ばん}

まず話を聞いてください。それから、二つの質問を聞いて、それぞれ問題用紙の
1から4の中から、最もよいものを一つ選んでください。

質問1

  1　第一会場

  2　第二会場

  3　第三会場

  4　第四会場

質問2

  1　第一会場

  2　第二会場

  3　第三会場

  4　第四会場

JLPT N2 실전모의테스트

1교시　언어지식(문자·어휘·문법)·독해

문제 1	1 ②	2 ②	3 ③	4 ④	5 ②
문제 2	6 ②	7 ①	8 ③	9 ④	10 ①
문제 3	11 ③	12 ②	13 ③	14 ①	15 ④

문제 4　16 ①　17 ④　18 ①　19 ①　20 ①　21 ①　22 ②

문제 5　23 ③　24 ①　25 ③　26 ②　27 ①

문제 6　28 ①　29 ④　30 ①　31 ①　32 ①

문제 7　33 ③　34 ②　35 ③　36 ②　37 ②　38 ③　39 ②　40 ④　41 ②　42 ②　43 ②　44 ①

문제 8　45 ④ (2431)　46 ③ (1342)　47 ③ (4231)　48 ② (4231)　49 ① (3214)

문제 9　50 ②　51 ③　52 ③　53 ③　54 ③

문제 10　55 ④　56 ①　57 ①　58 ④　59 ①

문제 11　60 ④　61 ③　62 ④　63 ③　64 ①　65 ③　66 ④　67 ②　68 ②

문제 12　69 ③　70 ①

문제 13　71 ③　72 ③　73 ④

문제 14　74 ②　75 ②

2교시　청해

문제 1　1 ④　2 ②　3 ③　4 ②　5 ③

문제 2　1 ②　2 ④　3 ③　4 ②　5 ③　6 ③

문제 3　1 ③　2 ④　3 ①　4 ④　5 ①

문제 4　1 ①　2 ②　3 ③　4 ①　5 ③　6 ①　7 ③　8 ③　9 ②　10 ②　11 ①　12 ③

문제 5　1 ③　2 ①　3 1-① 2-④

2교시 청해 스크립트

問題1

問題1では、まず質問を聞いてください。それから話を聞いて、問題用紙の1から4の中から、最もよいものを一つ選んでください。
では練習しましょう。

例

授業で先生が話しています。学生は授業を休んだとき、どのように宿題を確認しますか。

男: ええと、この授業を休むときは、必ず前の日までに連絡してください。

女: メールでもいいですか。

男: はい、いいですよ。あ、それから、休んだときは、私の研究室の前の掲示を見て、宿題を確認してください。友達に聞いたりしないで、自分で確かめてちゃんとやってきてくださいね。

女: はい。

男: それから、今日休んだ人、リンさんですね。リンさんは、このこと知りませんから、だれか伝えておいてくれますか。

女: あ、私、リンさんに伝えておきます。同じ寮ですから。

男: じゃ、お願いします。

学生は授業を休んだとき、どのように宿題を確認しますか。

1 先生にメールで聞く
2 友達にメールで聞く
3 けんきゅうしつの前のけいじを見る
4 りょうの前のけいじを見る

最もよいものは3番です。解答用紙の問題1の例のところを見てください。最もよいものは3番ですかから、答えはこのように書きます。
では始めます。

1番

大学で女の人と男の人が研修会の発表について話しています。女の人は発表者リストをどのように修正しなければなりませんか。

女: あのう、明日の研修会の発表者リストですが。

男: ああ、あれね。あのリスト、参加者にも配るんだったよね。

女: はい。

男: 個人情報の問題があるから連絡先は消した方がいいんじゃない？

女: ああ、それは事前に許可を得ています。

男: ああ、そう。

女: はい。あのう、リストの名前は順番に合わせた方がいいですか。

男: いや、すでに番号はつけられているのでそれはしなくていいよ。

女: はい。

男: それから、変更になった人はいないけど、発表者が増えたから、加えておいて。

女: はい、では修正してお持ちします。

男: じゃ、よろしく。

女の人は発表者リストをどのように修正しなければなりませんか。

1 れんらくさきをさくじょする
2 名前をならべかえる
3 はっぴょうしゃをへんこうする
4 はっぴょうしゃをついかする

2番

田中部長からの留守番電話のメッセージを聞いています。部長からのメッセージを聞いた後、まず何をしなければなりませんか。

男: あっ、もしもし。田中だけど。会社に電話したらまだ出勤していないとのことだったんで、携帯の方で電話しました。今、福岡に向かってるとこなんだけど、明日の会議で使う資料忘れちゃって。申し訳ないんだけど、資料の場所あなたしか分からないから、出勤したらすぐに郵便局に行って速達で送って欲しいの。宛先は泊まるホテルの名前を見て調べてくれる？ホテルの名前は私の机の上にメモが置いてあるから。で、郵便出す時、到着日時確認してくれる？とりあえず、速達で送ったら私の方に連絡してくれない？到着日時、教えてほしいから。悪いけど、よろしくね。

部長からのメッセージを聞いた後、まず何をしなければなりませんか。

1　ゆうびんきょくでしりょうを送る
2　送りさきのじゅうしょを調べる
3　しりょうのとうちゃく時間を調べる
4　田中部長にでんわをかける

3番

学校で男の学生と女の学生が話しています。男の学生はこの後、何をしますか。

男：なあ、心理学のレポート、もう書いた？
女：ううん、まだ途中。
男：今週末だよな、締め切り。僕、レポートの参考資料が見つからなくて、困ってるんだ。図書館でちょっと本を探してみたんだけど…。
女：私、先生が紹介してた心理学入門って本、買ったわ。最初は私も図書館で本を探して書こうと思ったんだけど、参考になる本があんまりなくて、やっぱりうまく書けそうになくて…。
男：それ、今持ってる？
女：うん、持ってるわよ。これ…。
男：なあ、悪いんだけど、一日だけ貸してくれない？
女：あー、今日、私もこれ見ながらレポート書くつもりだから…。あっ、授業のノートも結構参考になるわよ。
男：そっか。じゃあ、ノート見てみるよ。
女：インターネットでも参考になる資料が見られるみたいよ。
男：うん、そうだね。僕も、インターネットでは探

してみてたんだ。ありがとう。

男の学生はこの後、何をしますか。

1　としょかんへ本を借りに行く
2　女の学生から本を借りる
3　じゅぎょうのノートを見る
4　インターネットで調べる

4番

会社で女の人と男の人が話しています。男の人はこの後まず何をしなければなりませんか。

女：明日のサクラ事務所との会議の事なんだけど、私、その前に別の打ち合わせが入ってて、遅れるかもしれないの。その時は悪いけど、先に会議を進めといてくれない？
男：あ、はい。前回の続きからということでよろしいですか。
女：ええ。資料の変更、しておいてくれたわよね？
男：え？資料の変更ですか。まだしていませんけど。
女：え？そうなの？じゃ、急いで変更してメールで私に送って。
男：わかりました。今からすぐにします。
女：今から打ち合わせで外出するから、メールで送ったら、携帯の方に連絡して。すぐ確認するから。じゃ、よろしくね。

男の人はこの後まず何をしなければなりませんか。

1　会議にしゅっせきする
2　しりょうをへんこうする
3　しりょうをメールで送る
4　携帯電話にれんらくする

5番

大学で係の人が海外研修制度について話しています。学生は申請用紙の他に、何を出さなければなりませんか。

男：新入生の皆さん、ご入学おめでとうございま

す。これから、海外研修制度の申請に必要な書類について説明をします。えー、まず今配った申請用紙を見てください。ここには名前と住所、申請する理由を書きます。申請理由は選考の際に、重要なポイントになりますので、きちんと書いてください。学生番号も必ず書いてください。番号は学生証に載っていますから、間違えないようにお願いします。申請用紙には保護者のサインも必要です。それから、成績証明書も必要です。高校の時のものを出してください。通常は学生証のコピーも必要なのですが、新入生のものはすでに保管してありますから今回改めて出す必要はありません。

学生は申請用紙の他に、何を出さなければなりませんか。

1 しんせいのりゆうしょ
2 ほご者のサイン
3 せいせきしょうめい書
4 がくせいしょうのコピー

問題2では、まず質問を聞いてください。そのあと、問題用紙のせんたくしを読んでください。読む時間があります。それから話を聞いて、問題用紙の1から4の中から、最もよいものを一つ選んでください。
では練習しましょう。

例
母親と高校生の女の子が話しています。女の子はどうして学校へ行きたくないのですか。

女1: どうしたの？朝からためいきばっかり。だれかとけんかでもしたの？
女2: それはもういいの、仲直りしたから。それより、見てよ、この前髪。
女1: まあ、また、思い切って短くしたわね。
女2: こんなんじゃ、みんなに笑われちゃうよ。ねえ、今日学校休んじゃだめ？

女1: だめに決まってるでしょ。そんなこと言って、本当は今日の試験、受けたくないんでしょ。
女2: 違うよ、ちゃんと勉強したんだから。そんなことより、ああ、鏡見るだけで頭痛くなりそう。

女の子はどうして学校へ行きたくないのですか。

1 友達とけんかしたから
2 かみがたが気に入らないから
3 試験があるから
4 頭が痛いから

最もよいものは2番です。解答用紙の問題2の例のところを見てください。最もよいものは2番ですから、答えはこのように書きます。
では始めます。

会社で男の人と女の人が話しています。女の人はどうして休日出勤をしていると言っていますか。

男: お疲れさま。あれ？今日君も休日出勤？がんばってるね。
女: あ、はい…。会議の報告書、完成させなくちゃいけなくて。
男: あっ、昨日の会議の？
女: はい。来週から出張だから、今週中に完成させたいんですよ。
男: 今週中って、もう今日しかないじゃないか。
女: ええ、課長には出張後でもいいって言われたんですけど、早く作らないと、報告書の内容を間違えちゃうかもしれないので…。
男: まあ、そりゃそうだね。

女の人はどうして休日出勤をしていると言っていますか。

1 風邪を引いたから
2 しゅっちょうすることになったから
3 バイトをこうたいするから
4 本をまだ読んでいないから

電話で男の人と女の人がパソコンの修理について
話しています。女の人はどうしますか。

男: もしもし、こちらパソコン修理センターです。
木村さんのお宅でしょうか。

女: はい。

男: 先日お預かりしたパソコンですが、調べました
ら、部品の一部が壊れていまして、交換が必要
だと分かりました。部品の交換には、二万円か
かりますが、いかがいたしましょうか。

女: えっ、保険に入っているのに無料じゃないんで
すか。

男: それが、今回のケースは申し訳ございません
が、特別な部品を使っていますので、無料修理
の対象外となります。修理が必要かどうかお調
べした費用千円につきましては、無料とさせて
いただきます。

女: そうですか。

男: あの、もしこのまま修理しないということでし
たら、お預かりしたパソコンを自宅にお送りす
ることもできますが…。

女: そうですか。じゃあ、そうしてください。古い
パソコンなので、新品を買った方がよさそうだ
から。じゃ、よろしくお願いします。

女の人はどうしますか。

1　二万円でしゅうりしてもらう
2　むりょうでしゅうりしてもらう
3　千円で調べてもらう
4　しゅうりしないで送り返してもらう

ラジオで男のアナウンサーと社長が話していま
す。社長は今、どうやってストレスを解消してい
ますか。

男: 山本社長、経営者と言う立場はストレスが多い
と伺いますが、どのようにしてストレスを解消
していらっしゃるんですか。

女: そうですね。若い頃は友達に会っておしゃべり
をして、いっぱい話して、その日のうちにスト
レス解消してましたね。

男: へえ、おしゃべりですか。

女: ええ。最近は友達と時間を合わせるのが難し
くなって…。テレビの番組で、一人で海外旅行
するのを見たんですけど、自由に行きたいとこ
ろに行って、食べたいものを食べて、写真を撮
って、気分転換にもなるらしくって…。でも、
なかなか時間が取れなくって…。それで一人で
日帰り旅行をすることにしてみたんです。計画
を立てないで自由に歩いて、好きなものを食べ
て、写真を撮って、ブログも始めたんですよ。
会えない友達も見てくれているし、これが結構
楽しいんですよ。大抵の嫌なことは忘れられる
んです。今では、ブログを通して新しい友達も
できたんですよ。

社長は今、どうやってストレスを解消しています
か。

1　ともだちとおしゃべりをする
2　一人でかいがいりょこうをする
3　日帰りりょこうのブログを書く
4　新しいともだちに会う

会社で男の人と女の人が話しています。男の人は
女の人に何を頼みましたか。

男: 来週の展示会の準備どう？忙しくて今週は残業
だって言ってたけど。

女: もう少しで終わりそう。なんとか、残業は避け
られそうだよ。

男: ほんと？じゃあ、今日か明日、田中君のお見舞
い行ってくれない？バレーボール大会の練習中
にけがして入院中なんだ。

女: 田中君って営業の？私、いつも仲良くしても
らってるんだよね。入院したなんて知らなかっ
た。すぐにお見舞い行きたいけど…今日は無理
だなぁ。

男：心配だから、様子を見に行きたいんだけど、僕、田中君のかわりにバレーボール大会に出ることになって、練習に行かなきゃいけないんだ。明日でもいいよ、明日はどう？

女：うん、わかった。行ってくるよ。田中君のかわりにバレーボール大会に出ることになったって伝えとくわ。

男：ありがとう。じゃ、よろしく。

男の人は女の人に何を頼みましたか。

1　ざんぎょうをすること
2　田中君のおみまいに行くこと
3　バレーボール大会にさんかすること
4　田中君の代わりにえいぎょうに行くこと

5番

会社で女の人と部長が話しています。女の人はどうしてアルバイトの人数を増やしたいと言っていますか。

女：部長。来週、発送作業をしてもらうアルバイトの事で、ご相談があるんですが。

男：ああ、二人に頼むことにしてるって聞いたけど。何か問題ある？

女：はい。あの…できればあと一人増やしていただけませんか？

男：そんなに大変なの？今回は発送物の量はそんなに多くないと思うけど。

女：確かに、そんなに多くはないですけど、作業が複雑なので、二人では締め切りに間に合わないかもしれないんです。発送作業は３種類に分かれているので、三人で分担する方が効率が良くなりますので、締め切りに遅れる心配がありません。早く終われば次の発送作業も早く始められます。

男：んー。でも予算の都合もあるからなぁ。

女：今は、二人で三日という予定ですが、締め切りに間に合わないかもしれません。三人に増やせば確実に三日、効率がよくなれば二日で済ませることができます。予算も重要ですが、締め切

りを守らなければならないので…。

男：そうですか。わかりました。

女の人はどうしてアルバイトの人数を増やしたいと言っていますか。

1　はっそうぶつの量が予定よりも多くなったから
2　しめきりより早く終わらせたいから
3　しめきりに間に合わないかもしれないから
4　アルバイトのよさんが増えたから

6番

テレビでレポーターが、高校生の読書感想文コンクールについて話しています。このコンクールの目的は何だと言っていますか。

男：今、こちらの会場では、全国の高校生たちによる読書感想文コンクールが開かれています。優勝者を選ぶのは、有名な作家の先生方です。最近の高校生たちは受験勉強で忙しいため、本を読む時間がないと言われています。読書は、想像力を高めたり、表現力を磨くためにとても重要な事ですが、本を読むことが難しいと感じている学生が増えています。そこでまず読書の楽しさを感じることが大事だということで、開催されることになりました。優秀な感想文は一冊の本にして出版されます。

このコンクールの目的は何だと言っていますか。

1　高校生のそうぞう力を高めること
2　高校生のひょうげん力をみがくこと
3　どくしょの楽しさを感じること
4　本をしゅっぱんすること

問題3

問題3では、問題用紙に何もいんさつされていません。この問題は、全体としてどんな内容かを聞く問題です。話の前に質問はありません。まず話を聞いてください。それから、質問とせんたくしを聞いて、1から4の中から、最もよいものを一つ

選んでください。
では練習しましょう。

例

テレビでアナウンサーが通信販売に関する調査の結果を話しています。

女： 皆さん、通信販売を利用されたことがありますか。買い物をするときは店に行って、自分の目で確かめてからしか買わないと言っていた人も、最近この方法を利用するようになってきたそうです。10代から80代までの人に調査をしたところ、「忙しくて買いに行く時間がない」「お茶を飲みながらゆっくりと買い物ができる」「子供を育てながら、働いているので、毎日の生活になくてはならない」など多くの意見が出されました。

通信販売の何についての調査ですか。

1　利用者数
2　買える品物の種類
3　利用方法
4　利用する理由

最もよいものは4番です。解答用紙の問題3の例のところを見てください。最もよいものは4番ですから、答えはこのように書きます。
では始めます。

1番

テレビで男の人が話しています。

男： 今、日本ではグランピングがブームになっています。快適な設備がある空間で、贅沢なキャンプを満喫できる場所がずいぶん増えました。キャンプは準備が大変ですが、グランピングなら自分でテントを張ったりする必要もなく、特別な準備をせずに、手ぶらででかけられるところがいいですよね。グランピングができるキャンプ場を探すためにはいくつかのポイントがあります。まず、どんな設備があるかを確認してくだ

さい。そして場所はどこか、価格はいくらか、また、キャンプ場でできるレジャーも調べてください。そうすれば、初めてでも自分の希望に合った楽しいグランピングができるでしょう。

男の人は何について話していますか。

1　キャンプに必要な物
2　テントの張り方
3　キャンプ場の探し方
4　グランピングの楽しみ方

2番

会社の入社式で社長が話しています。

男： 新入社員の皆さん。入社おめでとうございます。入社式に当たり、当社について、基本的な考えをお話ししたいと思います。当社は、1980年に創立して以来、挑戦する心を何よりも大切に考えてきました。会社はただお金を稼ぐだけの場所ではありません。仕事は一生挑戦することです。新入社員の皆さんには、周りの人たちからたくさんのことを学び、感謝する心を持ち、自分を磨いてほしいと思っています。一緒にがんばりましょう。よろしくお願いします。

社長は何を話していますか。

1　この会社の歴史
2　この会社の事業内容
3　お金を稼ぐ方法
4　新入社員に必要なこと

3番

テレビでアナウンサーが調査の結果について話しています。

女： 現在多くの子どもたちが携帯電話を使用しています。これに関連して先月ある出版社が子どもたちの携帯電話の使用について保護者への調査を行いました。これまでは、子どもといつでも連絡が取れること、子ども同士のコミュニケー

ションが活発になる事など、携帯電話を支持する意見が多くありました。ところが今回の調査では、料金が高すぎる、犯罪に巻き込まれる可能性があるなどの意見が多く、保護者の意識の変化が見られました。

調査の結果でどのようなことが分かりましたか。

1 携帯電話への否定的な意見が増えた
2 携帯電話への肯定的な意見が増えた
3 子どもへの否定的な意見が増えた
4 子どもへの肯定的な意見が増えた

4番

留守番電話のメッセージを聞いています。

男: 高橋です。先日は映画の試写会に誘っていただき、ありがとうございました。今度の土曜日はスケジュールも入っていませんし、何しろ試写会は初めてですから、できればご一緒させていただきたいのですが、ただ、妻や子どもたちの方はどうも乗り気がしないようで、映画よりはミュージカルや演劇って感じですし。すみません。せっかくのお誘いなので家族でご一緒するつもりだったんですが、私一人でご一緒させていただきます。後でもう一度お電話します。

留守番電話の内容はどのようなことですか。

1 映画の試写会に誘いたい
2 ミュージカルに出演する
3 誘われた映画の試写会に行けない
4 映画の試写会に行く人数を変更したい

5番

テレビで有名な女優がインタビューに答えています。

男: 今日は女優の若宮里美さんにお越しいただいています。若宮さん、もうすぐ新しい映画が公開されますが、いかがですか。
女: はい。今回の映画で主役を任されたんです

が、それは決して自分が演技が一番うまいからではないと思っています。私より演技力がある方はたくさんいますからね。ただ、監督に言われたのは、一緒にいい雰囲気を作ってほしいということでした。たとえば、共演の方に積極的に声をかけたり、新人俳優にアドバイスをしたり、周りの人に配慮をする。それを見ている周りの人は主役が頑張っているんだから、自分もって気持になりますよね。そうやっていい雰囲気を作っていく。それこそが私に課された使命だと思います。

女優は主に何について話していますか。

1 主役としての自分の役割
2 監督と俳優の関係
3 映画の作り方
4 俳優の育て方

問題4

問題4では、問題用紙に何もいんさつされていません。まず文を聞いてください。それから、それに対する返事を聞いて、1から3の中から、最もよいものを一つ選んでください。
では練習しましょう。

例

女: 今日ちょっと、残って仕事してってもらえない？
男: 1 今日ですか。はい、分かりました。
　　2 すみません、今日遅くなったんです。
　　3 残りは、あとこれだけです。

最もよいものは1番です。解答用紙の問題4の例のところを見てください。最もよいものは1番ですから、答えはこのように書きます。
では始めます。

1番

男: 課長、鈴木さんが明日、課長を訪ねたいそうですが。

女：1 できたら、あさっての方が都合がいいんです
　　 が。
　　2 明日の何時ごろ参りましょうか。
　　3 ちょうど今、見えたようですね。

2番

女：もしもし、車でいくんですけど、止めるところ
　　 ありますか。
男：1 そんな危険な運転はおやめください。
　　2 はい、駐車場をご用意しております。
　　3 では、バス停でお待ちしております。

3番

男：昨日、パソコンがついたままだったよ。
女：1 じゃ、今すぐ売店で買ってくるよ。
　　2 早く申し込まないと間に合わないな。
　　3 あれっ、消したと思ったけど。

4番

女：スポーツの生中継は興奮するわね。
男：1 うん、やはりテレビでも競技場の雰囲気が伝
　　 わってくるね。
　　2 こうやって現場でみなくちゃだめだね。
　　3 スタンドで生の応援もみられるしね。

5番

男：どうしたの？この玄関、砂だらけじゃない。
女：1 お気に入りの服だから、汚すわけないよ。
　　2 ここまでピカピカにするのに大変だったよ。
　　3 実は植木鉢をひっくり返したものだから。

6番

女：そろそろ授業が始まるんだけど、キムさんはま
　　 だ見えないね。
男：1 さっき駅だと言ったからもうすぐくるんじゃ
　　 ない。

　　2 まだ一度も見たことないね。
　　3 では、授業が始まったのでこちらへどうぞ。

7番

男：資料の作成で夕べは徹夜だったのよ。
女：1 じゃ、寝不足になる心配はないね。
　　2 夜遊びもほどほどにね。
　　3 それでそんなに眠そうなんだ。

8番

女：以上でご注文の品はおそろいですか。
男：1 あ、それはまだ食べかけなんですが。
　　2 では、さめないうちにどうぞ。
　　3 はい、あと、食後にコーヒーを。

9番

男：ねえ、このファックスうまく送れないんだけ
　　 ど、ちょっと見てくれる？
女：1 受け取るためにはここを押してからじゃない
　　 と。
　　2 いいよ。じゃあ、見るついでにそれも送っと
　　 くよ。
　　3 これを簡単というしかないよね。

10番

女：久しぶり、聞いたわよ、結婚したんだって？
男：1 おめでとう。ご主人どんな人？
　　2 いや、誰かと間違えたんじゃない？私のこと
　　 ではないよ。
　　3 そうなんだよ、急に決まったらしいよ。

11番

男：会議までに、それ間に合いそうですか。
女：1 はい、がんばって終わらせます。
　　2 もう少し急いでくれませんか。
　　3 では絶対合わせてください。

女: さっきお願いしてあったコピー、できてますか？

男: 1 その機械、壊れてて使えませんよ。

　　2 わかりました。できたら届けますね。

　　3 はい、10人分でよろしいんですね？

問題5

問題5では、長めの話を聞きます。この問題には練習はありません。問題用紙にメモをとってもかまいません。

1番、2番

問題用紙に何もいんさつされていません。まず話を聞いてください。それから、質問とせんたくしを聞いて、1から4の中から、最もよいものを一つ選んでください。

1番

女の人が旅行会社の人と社員旅行について相談しています。

女: 今年の社員旅行の行き先なんですが、毎年温泉に行くので飽きている社員が多いみたいなんで、できれば違うところに行ってみたいと思っているんですよ。

男: ああ、そうですか。

女: 今年も50人ぐらいで行くんですが、ここからバスで行けるところだったらいいんですけど。

男: そうですね。温泉は評判も良かったんですけどね。去年と同じように日帰り旅行でしたら、山登りをお勧めします。ただ、2時間ほど山を登ることになりますので、運動が苦手な方がいる場合、ご検討いただかないといけないと思います。

女: 2時間は厳しいですね。

男: あと、パン工場の見学も人気があります。パン作りを体験して、作りたてのパンの試食もでき

ます。ですが、人数に制限がありまして、60名までということになっております。

女: なるほど。いいですね。うちは60人以下だから、人数も問題ないし。

男: それから、海も人気があります。海水浴をしてもいいですし、海岸でバーベキューもできますから、泳がない人でも楽しめると思います。ただ、天候が悪い場合に他に楽しむことができる場所がないという問題がありますね。

女: そうですか。お天気が心配なので、やっぱりさっきのところにします。

女の人は社員旅行にどこを選びますか。

1 温泉

2 山

3 パン工場

4 海

2番

心理学研究会の担当者二人が発表会について話しています。

男: 今年の心理学発表会ですが、去年と同じ会場を予約する予定だったんですけど、会場が工事中で予約できないみたいなんです。どうしましょうか。

女: 1年に1回の大事な発表会ですし、会員の皆さんにも毎年期待されているんですよ。中止にすることはできませんから、会場を変更するのはどうですか。

男: でも、大きい会場ですからね…。あの会場と同じ大きさの会場を今から探すのは無理じゃないでしょうか。

女: そうですよね。それなら、今年は別の日程にするのはどうでしょうか。工事が終わった後だったら、予約できますよね。

男: うーん。でも発表会に出席する鈴木先生の予定が合わないんですよ。発表会の後で、海外に行くそうなんです。

女: じゃ、鈴木先生に、他の先生を紹介してもらう

のはどうでしょうか。

男: それなら、違う分野の先生にお願いするのがいいかもしれません。例えば、社会学の先生を招待するとか。

女: でも、それじゃ心理学発表会と関係ない発表会になってしまいますよ。それに会員の皆さんは鈴木先生の発表を聞きたいと思っているはずです。

男: あぁ…そうですよね。違う分野も大切かもしれませんが、やっぱり去年と同じ心理学発表会にしましょう。でも、それなら会場を探すしかないですね。同じ大きさの会場が予約できるかどうか、確認してみます。

発表会はどうすることにしましたか。

1 発表会の会場を変更する
2 発表会の日を変更する
3 鈴木先生に発表者を紹介してもらう
4 社会学の先生を招待する

3番

まず話を聞いてください。それから、二つの質問を聞いて、それぞれ問題用紙の1から4の中から、最もよいものを一つ選んでください。

イベント会場のアナウンスを聞いて夫婦が話しています。

女1: 本日はご来場いただき、ありがとうございます。会場についてご案内いたします。会場は四つにわかれております。まず第一会場では、世界の有名カメラマンによる写真作品をご紹介しています。第二会場では、カメラの歴史展示会を開催しています。歴史あるさまざまなカメラをご覧いただけます。第三会場では最新のカメラやレンズを展示しています。この場で、撮影をされたい方は、第四会場でご自由に撮影できるスペースをご用意しております。なお、本日のイベントは、あと一時間で終了いたします。最後まで、どうぞごゆっくりお楽しみくださ

い。

女2: あと一時間かぁ。全部は見られないね。最初に最新カメラから見に行かない？

男: それもいいけど、いい機会だから、プロの写真、見に行きたいな。

女2: そうだね。じゃあ先にそっちから見ようか。

男: うん。じゃあ、そのあと、歴史展示会も見に行く？

女2: うーん…でも今日はもう時間がなさそうよ。

男: それもそうだね。じゃ、最新カメラ見に行こう。

女2: うん。私、新しいカメラが欲しいから色々試してみたいわ。

男: じゃあ、その間、僕は歴史展示会、見に行こうかな。

質問1

女の人と男の人は最初にどの会場へ行きますか。

1 第一会場
2 第二会場
3 第三会場
4 第四会場

質問2

もし時間があれば女の人は1人でどの会場へ行きますか。

1 第一会場
2 第二会場
3 第三会場
4 第四会場

日本語能力試験 解答用紙

N2

言語知識（文字・語彙・文法）・読解

受 験 番 号
Examinee Registration Number

名 前
Name

問 題 1

1	①	②	③	④
2	①	②	③	④
3	①	②	③	④
4	①	②	③	④
5	①	②	③	④

問 題 2

6	①	②	③	④
7	①	②	③	④
8	①	②	③	④
9	①	②	③	④
10	①	②	③	④

問 題 3

11	①	②	③	④
12	①	②	③	④
13	①	②	③	④
14	①	②	③	④
15	①	②	③	④

問 題 4

16	①	②	③	④
17	①	②	③	④
18	①	②	③	④
19	①	②	③	④
20	①	②	③	④
21	①	②	③	④
22	①	②	③	④

問 題 5

23	①	②	③	④
24	①	②	③	④
25	①	②	③	④
26	①	②	③	④
27	①	②	③	④

問 題 6

28	①	②	③	④
29	①	②	③	④
30	①	②	③	④
31	①	②	③	④
32	①	②	③	④

問 題 7

33	①	②	③	④
34	①	②	③	④
35	①	②	③	④
36	①	②	③	④
37	①	②	③	④
38	①	②	③	④
39	①	②	③	④
40	①	②	③	④
41	①	②	③	④
42	①	②	③	④
43	①	②	③	④
44	①	②	③	④

問 題 8

45	①	②	③	④
46	①	②	③	④
47	①	②	③	④
48	①	②	③	④
49	①	②	③	④

問 題 9

50	①	②	③	④
51	①	②	③	④
52	①	②	③	④
53	①	②	③	④
54	①	②	③	④

問 題 10

55	①	②	③	④
56	①	②	③	④
57	①	②	③	④
58	①	②	③	④
59	①	②	③	④

問 題 11

60	①	②	③	④
61	①	②	③	④
62	①	②	③	④
63	①	②	③	④
64	①	②	③	④
65	①	②	③	④
66	①	②	③	④
67	①	②	③	④
68	①	②	③	④

問 題 12

69	①	②	③	④
70	①	②	③	④

問 題 13

71	①	②	③	④
72	①	②	③	④
73	①	②	③	④

問 題 14

74	①	②	③	④
75	①	②	③	④

日本語能力試験 解答用紙

N2
聴 解

受 験 番 号	
Examinee Registration Number	

名 前	
Name	

<ちゅうい Notes>
1. くろいえんぴつ (HB、№2) でかいてください。
 (ペンやボールペンではかかないでください。)
 Use a black medium soft (HB or No.2) pencil.
 (Do not use any kind of pen.)
2. かきなおすときは、けしゴムできれいにけして
 ください。
 Erase any unintended marks completely.
3. きたなくしたり、おったりしないでください。
 Do not soil or bend this sheet.
4. マークれい Marking examples

よいれい Correct Example	わるいれい Incorrect Examples
●	

問 題 1

例	①	②	●	④
1	①	②	③	④
2	①	②	③	④
3	①	②	③	④
4	①	②	③	④
5	①	②	③	④

問 題 2

例	①	●	③	④
1	①	②	③	④
2	①	②	③	④
3	①	②	③	④
4	①	②	③	④
5	①	②	③	④
6	①	②	③	④

問 題 3

例	①	②	③	●
1	①	②	③	④
2	①	②	③	④
3	①	②	③	④
4	①	②	③	④
5	①	②	③	④

問 題 4

例	●	②	③
1	①	②	③
2	①	②	③
3	①	②	③
4	①	②	③
5	①	②	③
6	①	②	③
7	①	②	③
8	①	②	③
9	①	②	③
10	①	②	③
11	①	②	③
12	①	②	③

問 題 5

1		①	②	③	④
2		①	②	③	④
3	(1)	①	②	③	④
	(2)	①	②	③	④